俄国现代化
研究系列

Social Classes and
Historical
Euolution in Russia

俄国社会阶层
与历史变迁

邓沛勇　王目坤　孙慧颖　著

GUANGXI NORMAL UNIVERSITY PRESS
广西师范大学出版社
·桂林·

俄国社会阶层与历史变迁（1700—1900）

EGUO SHEHUI JIECENG YU LISHI BIANQIAN（1700—1900）

图书在版编目（CIP）数据

俄国社会阶层与历史变迁 ：1700—1900 / 邓沛勇，
王目坤，孙慧颖著. -- 桂林 ：广西师范大学出版社，
2024. 11. -- （俄国现代化研究系列）. -- ISBN 978-7
-5598-7314-9

Ⅰ. D751.261

中国国家版本馆 CIP 数据核字第 2024QG1008 号

广西师范大学出版社出版发行

(广西桂林市五里店路 9 号　　邮政编码：541004)
网址：http://www.bbtpress.com

出版人：黄轩庄

全国新华书店经销

广西民族印刷包装集团有限公司印刷

（南宁市高新区高新三路 1 号　　邮政编码：530007）

开本：880 mm ×1 240 mm　　1/32

印张：13.125　　　字数：307 千

2024 年 11 月第 1 版　　　2024 年 11 月第 1 次印刷

定价：88.00 元

如发现印装质量问题，影响阅读，请与出版社发行部门联系调换。

　　本书为国家社会科学基金后期资助项目"俄国现代化研究（1861—1917）"（项目批准号 23FSSB004）和教育部哲学社会研究后期资助项目"俄国农业史研究（1700—1917）"（项目批准号：21JHQ055）的阶段性成果

引言

　　阐述俄国等级状况前必须明确一个问题,即俄国等级制度产生于何时? 对此,史学界主要存在四种观点:一是俄国等级制度始于 9—11 世纪;二是俄国等级制度出现于 12—15 世纪;三是俄国等级制度出现于 16—17 世纪;四是俄国等级制度出现于 18 世纪。笔者认为俄国等级制度完善于 17—18 世纪,究其原因,在此之前社会各等级之间并未完全隔断,形式上仍保留等级过渡的机会,18 世纪专制等级制度逐步固化,各等级的法律地位才初步确定。

　　编成于 11—12 世纪的《罗斯法典》已明确指出当时基辅罗斯存在三个等级,即王公的臣仆、自由民和家奴。王公臣仆只为王公个人效劳,不承担任何义务;自由民向王公纳税,是纳税的普通百姓;家奴没有人身自由,无任何权利。早期俄国的家奴分为法律规定的家奴和契约奴:法律规定的家奴包括战俘,因犯罪失去终身自由的奴隶如抢劫犯、纵火犯和盗马贼等,以及因无力偿还债务成为奴隶的商人及其后代;契约奴隶包括卖身奴隶、未经主人同意与女奴成婚的男奴、入私人府邸担任管事或者司库者。

莫斯科公国时期等级状况并未发生较大变化,官员主要包括世袭官员和招募官员。世袭官员的组成如下:一是议政官员,包括大贵族、近侍贵族和议政贵族;二是莫斯科服职官员,主要包括侍臣、侍从和莫斯科贵族等;三是外地服职人员,包括选任贵族、廷差小贵族和外地小贵族。招募官员包括枪兵、哥萨克和炮兵等。自由民包括城市纳税民和乡村纳税民,非纳税民为一定程度上隶属于他人的自由民和家奴。家奴则分为完全家奴、呈报家奴、典身家奴和契约家奴。

叶卡特琳娜二世将居民分为贵族、僧侣、市民和农民四个等级。同期,将商人、小市民和行会手工业者划入市民等级,农民等级也初步确定。19世纪,俄国社会形成三个新的等级,即荣誉市民、哥萨克和异族人。异族人包括定居的、游牧的和迁徙的部族(主要是蒙古人、突厥人和芬兰人),以及犹太人。随着社会经济的发展,社会等级分为特权等级和无特权等级,特权等级包括贵族、僧侣、荣誉市民和商人,无特权等级包括农民、非荣誉市民、手工业者、哥萨克和异族人。特权等级免交赋税,免服兵役,免除体罚,无特权等级需要纳税(哥萨克除外)和服兵役。

俄国社会的等级结构于1897年人口普查中体现得淋漓尽致。据统计,所有居民中农民占比77.1%,哥萨克军人和异族人合占比8.9%,市民等级占比10.7%,市民等级中商人和荣誉市民分别占比0.2%与0.3%。世袭贵族连同其家庭成员为120万人,占总人口的0.95%;终身贵族、非贵族出身的官员以及家庭成员占0.5%;僧侣及其家庭成员占国内人口的 0.47%。[1]

俄国历来等级森严,贵族为统治等级,官员多来源于该等级,贵族划分为世袭贵族和领有贵族,其社会地位和权力有所差别。农奴制形成之后农民等级就是社会最底层,社会地位最低;且农民的隶属关系不同,所承担的义务也不同,1861 年农奴制改革之后农民的社会地位有所提高,但仍是辛勤劳作而食不果腹。除上述两个对立等级外,俄国还存在哥萨克、僧侣和市民等级,他们在社会发展中的作用也不容忽视。

需着重强调的是,20 世纪初,俄国社会等级众多,既包括叶卡特琳娜二世时期的贵族、僧侣、农民,也包括 19 世纪逐步形成的荣誉市民和哥萨克等级。除此之外,俄国境内还有其他的居民,如工人和在城市从事手工业的农民等,他们中间的很多人所属的社会群体不能称之为等级,因本书阐述了他们的生活状况和社会地位,故书名仍称之为"阶层"。

---

[1] Яковлева А. Н. *Россия в начале XX века*. М. , Новый хронограф, 2002. С. 97.

目　录

第一章
贵 族

　　贵族是俄国特权等级,是国家高级官员的主要来源,亦是沙皇维系专制制度统治的基础。贵族由世袭贵族和终身贵族组成,世袭贵族的地位明显高于终身贵族,但他们在俄国人口中的占比较低,民族成份也颇为复杂。因是统治等级的主体,贵族在政治、经济和文化领域享受诸多特权,但随着资本主义生产关系的日渐普及,贵族的经济地位迅速下滑,其中一部分人为维系自身地位坚决抵制农奴制改革,也有一部分人接受了先进思想,探寻摆脱危机的方法。19 世纪末 20 世纪初,随着社会经济形势的变化,贵族的地位和生活状况均发生了巨大变化。

第一节　俄国贵族的起源与构成

　　俄国贵族的起源可追溯至基辅罗斯时期,18 世纪,随着专制制度的逐步强化,贵族的法律地位最终确立,贵族等级最终形成。世袭贵族和终身贵族,虽均是维系国家统治的基础,但他们在数量和民族成份上也具有很大差异,前者社会地位明显高于后者,权力也更大。

一、俄国贵族的起源

什么是贵族?不同学者各有自己的观点,很难给它一个统一的定义,К. П. 波别多诺斯采夫(1827—1907,在俄罗斯东正教会正教院掌权长达25年,对两代沙皇及其决策所起的作用巨大)在给亚历山大三世的信中写道:"贵族……在俄国历史中具有特殊的意义,这个等级自古以来就担任公职,因此赋予了他们特殊的等级荣誉。当然也不能期待他们过于完美,贵族就社会地位而言优于其他任何一个等级,一方面他们担任公职;另一方面他们担任领导岗位……贵族具有先锋军的作用,这是历史赋予他们的责任。"①

普希金也曾对贵族进行描述,他写道:"什么是贵族? 他们是高于人民的世袭等级,他们具有私有财产和人身自由。是谁赋予他们权利? 是人民或人民的代表。赋予他们权利的目的为何? 因他们和政府最为亲近,所以希望政府给予相应保护。"②

(一)基辅罗斯时期的贵族

俄国贵族的起源最早可追溯至基辅罗斯时期的亲兵和卫队。

---

① *Письма Победоносцева к Александру III.* Т.2. М. , Новая Москва, 1926. С. 57-58.
② *Дворянская семья. Из истории дворянских фамилий России.* СПб. , Набок. фонд, 2000. С. 6.

基辅罗斯建立之初,执行国家行政职能的是大公及其卫队,大公定期巡视领地征收赋税、审判居民,还可发动战争和从事商业贸易。大公卫队协同大公处理各类事务,卫队内部也开始分化,卫队上层被称为大贵族,担任高级官吏,如地方行政长官和千人团总。10世纪开始,与大公亲近的大贵族组成大公委员会,对大公的一些重要决议进行讨论。以基辅为例,大公任命自己的亲信担任地方行政长官,他们负责征收赋税、管辖领地和处理诉讼案件,征缴的税款除部分上交给大公外,其余用于维系领地正常运转。此后,大公任命的地方行政长官逐渐成为各地最高领导人。

基辅罗斯建立初期,行政管理机构并不完善,采取"十进位制"的管理体制。城市和郊区分设"千人长""百人长"和"十人长"管理:"千人长"属国家一级的军事首领,拥有行政、财政、宗教和司法等多种职能,还可参与王公会议和国家法律的制定,权力很大;"百人长"隶属于"千人长",负责管理城市或郊区内某一区的居民;"十人长"隶属于"百人长",负责管理更小范围的居民,为最底层的行政官员。这三个管理职位都由选举产生,但"千人长"需获得大公的任命。

古罗斯时期,大公下属官吏的核心等级为封邑王公、亲兵和波雅尔①。封邑王公均是留里克家族的后裔,多为大公的兄弟和子孙,他们在政治、经济和军事上都隶属于大公,为大公的藩臣。

亲兵原是大公的家奴或者侍卫,后演变为军事仆从。基辅罗斯早期,亲兵制较为流行,不但大公拥有仆从,地方王公和上层波

---

① 公元10—17世纪古罗斯和俄国大土地占有者,拥有世袭领地的大封建主阶层。

雅尔也拥有亲兵。亲兵的民族成份较为复杂,除罗斯人外,诸多少数民族也都加入亲兵的行列。就与主人关系的密切程度而言,亲兵可分为高级亲兵和低级亲兵,高级亲兵为王公武士或大贵族,低级亲兵为年轻的武士或世袭的亲兵子弟。

俄罗斯历史学家认为波雅尔的称号源自俄语"战斗"(Бой)一词,最初泛指无比英勇的军人,后指享有威望的官员,失去了其最初的意义。波雅尔拥有世袭领地,是大土地所有者,亦称大贵族、领主和世袭贵族。波雅尔可分为两类:一是地方波雅尔,为基辅大公国形成前的地方贵族,一部分是氏族族长和部落王公的后裔,还有一部分是军事商业贵族;二是为王公服役的波雅尔,主要是王公高级亲兵。波雅尔是统治阶级的主体,享有广泛的政治权力,不仅参与国家管理,还可代表大公进行外交谈判,是基辅罗斯的特权等级。早期波雅尔势力较弱,是大公统治国家的帮手,随着实力的提升,他们开始与大公分庭抗礼。值得一提的是,此时波雅尔的称号仅限于他们本人使用,不能继承。

臣仆、卫队最下层或年轻的王公亲兵成员,以服役的方式为王公服务。据史料记载,弗拉基米尔·斯维雅托斯托夫大公的宫廷里,每个房间都设有卫队室,居住着王公邀请来的波雅尔、卫队和社会名流。弗拉基米尔公国中,王公的私人仆役被称为"少年卫队",他们自称贵族。少年卫队多由宫廷的仆人组成,其主要义务是侍奉王公和客人、守护王公财物等。13世纪,王公私人仆役常被称为"贵族"。

根据不同等级,王公亲兵担任的官职和管理的事务也不尽相同。整体而言,基辅罗斯早期的国家机构并不完善,大公的宫廷为国家行政管理中心,此时王公亲兵职权范围较广,他们担任各级行政官员和司法官员以及宫廷官员等角色。如管理宫廷事务的高级官吏为宫廷总管、田赋官和马厩长:宫廷总管分管宫廷事务,是宫廷的最高官吏;田赋官负责征收贡赋;马厩长专门负责饲养马匹,以供战争需要。底层官吏也由部分亲兵担任,如管家提温、马厩提温、田庄提温和耕作提温等。随着国家机构的进一步完善,基辅罗斯出现新的官职,如宫相和督军:宫相受命于王公,管理国内经济和政治事务;督军由早期"千人长"转化而来,他们一部分为王公的高级亲兵,一部分为王公的亲族。地方行政机构的最高官吏为地方行政长官和乡长,负责管理城乡的司法、治安和赋税事务,亦可管理军队。由此可知,王公亲兵担任官职的范围很广,目的是帮助大公管理中央和地方事务。值得一提的是,虽然大公亲兵和地方行政长官权力很大,但他们的自主性也较高,亲兵的流动性较强,他们不是独立的土地所有者,而是具有自由意志的、王公的盟友和合作者。①

(二)金帐汗国时期的贵族

1235 年,窝阔台命拔都率军西征钦察、阿速和俄罗斯等国,蒙古人第二次西征即"长子西征"开始。此次西征共分为三个阶段:第一阶段是进攻钦察草原,其目的是扫除进攻基辅罗斯的障碍;第二阶段目标是基辅罗斯,几乎攻克了原属于基辅罗斯的各公国;第三阶段是远征东欧,蒙古骑兵所向披靡,占领了匈牙利和波兰很多

---

① 张宗华:《18 世纪俄国的改革与贵族》,人民出版社 2013 年版,第 35 页。

地区。征服东欧诸地区后,拔都在伏尔加河下游东岸建立萨莱城
(今阿斯特拉罕附近),史称拔都萨莱,至此金帐汗国正式建立,亦
称钦察汗国,或术赤兀鲁思,其领土东起额尔齐斯河,西至多瑙河
下游,南至巴尔喀什湖、里海和黑海,北至北极圈。

金帐汗国建立之后,诸多因素导致其对各地采取的措施大不
相同,东北罗斯各地是金帐汗国的委任代理统治地区,西南罗斯、
乌克兰和黑海沿岸地区是其直接统治的地区。蒙古人统治期间,
东北罗斯各地仍采用原有的管理模式,即各公国王公任命贵族和
官员管理中央和地方事务。此时贵族成了王公的廷臣——由王公
的波雅尔杜马成员、服役王公、大波雅尔和财务波雅尔、波雅尔子
弟等组成。王公的波雅尔杜马成员是元老贵族,他们的威望很高,
参与重要的国事活动,是王公遗嘱的见证人,其家族常与王公联
姻;服役王公在留里克和格季明家族中拥有世袭统治权,他们自愿
放弃领地成为王公的廷臣;大波雅尔和财务波雅尔掌管着公国的
财政事务,深受王公的信任;波雅尔子弟只是个人称号,部分军人
保留着对先祖的回忆,遂出现了"波雅尔子弟"的称谓,但该称谓并
不能证明其社会地位,只能证明其出身,为王公服役是波雅尔子弟
应尽的义务;少年卫队成员,前文已提及,由王公私人仆从组成,也
被称为"宫廷自由人"。

基辅罗斯分裂之后,贵族的地位迅速提升,部分公国中贵族的
权力变大。诺夫哥罗德公国因采用封建共和制,公国内贵族的影
响力更大。诺夫哥罗德早期为基辅大公的领地,遵循基辅罗斯的
法律,但随着古罗斯民族国家的形成,诺夫哥罗德公国开始独立。
1126年,诺夫哥罗德市民在城市会议上推选地方行政长官为诺夫

哥罗德大公。在封建共和国发展中,城市会议具有重要作用,它是大公命令的执行机构,负责处理城市内重要经济和政治事务,包括为大公签署和约,发动战争和媾和,发布公文,颁布法律和规章等。城市的最高长官是地方行政长官和千人团总,由城市会议选举产生,一般由大贵族长期担任,如1126—1400年间诺夫哥罗德公国的275名地方行政长官出身于40个大贵族家族。地方行政长官组织召开城市会议,还处理外交事务,可对大公的活动进行监督,还负责审判重大刑事案件。地方行政长官的助理为千人团总,他是城市军队的负责人,和平时期具有警察职能,战争时期负责保卫城市。诺夫哥德罗公国还设有国家谓彻、城市谓彻和区谓彻,底层谓彻可将讨论的问题提给上一级谓彻。召开谓彻会议时,王公和全体地方行政长官都需参加,会上就行政长官选举、官吏和神职人员的任免、战争和媾和等事宜进行讨论。除诺夫哥罗德公国外,其他公国多采用封建君主制。

采用封建君主制的公国,其国家机构和官职设置明显区别于封建共和制的,它们的政体多为贵族君主制,其主要决策机构是谓彻、王公会议和国家杜马。谓彻是城市的民众大会,源于氏族制度和军事民主制,由部落会议转变而来,主要讨论国内战争、官员任免和法律颁布等事宜。11世纪中叶以前,因基辅大公权力较大,谓彻制度并未大规模普及;11世纪中叶以后,地方势力抬头,城市谓彻开始形成;11世纪末,谓彻已经十分常见,地方王公纷纷与谓彻签订契约共同管理地方事务。

12世纪以后,基辅大公权力下降,各封邑王公的独立性增强,大公经常为抵御外敌、保卫领土等问题召开王公会议,国家杜马随之形成和确立。国家杜马是古罗斯的议事机构,为早期波雅尔杜马的雏形,产生于 10 世纪,是隶属于大公的最高会议机构。国家杜马的成员包括高级亲兵、波雅尔贵族和城市长官。国家杜马并不经常召开会议,基辅罗斯分裂后才定期召开。杜马会议可讨论国家诸多重要事宜,如国家基础建设、征兵和发动战争、法律颁布和宗教等问题。因此,随着基辅罗斯的逐步分裂,贵族的权力逐步提升。

总体而言,作为王公廷臣的贵族是政府机构的中坚力量,担任的主要官职如下:一是地方行政官员,如县长、驿站长、御前侍臣;二是司法官员,如低级法官、法警、钱粮官、书吏、小书吏、录事;三是宫廷官员,如管家、御前侍臣、司酒官、狩猎长、掌玺官和亲卫兵等。就从属关系而言,蒙古统治时期,贵族与王公之间的从属关系模糊不清,贵族占有土地和他们担任的官职之间的关系是割裂的,贵族可不向任何人臣服,自己选择明主。

(三) 莫斯科公国时期的贵族

俄国编年史中第一次提及莫斯科的时间是 1147 年,当时此地是“长手尤里”①的属地。因地理位置优越,加上蒙古人入侵时期莫斯科受破坏程度较小,以及移民的涌入,莫斯科公国迅速崛起。13 世纪末,莫斯科公国建立,开始了对外扩张的道路,不但兼并了诸多公国,还领导罗斯人民取得了库里科沃战役的胜利,最后于1480 年乌格拉河对峙事件中彻底击溃了蒙古军队,结束了蒙古人

---

① 基辅大公弗拉基米尔·莫诺马赫的第六个儿子尤里·多尔戈鲁基,是罗斯托夫-苏兹达尔公国的大公、莫斯科的奠基者。

在俄国的统治。为便于梳理,笔者将罗曼诺夫王朝之前贵族的情况均划入该阶段。

莫斯科公国时期,大公开始强迫波雅尔和侍从完全服从自己的意志,将忠于自己的贵族纳入杜马,打击不听话的波雅尔,提高服役人员的经济和政治地位。从伊凡三世时期行政机构的设置也可看出贵族的地位和相应的特权。

早期莫斯科公国沿袭基辅罗斯的官制,千夫长、侍臣和司库等职务均是中央机关的重要官员,但此时千夫长的职位可以继承,一般由大贵族担任。千夫长掌管城市军队,还可监管司法和财政事务。侍臣为大公的近臣,执行大公的命令,主要负责宫廷事务。

14—15世纪,随着莫斯科公国领土面积的扩大,行政机构日渐复杂化,大公将其领土划分为数个县城,县下设置乡,并设置乡长和警察局局长等职位。此时,城市和郊区则由大公任命的大贵族管辖,乡村由小贵族进行管理。莫斯科公国时期地方行政机构建立于采邑制基础之上,"采邑"多为大公赏赐给贵族、亲族和小封建主的土地,地方行政长官和乡长分别负责管理县城和乡镇事务。地方行政长官一般每年巡查采邑三次,分别为圣诞节、巴斯哈节和圣彼得节。地方行政长官和乡长具有行政、司法和军事职能,同时也是地方基层组织的管理人。

15世纪,莫斯科公国最高管理人仍为大公,其次为拥有世袭领地的大贵族,他们除拥有大量土地外,还掌管军队。因统一的民族国家尚未完全形成,国家功能的实现依靠贵族、官吏和书记员等人,早期他们只有临时官职,后期逐渐成为定制。

伊凡三世在位期间,莫斯科公国的中央和地方行政机构日趋完善,其表现如下。首先就宫廷官职而言,因宫廷礼仪逐渐复杂,宫廷职位和官员数量都有所增加,伊凡三世设立御前侍臣、御前鹰猎侍从、御马监助理和雪橇管理者等官职。就国家管理机构而言,波雅尔杜马成为最高常设行政机关和咨议机构。波雅尔杜马成员除莫斯科大贵族外,还包括封邑大公和他们的贵族;除侍臣和世袭军功贵族外,还包括地方贵族和杜马书记员。从15世纪开始,封建新贵也加入波雅尔杜马。波雅尔杜马解决公国内一些重要事务,亦是国家的立法机构,还对地方管理机构进行监管,也负责外交事务。伊凡三世改组波雅尔杜马,将其亲信、有名望的封建主和王公后裔纳入杜马,负责处理国家一切重大事宜,大贵族地位进一步提升。

波雅尔杜马会议在克里姆林宫定期举行,最初会议成员不多,仅为20人左右。15世纪末,波雅尔杜马由两级官员组成:一是名门望族,数量为10—12名;二是侍臣,主要为没有爵位的莫斯科波雅尔贵族后裔,其数量为5—6名。16世纪,波雅尔杜马的成员数量明显增加,除普通杜马官员外,杜马主事(杜马秘书官)和杜马服役贵族也开始出现,杜马服役贵族多为商人,杜马主事出身不好,但文化水平较高。

15世纪末至16世纪初,衙门制度确立,莫斯科公国共设立10个衙门管辖中央事务,包括使节衙门,主管外交事务;御库衙门,掌管大公的私人财产、国库和档案;内宫衙门,掌管宫廷事务、宫廷土地和人口;御马衙门,掌管大公的马群和饲养御马;吏部衙门,掌管贵族军队和官吏的任免事宜,同时负责分配地产;驿站衙门,负责国家公文和邮件的投递、传播信息等;奴仆衙门,负责农奴事务;领

地衙门,负责管理各领地;此外,还设立粮食衙门和地产衙门。各
衙门的长官为法官、波雅尔或王公,实际负责各衙门事务的为杜马
司书、司书和助理司书,以及处理日常事务的其他工作人员。贵族
的权力进一步扩大。

伊凡三世借助各衙门加强了中央集权,通过限制食邑贵族权
力来加强对地方的控制。为巩固政权,伊凡三世还组建常备军。
13—15 世纪,罗斯各公国的武装力量由封邑王公的亲兵和各地民
兵组成,伊凡三世军事改革之后,军队主要由服役贵族组成。此
外,《1497 年法典》明确规定限制大贵族的权力,扶持中小贵族。中
小贵族逐渐成为大公的附庸。

15 世纪中叶,莫斯科公国共有 40 多个波雅尔贵族家族,这些
家族的成员大多为波雅尔杜马成员,深受沙皇器重。波雅尔杜马
掌管国家司法和行政事务,还监督地方行政事务。1475 年,伊凡三
世将所有的服役王公和波雅尔贵族都纳入门第表,记录所有官员
的任职状况。莫斯科公国尤为有名的贵族家族为科什金家族、莫
洛佐夫家族、霍夫林家族、戈洛夫家族、沃龙佐夫家族、布图林家族
和萨布罗夫家族等等。

伊凡四世继位后,波雅尔贵族各势力集团间长期争权夺利,朝
纲紊乱,不利于沙皇专制统治,为打击波雅尔贵族,伊凡四世进行
改革,如召开缙绅会议、提高服役贵族的地位和实施特辖制等。

1549 年 2 月 27 日,伊凡四世召开俄国第一次缙绅会议,与会
者可分为三类:一是僧侣贵族,主要是以大主教为首的宗教会议成
员;二是官员贵族,包括波雅尔、宫廷高级官员、执事、世袭官员和
波雅尔子弟;三是中小贵族代表,即服役贵族。俄国学者认为,此

次会议实际上分为两个议院召开:一个议院的成员是由波雅尔贵族组成,包括御前侍臣、管家和司库等;另一个议院的成员为军队长官、波雅尔子弟和服役贵族。① 沙皇召开缙绅会议的主要目的是打击大贵族,限制波雅尔贵族的权力,联合中小贵族和城市上层市民,加强中央集权统治。会议上沙皇作出如下决议:一是斥责波雅尔贵族压榨服役贵族的行为,要求波雅尔贵族对自己的过错进行忏悔,警告他们不得再进行此类活动,否则将受到严惩——从贬谪直至处死;二是沙皇宣布保护中小贵族和商人的利益,保证他们不再受大贵族的欺压和刁难。最终沙皇同大主教和波雅尔贵族达成协议,除杀人和抢劫外,服役贵族不再受各地总督审判,伊凡四世在位期间召开了多次缙绅会议,大贵族的权力受到明显限制。

伊凡四世即位后发现部队高级将领多由波雅尔贵族担任,但他们不谙军事,缺乏领导才能,战时接连溃败,不得已只能求助于哥萨克。为加强中央集权和增强军队战斗力,伊凡四世进行军事改革。取消按门第选拔军队将领的陋习,削弱波雅尔贵族在军中的影响力,其主要措施如下:一是 1555 年伊凡四世颁布兵役条例,规定波雅尔贵族与服役贵族一视同仁,必须终身服役;二是贵族除亲自服役外,每 150 俄亩②领地还需提供一名全副武装的骑兵,领地越多,提供骑兵的数量也越多;三是贵族必须亲自率领骑兵和民团,随时准备出征,凡不遵循命令者,将受到鞭刑,甚至剥夺领地;四是贵族因年老体弱不能亲自出征的,可雇人出征,完全剥夺波雅尔贵族逃避服军役的特权;五是贵族服役年龄降为 15 岁,服役期

---

① 谢慧芳:《俄国的缙绅会议》,陕西师范大学 2008 年硕士学位论文,第 13 页。
② 俄制面积单位,1 俄亩≈1.09 公顷。

间仍是其领地和农奴的主人,但领地不能出卖和世袭;六是为确定服兵役人数,伊凡四世定期派人去各领地核查人口。大贵族的地位受到打压,服役贵族地位日渐提高。

在地方,伊凡四世推行地方自治,彻底废除食邑制度,地方官员一般都从封地贵族、商人和其他等级中选出,直接对中央政府负责。伊凡雷帝的诸多改革虽然打击了波雅尔贵族,但王公和波雅尔仍拥有大量土地,还掌握武装力量,部分领地俨然成为独立的王国,对中央政府的各项措施十分抵触。为进一步打击大贵族,伊凡四世推行了特辖制。

1565年初,伊凡四世宣布正式开启特辖制改革,其内容如下:一是改组沙皇宫廷,全部中央机构(含主要宫廷机构)下辖衙门和国库都分成两部分,即特辖区宫廷和普通区宫廷;二是将全国土地分为两部分,即特辖区和普通区。列入特辖区的城市彻底丧失地方自治权,完全依附于沙皇,列入普通区的城市虽然保留地方自治机构,其自治权也大幅度削弱。特辖制实施之后,服役贵族的政治和经济地位迅速提升,中央机构也逐步强化,大贵族的势力被削弱,俄国专制制度逐步确立。

(四)罗曼诺夫王朝建立初期的贵族

1598年至1613年为俄国的王朝混乱期,开始于留里克王朝的费多尔沙皇去世,结束于米哈伊尔·罗曼诺夫继位,在这期间贵族们仍左右国家政务。这期间第一位沙皇戈都诺夫就是由总主教提议、缙绅会议选举而来。1606年5月,也是在缙绅会议的支持下,大贵族舒伊斯基加冕为俄国沙皇,后于伪季米特里二世兵临城下之际,莫斯科的大贵族政变后将舒伊斯基赶下台,由七位大贵族掌权,史称"七领主政府"。但七领主政府软弱无能,加上国内外局势十分焦灼,为结束混乱局面,米宁等人邀请波雅尔贵族、莫斯科官员和服役贵族召开会议,商讨选举沙皇事宜,并决定召开缙绅会议,最后选取了贵族米哈伊尔·罗曼诺夫为俄国沙皇。

米哈伊尔继位之初,莫斯科公国时期的波雅尔杜马仍是国家最高行政机构,还是国家最高审判机构。杜马仍是特权等级的代表,还是贵族等级的代言人。杜马成员增加1倍,御前侍臣和书记员的数量也随之增加。17世纪初,波雅尔杜马与行政系统的联系日渐加强,很多杜马成员在行政、军事和外交部门中担任要职。虽然波雅尔杜马的权力很大,但并不是唯一的最高权力机构,缙绅会议也具有重要作用。缙绅会议的与会者为高级僧侣、波雅尔贵族、城市贵族、商人、荣誉市民和地方贵族代表。综上所述,此时期中央和地方行政机构中贵族占主导。

阿列克谢·米哈伊洛维奇·罗曼诺夫在位期间,俄国贵族的地位进一步上升,并用法律形式加以确定。新法典《1649年会典》共25章,967项条款,主要包括国家管理、诉讼、物权和刑法四大部分。《1649年会典》捍卫封建主等级的利益,巩固了封建土地所有制,保护贵族财产不受侵犯,除保障贵族的世袭领地外,还维护了服役贵族的土地所有权。凡服役人员因年老、残疾不能继续服役时,封地可传给其儿子、兄弟、侄、孙,允许将服役封地改为世袭领地。

16—17世纪俄国地方行政管理体系实施督军制,由中央派督军到地方管理除教会事务外的各项事宜,督军一般由当地大贵族担任,负责组建地方性的军务衙门,执行波雅尔杜马命令,对下属领地进行管理。中央则实施衙门制度,衙门的数量大增,分工更加明细,各衙门中负责决策的是其最高长官——裁判官,下设书记等职务管理日常事务,小衙门一般只设一个裁判官,大衙门设两个裁判官,一般由波雅尔杜马成员担任,有时御前大臣或贵族也担任该职务。

伊凡四世改革后波雅尔贵族的势力遭到沉重打击,已趋于名存实亡。罗曼诺夫王朝建立初期,波雅尔杜马权力进一步提升,沙皇遇到重大事件都与其商议,此时杜马成员包括波雅尔廷臣、地方贵族和杜马司书。波雅尔廷臣大部分为封土诸侯,许多家族都是留里克家族和莫斯科公国的旧贵族,地方贵族和杜马司书出身于中小贵族。为打击波雅尔势力,彼得一世执政后开始缩减杜马成员数量,1700—1701 年参加会议的波雅尔廷臣只有三四十人。1699 年,波雅尔贵族成立近臣办公厅,专门对俄国所有衙门进行监管,逐渐取代波雅尔杜马的地位。1704 年,近臣办公厅负责各衙门官员的任命。1708 年,波雅尔杜马已经名存实亡,成员仅剩 8 人。代替波雅尔杜马的是由 8 名沙皇亲信组成的近臣办公厅,该机构直接听命于沙皇,处理国家重大事务。虽然波雅尔贵族的权力逐渐削弱,但他们却逐渐成为沙皇的附庸。

本小节已大致阐述了俄国贵族等级的历史发展脉络,下面将详细分析贵族等级的组成、数量和民族成份等内容。

二、俄国贵族的组成

彼得一世改革后俄国贵族等级最终形成——引进了西欧的爵

位制度,将贵族爵位分为公爵、伯爵和男爵,授予贵族荣誉称号,赐予贵族徽章。彼得一世将波雅尔杜马成员、地方贵族、莫斯科贵族和波雅尔子弟整合为统一的社会等级,赋予其新称号,即贵族,又分为世袭贵族和终身贵族。

(一)世袭贵族

世袭贵族是真正的特权等级,受封世袭贵族的方式有四种:一是沙皇册封,受封贵族即受封为公爵、伯爵、男爵等;二是古代大贵族的后裔世袭,此类贵族的家谱可追溯数百年;三是武官和文官在达到一定品级后可获得世袭贵族称号;四是加入俄国国籍的外国贵族。

《俄罗斯帝国法律全书》第九卷第十五项条款中确认了社会各等级的结构,对世袭贵族的定义如下:"世袭贵族之名是世代相传的,并不是通过自身军功或奖励而获得的,而是通过封荫赏赐的。"非贵族出身的居民也可获得贵族身份,一是文官和武官在达到一定官职阶品之后就可获得贵族称号;二是获得相应勋章后也可跻身贵族之列。

19世纪之前,沙皇册封是补充世袭贵族数量的主要方式,很多人都因功绩而获封贵族。19世纪,政府严格控制贵族数量,册封贵族的数量日渐减少。据统计,1872—1904年参政院发布的公文中仅有79人接受沙皇册封而成为世袭贵族,但这些人中仅有1人因功劳而受封,其余的人全部是俄国新兼并土地上的王公贵族后代。

19世纪,武官和文官达到一定品级后获得世袭贵族称号,成为非贵族获得世袭贵族最主要的方式。1721年1月16日,参政院颁布的法律中规定,所有初级军官和 8 品以上文官均可成为世袭贵族。[1] 叶卡特琳娜二世沿用该标准,规定获得俄国相关勋章者也可成为世袭贵族,后因其数量迅速增加,沙皇采取各种措施限制世袭贵族的数量。尼古拉一世为减轻国家负担,于 1845 年 6 月 11 日明令武官中校(8 品)、文官 5 品以上方可成为世袭贵族。1856 年 12 月 9 日,亚历山大二世再次确认该法令,并做出相应变更,规定武官上校(6 品)和文官 4 品以上,圣乔治十字勋章和弗拉基米尔勋章获得者,以及俄国各类一级勋章的获得者方可成为世袭贵族。

但随着官员数量的增加,4 品以上文官和 6 品以上武官的数量逐年增加,如 1858 年和 1890 年 4 品文官的数量分别为 674 人和 2687 人;获得各类勋章的居民数量也大增,如 1875 和 1896 年获得弗拉基米尔三、四级勋章的人数分别是 1.1 万和 3.1 万,政府不得已提高成为世袭贵族的条件。1887 年 8 月 16 日法令明确规定,获得弗拉基米尔四级勋章者必须是在职的文官和武官,且供职年限必须达 20 年以上;1892 年再次提高供职年限,为 35 年,只有获得勋章且达到服役年限的官员方可跻身世袭贵族行列。[2]

值得一提的是,俄国外籍贵族的数量也众多,获得俄国爵位的外籍人,包括古罗斯和立陶宛公国的贵族后代、历任沙皇授予世袭贵族的后代、高加索地区王公的后代、沙皇为赏赐外国人的功绩而授予的世袭贵族。20 世纪初,俄国参政院备案的世袭贵族家族超

① Троицкий С. М. *Русский абсолютизм и дворянство в XIII в.* М. , Наука, 1974. С. 47-49.
② Корелин А. П. *Дворянство в пореформой России. 1861 - 1914 гг.: Состав, численность, к орпоративная организация.* М. , Наука, 1979. С. 26.

过 830 个,其中公爵、伯爵和男爵家族的数量分别为 250 个、310 个和 240 个,还有 30 个卡尔梅克公爵和鞑靼公爵家族、1 个外籍公爵家族和 3 个侯爵家族。

因资料有限,很难确定俄国古代贵族后裔的具体数量,只能做大致分析,19 世纪末 20 世纪初 8 个省份中古代贵族后裔的平均占比为 28%,其余各省贵族中古代贵族后裔的占比为 16%—45%。① 随着国家政治局势的变化和官员人数的增加,国家开始控制世袭贵族人数,只有沙皇特批才可成为世袭贵族。

据 1897 年俄国第一次人口普查数据显示,俄国境内世袭贵族的数量约为 25 万人,与 1858 年相比,世袭贵族人数明显增加。一般而言,贵族等级的吸引力最大,跻身于贵族等级意味着社会地位的提升。笔者认为,由于第一次人口普查是以问询方式进行的,所以世袭贵族的数量可能虚高。人口普查数据显示,1897 年沃罗涅日州有 7685 名世袭贵族,但 1898 年该省贵族登记簿中在册贵族的数量仅有 5689 名,可见人口普查数据明显高于实际数值,该情况在其他省份也比较普遍。②

据 1897 年人口普查数据显示,俄国人口中各地世袭贵族所占比重甚低,只占居民总量的 0.2%—0.6%,③其中中部黑土区的世袭贵族数量明显高于中部非黑土区和伏尔加河流域的,这就意味

① Корелин А. П. *Дворянство в пореформой России. 1861 - 1914 гг.: Состав, численность, к орпоративная организация.* М. , Наука, 1979. С. 34.

② Баринова Е. П. *Российское дворянство в начале XX века. Экономический статус и социокультурный облик.* М. , РОССПЭН, 2008. С. 44.

③ Баринова Е. П. *Российское дворянство в начале XX века. Экономический статус и социокультурный облик.* М. , РОССПЭН, 2008. С. 44.

着世袭贵族都集中于首都附近。19 世纪下半叶至 20 世纪初俄国
部分地区世袭贵族成员数量变动情况详见表 1-1。

表 1-1　19 世纪下半叶至 20 世纪初俄国部分地区
世袭贵族成员数量的变化状况①

（单位：人）

区域和省份	1858 年	1897 年	1914 年
弗拉基米尔	2861	4436	788
卡卢加	3560	5301	877
科斯特罗马	5149	4632	—
下诺夫哥罗德	3364	5362	707
特维尔	5666	5683	—
雅罗斯拉夫尔	2900	4269	1092
中部非黑土区域合计	23 500	29 683	3464②
沃罗涅日	5878	7685	1593
库尔斯克	12 484	16 076	1256
奥廖尔	5936	8957	825
梁赞	8266	11 520	3441
坦波夫	5396	8063	2583
图拉	7241	8568	—
中部黑土区合计	45 201	60 869	9698

---

① Баринова Е. П. *Российское дворянство в начале XX века. Экономический статус и социокультурный облик.* М. , РОССПЭН, 2008. С. 328.
② 此处合计为 3464 人，原文为 17 000 人。

区域和省份	1858 年	1897 年	1914 年
喀山	2294	6779	—
奔萨	3495	5336	—
萨马拉	1598	5391	—
萨拉托夫	3565	6901	—
辛比尔斯克 (今乌里扬诺夫斯克)	2768	3923	—
伏尔加河流域合计	13 720	28 330	—
莫斯科	11 164	40 104	55 000
彼得堡	22 071	89 847	—
首都合计	33 235	12 9951	55 000
总计	115 656	248 833	68 162

20 世纪初,随着社会经济的发展,加上政府控制贵族等级的数量,世袭贵族的数量明显减少,但他们在国家政治和社会生活中的作用仍不容小觑。

(二)终身贵族

终身贵族也形成于彼得一世时期,1722 年,彼得一世颁布军职、文职和宫廷职务的《官阶等级表》(又称"官秩表"),至此国家官吏正式被分为军职、文职和宫廷职务三种,他统一了俄国的官阶制度,确立了严格的职位等级。俄国官职分成 14 个品级,共 262 个职务,军职、文职和宫廷职务的数量分别为 126 个、94 个和 42 个,官员的任用和晋升制度有了明确规定。① 文官一般由贵族担任,可分成两类:一类是《官阶等级表》中规定的 14 个品级的官吏,另一类是未列入《官阶等级表》中的办事员,办事员的职务取决于其出身和文化程度。《官阶等级表》中最为重要的是前 5 品官员,如国务委员、各部大臣为 2 品或 3 品,参政院参政员为 2—4 品,各部司长为 3—4 品,省长、总督和学区督学为 4 品,各省税务厅厅长为 4—5 品,各省法院院长为 4—5 品,省县贵族会议主席为 5 品。

6—8 品官员为中层官吏,他们在中央和省级机构中任职,多为各司科长、警察局局长、市长等职务,这些官员多为政府高层人员,与前 5 品官员一样享有特权。9—14 品官吏为下层官员,他们为执行人员,在县级以下政府机构中任职,如县法官、陪审员和书记员等职位。文职官员最底层为各种办事员,他们只是官员的补充力量。

官秩表颁布的主要意义有二:一是贫民经过自己的努力可跻身于官吏阶层,且可担任重要职务;二是对贵族的限制,贵族可担任重要官吏,但必须有所建树,而贵族欲获得军官职位,也需从普通士兵做起。此时,贵族等级不再是世袭等级,很多贫民获得军功可跻身于贵族行列,一些贵族因毫无建树被迫退出该等级。官秩表规定,前 8 个品级的官员及其后人都属于世袭贵族,均受到尊敬和照顾。彼得一世登基之时俄国仅有 2000 个贵族世家,其逝世时世袭贵族世家数量达到 9000 个。②

---

① Мельников В. , Нечипоренко В. *Государственная служба в России: исторический опыт и современность.* М. , Изд-во РАГС, 2003. С. 58.

② 赵士国:《俄国政体与官制史》,湖南师范大学出版社 1998 年版,第 102 页。

　　叶卡特琳娜二世时期贵族地位进一步提升。1785 年叶卡特琳娜二世颁布的《俄国贵族权利、自由和特权诏书》(简称"贵族特权诏书")将 9—14 品官吏称为终身贵族。终身贵族和世袭贵族一样可免除体罚、赋税,在供职方面有一定的优势。与世袭贵族不同的是,终身贵族不能被列入贵族族谱,也无权拥有农奴,只有少数例外。终身贵族称号不能继承,只有一种情况可以继承,即夫妻间,但不能传给子女,如若子孙三代都获得终身贵族称号,可允许他们的子孙继承这一称号。

　　1861 年农奴制改革之前,终身贵族与世袭贵族的差异并不大,在选举或担任相关职务时可同日而语,只是世袭贵族非常蔑视终身贵族。农奴制改革之后,二者差距越来越大,虽然政府反复强调终身贵族仍属于贵族等级,但二者在社会地位、纳税和担任官职等方面都存在很大差异。与对待世袭贵族一样,从 19 世纪下半叶开始,政府开始限制终身贵族的数量,甚至禁止他们参加贵族会议。据统计,1897 年俄国世袭贵族、终身贵族和高级官吏共有 185.3 万名(除去波兰、芬兰和波罗的海地区,数量为 163.5 万人),占总人口的比重约为 1.5%。[①]

　　为防止贵族土地过于集中,沙皇颁布诏令,规定贵族庄园不能位于同一地点,要分散开来。如 17 世纪最富有的莫罗索夫家族,其庄园分布于 19 个省。因与政府关系密切,沙皇允许该家族大量购买土地和农奴,但其土地仍分布于 16 个省。叶卡特琳娜二世执政时期著名大贵族沙列梅杰夫于 17 省拥有近 20 万农奴和数百万

---

① Корелин А. П. *Дворянство в пореформой России. 1861 – 1914 гг.: Состав, численность, корпоративная организация.* М. , Наука, 1979. С. 44.

俄亩土地,但其庄园也分布于全国各地。即便如此,18世纪俄国土地集中程度加剧,大部分农村土地属于贵族。

值得一提的是,也有学者按收入、受教育程度和威望,将贵族等级划分为大贵族、中等贵族和小贵族。小贵族即无领地和小领地贵族,中等贵族即中等领地贵族,大贵族即大领地贵族。1861年农奴制改革之前,评定贵族财产状况的主要指标不是土地面积,而是占有农奴的数量,占有20名以下农奴的贵族是小领地贵族,占有20—100名农奴的贵族是中等领地贵族,占有100名以上农奴的贵族是大领地贵族。只有中等贵族和大贵族才能过上体面的生活,终身贵族无权占有农奴,薪金和退休金是其主要收入来源,就生活水平和其他标准而言,终身贵族接近于小领地贵族。

三、俄国贵族的数量和民族成份

虽然贵族在俄国总人口中所占的比重较低,但他们在国家和地方机构中担任要职,掌控着国家的政治资源。贵族的民族成份也十分复杂,除斯拉夫人,还有很多非俄罗斯血统的贵族。

(一)贵族的数量

1861年农奴制改革前,俄国贵族的数量呈上升趋势,农奴制改革后贵族的数量总体呈下降趋势,只有个别时期数量有所增加。而19世纪下半叶至20世纪初,欧俄诸省世袭贵族的数量呈上升趋势,莫斯科、彼得堡、斯摩棱斯克、库尔斯克、梁赞、波尔塔瓦、哈尔科夫、切尔尼戈夫、叶卡捷琳诺斯拉夫、赫尔松、塔夫里达、比萨拉比亚和顿河哥萨克军区等地均是如此。因文献有限,仅能以19世

纪下半叶欧俄部分地区世袭贵族的数量加以说明,具体数据详见
表 1-2。

表 1-2　19 世纪下半叶欧俄部分地区世袭贵族数量一览表①(单位:人)

地区及数量	1858 年	1863 年	1867 年	1870 年	1897 年
西部 9 省	377 627	402 695	241 401	239 191	407 918
欧俄其他地区 (西部 9 省除外)	234 346	274 722	292 290	304 927	477 836
欧俄 50 省	611 973	677 417	533 691	544 118	885 754

　　19 世纪 60 年代,中部工业区、农业区的部分省份,乌拉尔地
区、北部地区和西部地区部分省份的世袭贵族数量显著减少。具
体而言,因农奴制改革,1858—1863 年科斯特罗马、下诺夫哥罗德
和诺夫哥罗德的世袭贵族数量分别由 5149 名减少至 4708 名、由
3364 名减少至 3253 名、由 8900 名减少至 6326 名,沃伦、维亚特卡
和彼尔姆世袭贵族的数量,分别由约 5.3 万名减少至 3.6 万名、由
1256 名减少至 1037 名、由 2149 名减少至 1815 名。②
　　19 世纪 70 年代,世袭贵族数量虽整体呈上升趋势,但增幅不
大。在所有省份中莫斯科和彼得堡两省的世袭贵族数量最多。显

---

① Корелин А. П. *Дворянство в пореформой России. 1861 - 1914 гг.: Состав,
численность, корпоративная организация.* М. , Наука, 1979. С. 40.
② Корелин А. П. *Дворянство в пореформой России. 1861 - 1914 гг.: Состав,
численность, корпоративная организация.* М. , Наука, 1979. С. 293-294.

而易见,俄国世袭贵族主要集中于欧俄地区,其他地区的数量较少。受诸多主客观因素制约,终身贵族数量的统计较为困难,只能大致分析,加上终身贵族与官吏关系密切,所以二者一般放在一起统计。1897 年俄国人口普查数据显示,登记在册的终身贵族和官吏数量达 63.1 万人。[1]

整体而言,1858—1897 年,整个欧俄地区世袭贵族占比由 69%降至 65%,终身贵族比例由 31%增至 35%。[2] 虽然贵族总人数变化不大,但各省居民中世袭贵族比例很低,平均约为 0.87%,城市居民中贵族比例为 2.3%,县城居民中贵族比例为 0.2%。因社会经济状况差异,各省贵族数量差别很大,如 1858—1897 年奥廖尔省世袭贵族数量由 5936 人增加到 8957 人,每名贵族约拥有 205 名农奴。[3] 因资料有限,笔者仅能对 19 世纪下半叶各地区世袭贵族的数量进行总体概述,具体数据详见表 1-3 和表 1-4。

[1] Корелин А. П. *Дворянство в пореформой России. 1861 – 1914 гг.: Состав, численность, корпоративная организация.* М. , Наука, 1979. С. 303.

[2] Миронов Б. Н. *Социальная история России.* Т. 1. СПб. , Дмитрий Буланин, 2003. С. 95.

[3] Рубакин Н. А. *Российское дворянство в цифрах//Трудовой путь.* 1907, № 11. 12. С. 49.

表 1-3 19 世纪下半叶各地区世袭贵族的数量①（单位：人）

区域和省份	1858 年			1863 年			1867 年			1870 年			1897 年		
	男性	女性	总计	男性	女性	总计	男性	女性	总计	男性	女性	总计	男性	女性	总计
彼得堡	11 730	10 341	22 071	24 245	23 314	47 559	25 066	24 776	49 842	31 278	30 752	62 030	42 817	47 030	89 847
莫斯科	5581	5583	11 164	5725	5052	10 777	7258	6224	13 482	7595	6229	13 824	18 684	21 420	40 104
总计	17 311	15 924	33 235	29 970	28 366	58 336	32 324	31 000	63 324	38 873	36 981	75 854	61 501	68 450	129 951
中部工业区															
弗拉基米尔	1292	1569	2861	1333	1654	2997	1069	1369	2438	1047	1407	2454	2041	2395	4436
卡卢加	1661	1899	3560	1796	2030	3826	1693	1866	3559	1967	2153	4120	2329	2972	5301
科斯特罗马	2321	2828	5149	2070	2638	4708	2068	2618	4686	2267	2700	4967	1992	2640	4632
下诺夫哥罗德	1568	1796	3364	1510	1743	3253	1831	1621	3452	1901	1748	3649	2510	2852	5362

① Корелин А. П. Дворянство в пореформой России. 1861 - 1914 гг.: Состав, численность, корпоративная организация. М., Наука, 1979. С. 292-296.

续表

区域和省份	1858 年			1863 年			1867 年			1870 年			1897 年		
	男性	女性	总计	男性	女性	总计	男性	女性	总计	男性	女性	总计	男性	女性	总计
诺夫哥罗德	3458	5442	8900	3029	3297	6326	2667	3114	5781	2703	3106	5809	3858	4489	8347
普斯科夫	1582	1840	3422	2248	2576	4824	2004	2467	4471	2036	2608	4644	2953	3328	6281
斯摩棱斯克	7846	8628	16 474	7944	9060	17 004	7942	8630	16 572	6541	6645	13 186	7804	9094	16 898
特维尔	2526	3140	5666	2683	3317	6000	2693	3270	5963	2942	3509	6451	2459	3224	5683
雅罗斯拉夫尔	1352	1548	2900	1388	1714	3102	1336	1576	2912	1195	1483	2678	2080	2189	4269
总计	23 606	28 690	52 296	24 001	28 039	52 040	23 303	26 531	49 834	22 599	25 359	47 958	28 026	33 183	61 209
中部农业区															
沃罗涅日	2872	3006	5878	3361	3206	6567	2872	2927	5799	2939	3050	5989	3648	4037	7685

续表

区域和省份	1858年			1863年			1867年			1870年			1897年		
	男性	女性	总计	男性	女性	总计	男性	女性	总计	男性	女性	总计	男性	女性	总计
库尔斯克	6097	6387	12484	6097	6387	12484	5837	6063	11900	5993	6058	12051	7275	8801	16076
奥廖尔	2750	3186	5936	2846	3258	6104	2636	3045	5681	2725	2997	5722	4180	4777	8957
梁赞	3926	4300	8226	4462	4697	9159	4024	4422	8446	4090	4372	8462	5204	6316	11520
图拉	3534	3707	7241	3529	3896	7425	3866	4007	7873	3688	3772	7460	3850	4718	8568
坦波夫	2637	2732	5369	2641	2784	5425	2967	3196	6163	2989	3130	6119	3638	4425	8063
总计	21 816	23 318	45 134	22 936	24 228	47 164	22 202	23 660	45 862	22 424	23 379	45 803	27 795	33 074	60 869
伏尔加河流域中游地区															
喀山	1170	1124	2294	1665	1721	3386	1590	1592	3182	1715	1731	3446	3192	3587	6779
奔萨	1747	1748	3495	1775	1844	3619	1615	1995	3610	1916	2096	4012	2413	2923	5336
萨拉托夫	1774	1791	3565	1649	1814	3463	1358	1389	2747	1527	1531	3058	3231	3670	6901
辛比尔斯克	1328	1440	2768	1337	1589	2926	1548	1560	3108	1558	1557	3115	1844	2079	3923

续表

区域和省份	1858 年			1863 年			1867 年			1870 年			1897 年		
	男性	女性	总计	男性	女性	总计	男性	女性	总计	男性	女性	总计	男性	女性	总计
总计	6019	6103	12 122	6426	6968	13 394	6111	6536	12 647	6716	6915	13 631	10 680	12 259	22 939
乌克兰右岸地区															
波尔塔瓦	4935	5338	10 273	6752	7041	13 793	8039	8497	16 536	9867	9047	18 914	12 661	14 496	27 157
哈尔科夫	5142	4699	9841	4872	4998	9870	6213	6062	12 275	5956	6110	12 066	7903	9037	16 940
切尔尼戈夫	4951	5480	10 431	5751	6373	12 124	4912	5684	10 596	4548	5288	9836	6575	7936	14 511
总计	15 028	15 517	30 545	17 375	18 412	35 787	19 164	20 243	39 407	20 371	20 445	40 816	27 139	31 469	58 608
南部草原地区															
比萨拉比亚	1743	1653	3396	2214	2018	4232	2102	1968	4070	2201	2119	4320	5589	6184	11 773

续表

区域和省份	1858 年			1863 年			1867 年			1870 年			1897 年		
	男性	女性	总计	男性	女性	总计	男性	女性	总计	男性	女性	总计	男性	女性	总计
顿河哥萨克军区	5163	4516	9679	6139	5040	11 179	6087	5767	11 854	5909	5957	11 866	9166	10 570	19 736
叶卡捷琳诺斯拉夫	2986	2820	5806	2952	2913	5865	3557	3581	7138	3705	3721	7426	5853	6221	12 074
塔夫里达	1593	1427	3020	1475	1318	2793	2135	2242	4377	2191	2181	4372	5938	6487	12 425
赫尔松	5800	5903	11 703	7243	6904	14 147	10 382	10 712	21 094	9918	9956	19 874	12 986	14 286	27 272
总计	17 285	16 319	33 604	20 023	18 193	38 216	24 263	24 270	48 533	23 924	23 934	47 858	39 532	43 748	83 280
东南部地区															
阿斯特拉罕	382	311	693	665	733	1398	613	625	1238	705	763	1468	1315	1463	2778
奥伦堡	2906	2929	5835	3428	3251	6679	1109	1150	2259	1422	1317	2739	2486	2656	5142

续表

区域和省份	1858 年			1863 年			1867 年			1870 年			1897 年		
	男性	女性	总计	男性	女性	总计	男性	女性	总计	男性	女性	总计	男性	女性	总计
萨马拉	694	904	1598	902	1012	1914	1067	1143	2210	836	884	1720	2545	2846	5391
乌法	—	—	—	—	—	—	3267	3202	6469	3369	3301	6670	5020	5440	10 460
总计	3982	4144	8126	4995	4996	9991	6056	6120	12 176	6332	6265	12 597	11 366	12 405	23 771
波罗的海地区															
库尔兰	2293	2587	4880	2409	2619	5028	2947	3172	6119	3087	3341	6428	3733	4018	7751
利夫兰	2094	2490	4584	2328	2758	5086	2489	2743	5232	2386	2711	5097	6057	6650	12 707
沙尼亚	1537	1490	3027	1484	1423	2907	1421	1347	2768	1455	1389	2844	1672	2069	3741
总计	5924	6567	12491	6221	6800	13 021	6857	7262	14 119	6928	7441	14 369	11 462	12 737	24 199
西北部地区															
维尔纽斯	26 276	24 802	51 078	30 285	30 007	60 292	20 904	20 823	41 727	20 068	21 344	41 412	33 919	36 721	70 640
维捷布斯克	12 891	12 639	25 530	10 456	10 817	21 273	8544	8788	17 332	7673	7780	15 453	10 732	11 370	22 102

续表

区域和省份	1858 年			1863 年			1867 年			1870 年			1897 年		
	男性	女性	总计	男性	女性	总计	男性	女性	总计	男性	女性	总计	男性	女性	总计
格罗德诺	18 384	18 635	37 019	16 805	19 406	36 211	5559	5816	11 375	6457	6851	13 308	9463	9748	19 211
科夫诺	44 661	45 731	90 392	48 074	46 579	94 653	30 515	31 715	62 230	29 489	30 799	60 288	46 162	52 825	98 987
明斯克	27 634	26 941	54 575	38 863	34 150	73 013	18 798	19 634	38 432	18 898	20 564	39 462	34 754	36 220	70 974
莫吉廖夫	16 126	16 298	32 424	19 392	19 314	38 706	6127	6715	12 842	6439	7217	13 656	10 517	11 579	22 096
总计	145 972	145 046	291 018	163 875	160 273	324 148	90 447	93 491	183 938	89 024	94 555	183 579	145 547	158 463	304 010
西南部地区															
沃伦	26 853	25 710	52 563	17 636	18 315	35 951	10 706	11 434	22 140	10 084	11 834	21 918	16 389	18 293	34 682
基辅	6047	6183.	12 230	9973	9839	19 812	9018	9620	18 638	9072	9143	18 215	18 451	20 597	39 048
波多利斯克	11 231	10 585	21 816	11 229	11 555	22 784	8087	8598	16 685	7539	7940	15 479	14 169	16 009	30 178
总计	44 131	42 478	86 609	38 838	39 709	78 547	27 811	29 652	57 463	26 695	28 917	55 612	49 009	54 899	103 908

续表

区域和省份	1858 年			1863 年			1867 年			1870 年			1897 年		
	男性	女性	总计	男性	女性	总计	男性	女性	总计	男性	女性	总计	男性	女性	总计
乌拉尔地区															
维亚特卡	656	600	1256	552	485	1037	601	534	1135	634	687	1321	1099	1267	2366
彼尔姆	1039	1110	2149	909	906	1815	672	834	1506	698	763	1461	2275	2539	4814
总计	1695	1710	3405	1461	1391	2852	1273	1377	2650	1332	1450	2782	3374	3806	7180
北部地区															
阿尔汉格尔斯克	364	346	710	442	458	900	351	358	709	277	304	581	578	613	1191
沃洛格达	695	779	1474	980	1062	2042	902	1038	1940	899	1068	1967	1107	1308	2415
奥洛涅茨	620	584	1204	644	335	979	614	475	1089	415	366	781	1079	1145	2224
总计	1679	1709	3388	2066	1855	3921	1867	1871	3738	1591	1738	3329	2764	3066	5830

续表

区域和省份	1858 年			1863 年			1867 年			1870 年			1897 年		
	男性	女性	总计	男性	女性	总计	男性	女性	总计	男性	女性	总计	男性	女性	总计
其他地区															
波兰	—	—	—	—	—	—	26 879	30 696	57 575	29 606	30 673	60 279	64 272	70 783	135 055
高加索	—	—	—	—	—	—	—	—	55 000	—	—	—	86 861	84 106	170 967
西伯利亚	—	—	—	—	—	—	2087	1890	3977	—	—	—	8552	7874	16 426
中亚	—	—	—	—	—	—	388	338	726	—	—	—	5944	6023	11 967
芬兰和国外	—	—	—	—	—	—	1183	1606	2789	1410	1631	3041	1232	538	1770

表 1-4 19 世纪下半叶各地区终身贵族和官吏的数量（含家庭）①

区域和省份	1858 年			1863 年			1867 年			1870 年			1897 年		
	男性	女性	总计	男性	女性	总计	男性	女性	总计	男性	女性	总计	男性	女性	总计
彼得堡	14 683	12 658	27 341	17 110	19 154	36 264	20 895	23 793	44 688	21 713	25 554	47 267	28 607	32 857	61 464
莫斯科	7687	7006	14 693	7443	6838	14 281	7766	6884	14 650	7894	6472	14 366	16 985	20 117	37 102
总计	22 370	19 664	42 034	24 553	25 992	50 545	28 661	30 677	59 338	29 607	32 026	61 633	45 592	52 974	98 566
中部工业区															
弗拉基米尔	1988	1984	3972	1913	1992	3905	1755	2009	3764	1406	1462	2868	2692	3144	5836
卡卢加	1114	1018	2132	1352	1272	2624	1213	1198	2411	1741	1722	3463	2494	2940	5434
科斯特罗马	1431	1450	2881	1230	1441	2671	1157	1404	2561	957	1100	2057	2944	3507	6451
下诺夫哥罗德	2503	2405	4908	2676	2821	5497	2900	3220	6120	3083	3543	6626	3425	3958	7383

① Корелин А. П. Дворянство в пореформой России. 1861–1914 гг.: Состав, численность, корпоративная организация. М., Наука, 1979. С. 298–302.

续表

区域和省份	1858 年			1863 年			1867 年			1870 年			1897 年		
	男性	女性	总计	男性	女性	总计	男性	女性	总计	男性	女性	总计	男性	女性	总计
诺夫哥罗德	1566	1488	3054	1021	1148	2169	1494	1639	3133	1501	1718	3219	2813	3218	6031
普斯科夫	1085	822	1907	1243	1105	2348	1713	2106	3819	1670	1445	3115	1788	1882	3670
斯摩棱斯克	1517	1559	3076	2159	2140	4299	2106	1975	4081	1961	1837	3798	1687	4051	5738
特维尔	1969	1868	3837	1648	1873	3521	1668	1931	3599	2589	2751	5340	3051	3649	6700
雅罗斯拉夫尔	1037	1212	2249	1805	1725	3530	1797	1795	3592	1482	1577	3059	3189	3829	7018
总计	14 210	13 806	28 016	15 047	15 517	30 564	15 803	17 277	33 080	16 390	17 155	33 545	26 083	30 178	56 261
中部农业区															
沃罗涅日	2414	3325	5739	1982	1758	3740	1395	1584	2979	1775	2103	3878	3678	4203	7881

续表

区域和省份	1858 年			1863 年			1867 年			1870 年			1897 年		
	男性	女性	总计	男性	女性	总计	男性	女性	总计	男性	女性	总计	男性	女性	总计
库尔斯克	2230	2086	4316	2230	2086	4316	2692	2582	5274	2997	3114	6111	3383	3870	7253
奥廖尔	1841	1735	3576	1666	1616	3282	1909	1805	3714	1854	1841	3695	4112	4728	8840
梁赞	1459	1378	2837	1648	1313	2961	2364	2633	4997	2591	2801	5392	2941	3307	6248
图拉	1555	1348	2903	1663	1433	3096	1703	1506	3209	1732	1596	3328	2425	3402	5827
坦波夫	1537	1481	3018	2060	1808	3868	2641	2750	5391	2722	2799	5521	4289	4750	9039
总计	11 036	11 353	22 389	11 249	10 014	21 263	12 704	12 860	25 564	13 671	14 254	27 925	20 828	24 260	45 088
伏尔加河流域中游															
喀山	1762	1318	3080	2776	2467	5243	1337	1223	2560	1418	1362	2780	4336	4575	8911
奔萨	951	729	1680	1096	935	2031	1027	1209	2236	1448	1466	2914	2595	2892	5487
萨拉托夫	1553	1579	3132	1957	1926	3883	3269	3607	6876	2656	2463	5119	4378	5128	9506
辛比尔斯克	1146	1014	2160	1284	1668	2952	1362	1394	2756	1375	1376	2751	2512	2606	5118

续表

区域和省份	1858年			1863年			1867年			1870年			1897年		
	男性	女性	总计	男性	女性	总计	男性	女性	总计	男性	女性	总计	男性	女性	总计
总计	5412	4640	10 052	7113	6996	14 109	6995	7433	14 428	6897	6667	13 564	13 821	15 201	29 022
乌克兰右岸地区															
波尔塔瓦	6098	6519	12 617	9534	9812	19 346	9621	10 531	20 152	11 065	11 269	22 334	6720	7513	14 233
哈尔科夫	3112	2903	6015	3507	3749	7256	3776	3942	7718	4350	4642	8992	7345	7805	15 150
切尔尼戈夫	5505	6056	11 561	5907	6873	12 780	6939	7799	14 738	6483	7382	13 865	6265	7092	13 357
总计	14 715	15 478	30 193	18 948	20 434	39 382	20 336	22 272	42 608	21 898	23 293	45 191	20 330	22 410	42 740
南部草原地区															
比萨拉比亚	2200	1988	4188	3107	2931	6038	3023	2991	6014	2724	2667	5391	4873	5217	10 090

续表

区域和省份	1858 年			1863 年			1867 年			1870 年			1897 年		
	男性	女性	总计	男性	女性	总计	男性	女性	总计	男性	女性	总计	男性	女性	总计
顿河哥萨克军区	1455	1360	2815	1973	1706	3679	2406	2643	5049	2170	2461	4631	5561	5819	11 380
叶卡捷琳诺斯拉夫	2287	2205	4492	2466	2404	4870	3201	3304	6505	3417	3381	6798	4093	4185	8278
塔夫里达	1745	1644	3389	2159	1929	4088	2602	2943	5545	2553	2592	5145	5047	5289	10336
赫尔松	5229	4296	9525	7916	7922	15 838	8700	8314	17 014	8401	7493	15 894	10 986	12 237	23 223
总计	12 916	11 493	24 409	17 621	16 892	34 513	19 932	20 195	40 127	19 265	18 594	37 859	30 560	32 747	63 307
东南部地区															
阿斯特拉罕	1226	1043	2269	1279	1245	2524	1397	1710	3107	1459	1823	3282	1596	1836	3432
奥伦堡	2287	2706	4993	2785	3249	6034	2279	2594	4873	2678	2942	5620	3213	3690	6903

续表

区域和省份	1858 年			1863 年			1867 年			1870 年			1897 年		
	男性	女性	总计	男性	女性	总计	男性	女性	总计	男性	女性	总计	男性	女性	总计
萨马拉	1681	638	2319	1315	881	2196	946	976	1922	1464	1448	2912	3094	3250	6344
乌法	—	—	—	—	—	—	2384	2892	5276	2377	2955	5332	2520	2842	5362
总计	5194	4387	9581	5379	5375	10 754	7006	8172	15 178	7978	9168	17 146	10 423	11 618	22 041
波罗的海地区															
库尔兰	905	1044	1949	626	685	1311	1940	2109	4049	1840	1987	3827	1687	1489	3176
利夫兰	1178	1487	2665	1057	1174	2231	1128	1274	2402	1599	1267	2866	3668	3270	6938
爱沙尼亚	526	529	1055	565	543	1108	504	400	904	547	444	991	1078	1075	2153
总计	2609	3060	5669	2248	2402	4650	3572	3783	7355	3986	3698	7684	6433	5834	12267
西北部地区															
维尔纽斯	902	955	1857	1233	1131	2364	3471	3021	6492	2913	2643	5556	3287	3442	6729
维捷布斯克	2138	2044	4182	3715	3673	7388	2264	2382	4646	2501	2673	5174	4871	5004	9875

续表

区域和省份	1858 年			1863 年			1867 年			1870 年			1897 年		
	男性	女性	总计	男性	女性	总计	男性	女性	总计	男性	女性	总计	男性	女性	总计
格罗德诺	2637	1724	4361	2607	1846	4453	1751	1598	3349	1248	1118	2366	3433	3110	6543
科夫诺	64	54	118	797	901	1698	1851	2039	3890	2082	1847	3929	3097	2929	6026
明斯克	2244	2679	4923	931	1289	2220	1343	821	2164	3304	3995	7299	3722	3552	7274
莫吉廖夫	2316	2308	4624	2943	3266	6209	2470	2702	5172	2424	2681	5105	2819	2766	5585
总计	10 301	9764	20 065	12 226	12 106	24 332	13 150	12 563	25 713	14 472	14 957	29 429	21 229	20 803	42 032
西南部地区															
沃伦	9555	10 023	19 578	17 242	17 986	35 228	4122	4265	8387	4486	5184	9670	6065	6277	12 342
基辅	22 011	22 114	44 125	5238	4939	10 177	5493	5422	10 915	5373	5062	10 435	10 513	10 968	21 481
波多利斯克	2970	2595	5565	4090	4262	8352	3352	3975	7327	3378	3794	7172	5075	5260	10 335
总计	34 536	34 732	69 268	26 570	27 187	53 757	12 967	13 662	26 629	13 237	14 040	27 277	21 653	22 505	44 158

续表

区域和省份	1858年			1863年			1867年			1870年			1897年		
	男性	女性	总计	男性	女性	总计	男性	女性	总计	男性	女性	总计	男性	女性	总计
乌拉尔地区															
维亚特卡	1512	1474	2986	1460	1006	2466	1731	1396	3127	2020	2092	4112	3504	4137	7641
彼尔姆	2152	2342	4494	1708	1918	3626	1706	1873	3579	1895	1921	3816	5906	6762	12 668
总计	3664	3816	7480	3168	2924	6092	3437	3269	6706	3915	4013	7928	9410	10 899	20 309
北部地区															
阿尔汉格尔斯克	1348	1265	2613	1298	1507	2805	1237	1567	2804	1661	1763	3424	1496	1714	3210
沃洛格达	1870	1697	3567	1163	1313	2476	1101	1276	2377	1105	1273	2378	2508	2988	5496
奥洛涅茨	779	691	1470	717	716	1433	1025	849	1874	1096	915	2011	1338	1488	2826
总计	3997	3653	7650	3178	3536	6714	3363	3692	7055	3862	3951	7813	5342	6190	11 532

续表

区域和省份	1858年			1863年			1867年			1870年			1897年		
	男性	女性	总计	男性	女性	总计	男性	女性	总计	男性	女性	总计	男性	女性	总计
其他地区															
波兰	—	—	—	—	—	—	12 210	11 773	23 983	21 375	21 590	42 965	22 719	21 863	44 582
高加索	—	—	—	—	—	—	9371	7712	17 083	—	—	—	27 137	26 741	53 878
西伯利亚	—	—	—	—	—	—	5611	5504	11 115	—	—	—	14 393	14 946	29 339
中亚	—	—	—	—	—	—	1040	979	2019	—	—	—	7700	7657	15 357
芬兰地区和国外	—	—	—	—	—	—	—	—	—	—	—	—	719	407	1126

(二)贵族的民族成份

俄国贵族的民族成份十分复杂,具有外国血统的贵族占多数。19世纪,俄国贵族族源变化不大。据统计,1858—1897年,18.6%的贵族为留里克王朝后裔,具有瓦良格人血统;24.3%的贵族具有波兰和立陶宛人血统;25%的贵族为西欧国家居民后裔;7%的贵族为鞑靼人和东方民族后裔;10.5%的贵族民族属性不确定;只有4.6%的贵族为纯俄罗斯人血统。1700—1917年,俄国2867名国家高级官员中,1097名即38.26%官员来自外国,他们大部分为西欧人的后裔,德国人居多。19世纪中叶,中央行政机构高级官员中路德教信徒比例在15%以上。①

就奥廖尔省贵族而言,19世纪下半叶20世纪初,奥廖尔省贵族中俄罗斯人所占的比例较高,其他国家或民族的贵族数量也不容忽视,其中波兰人、德国人、异族人、白俄罗斯人、法国人和土耳其人在奥廖尔省贵族中所占比例分别为7%、1.2%、0.2%、0.1%、0.04%和0.04%。一半以上的世袭贵族为当地人,本地贵族中33.1%出生于奥廖尔县城,18.4%出生在奥廖尔省其他县城。剩下48.5%的贵族为外来人,他们多于19世纪下半叶迁至奥廖尔省,其中45%来自俄国其他省份,3.5%的贵族来自国外。在奥廖尔省,奥廖尔、博尔霍夫、德米特罗夫、叶列茨、科拉切夫斯克、克雷姆斯克、列维尼茨克、小阿尔汉格尔斯克、姆岑斯克、谢尔维斯克、特鲁布切夫斯克和布良斯克的本地贵族所占的比例分别为16.1%、1.9%、

---

① Ричард. Пайпср. *Россия при старом режиме*. М. , Независимая газета, 1993. C. 240.

0.9%、6.9%、3.2%、1.1%、5.1%、5.4%、2.6%、1.7%、1.5% 和
5.1%。这 12 个城镇的贵族中,外国血统的比例分别为 17.9%、
0.9%、0.6%、6.7%、2.4%、0.8%、3%、2.3%、2.1%、2.1%、1.0%
和 8.7%。[①]

随着领土不断扩张,19 世纪下半叶至 20 世纪初俄国各个等级
都有新成员加入,贵族等级也不例外。如波罗的海的骑士等级、波
兰地区的大贵族和小贵族、乌克兰地区的哥萨克、比萨拉比亚地区
的大贵族、格鲁吉亚的公爵和贵族,中亚等地各汗国的汗王、领主
和鞑靼贵族也都成为俄国贵族等级的新成员。

18 世纪至 20 世纪初俄国高级官员中外族官员比例均保持在
1/3 以上,占比较大,其中德国人数量最多。波罗的海贵族大多是
俄国贵族多年征战后征服的当地贵族,他们按照原有的风俗习惯
生活,没有被俄罗斯人同化,当地外来贵族多为德国人,他们常以
日耳曼人自居。

波兰地区贵族也没有被俄罗斯人同化,在兼并波兰时期,俄国
就要求波兰贵族出示身份证明,并将他们分为上层贵族和下层贵
族。上层贵族为早期拥有公爵和伯爵爵位的贵族,还包括罗马帝
国册封的贵族;下层贵族最初与俄国贵族享有同等权力,后期降为
独立的小贵族和市民,只有上层贵族才可获得与俄国贵族同等的
权力。波兰地区贵族地位较为尴尬,他们在为官时不但要提供贵
族身份的证明文件,还需本省省长出具相关证明,担保其没有犯罪
前科。乌克兰地区贵族备受歧视,这里的贵族为早期的册封贵族

---

① Лавицкая М. И. *Оровское потомственное дворянство второй половины XIX –
начала XX веков.* Орел. , Изд-во ОРАГС, 2007. С. 45.

和哥萨克上层官员。俄国兼并乌克兰地区后,虽然 1785 年《俄国贵族权利、自由和特权诏书》也适用于乌克兰贵族,但俄国政府对当地贵族的防范意识较强,长期限制乌克兰贵族的特权。

高加索地区纳入俄国版图后,很多新成员进入俄国贵族等级,主要包括格鲁吉亚地区的公爵,依附于皇室和公爵的格鲁吉亚地区贵族、亚美尼亚王公,当地一些穆斯林贵族,如可汗、领主等,随后阿塞拜疆地区各民族的可汗、贝伊等统治者因声望较高,也被纳入俄国贵族等级。虽然贵族在俄国居民中的数量不多,但他们的权力很大。

第二节　俄国贵族的权利

与西欧国家的贵族相比,俄国贵族的政治影响力稍显逊色,一方面,俄国贵族的各种特权源于政府,他们对沙皇十分忠诚,但也竭尽全力维护自身特权;另一方面,沙皇对贵族怀有戒心,彼得三世和叶卡特琳娜二世时期贵族获得特权,社会地位明显提高,但政府也采取各种措施分化和瓦解贵族等级。俄国贵族等级未形成统一的社会经济集团,虽对专制制度有所不满,但仍坚决拥护沙皇的统治。他们多接受高等教育,在国家机构中任职,与政府关系最为密切。

一、贵族权利的总体概述

1762 年 2 月 18 日,彼得三世为确定贵族的权利和义务,颁布

《御赐全俄罗斯贵族特权与自由诏书》,该诏书共有 9 项条款,主要内容如下:一是所有贵族可以完全摆脱服役义务,从而尽可能抽出更多的时间从事经济活动;二是贵族在选择自己的命运上不再依赖于政府,贵族可以从事经济活动或科学、艺术等创造性活动,自愿在国家机关或军队继续服役者可继续留下,且自行决定服役的期限;三是除了沙皇的手谕,任何人不能强制贵族从事经济事务,少数贵族可以被选派到地方政府任职,为以后进入上层官僚机构创造条件;四是贵族可自由申请去欧洲国家游历,或者服务于刚刚登基的俄国君主和其他欧洲君主,退役贵族回国后也可自愿继续服役。① 该诏书颁布后,贵族可根据个人意志自主选择居所。后来为获得贵族的更多支持,彼得三世还颁布法令,规定贵族可自由开展对外贸易,禁止将整个村镇卖给工厂主或教会土地世俗化,等等。

沙皇赋予贵族特权的直接表现是 1785 年 4 月 21 日《俄国贵族权利、自由和特权诏书》的颁布,该敕书最终确定了贵族的特权地位,其主要内容如下:一是贵族服役自由,且在服役时具有诸多特权;二是贵族在服役时无须纳税,可把税款分摊给属下农民;三是取消贵族体罚,即不能对具有贵族血统的官员实施体罚;四是贵族的特权神圣不可侵犯;五是贵族即使不服役亦可继续享有世袭领地的特权。

贵族等级享有诸多特权,就经济特权而言,基辅罗斯时期各领主就拥有世袭田庄,享有免税权。彼得三世和叶卡特琳娜二世纷

---

① 张宗华:《18 世纪俄国的改革与贵族》,人民出版社 2013 年版,第 261 页。

纷颁布法律保障贵族的经济特权。就法律特权而言,从10世纪开始,贵族就拥有治外法权和法律豁免权,享有领地的行政管理权,可审判除杀人案以外的任何案件,有权流放农奴,贵族犯罪由王公亲自裁决。就政治特权而言,贵族作为政府的统治支柱,垄断中央到地方的各级行政、军事、司法等大权。就文化特权而言,贵族受教育权利高于其他等级,贵族学校数量较多,贵族子弟可获得国家资助出国留学。

18世纪,俄国开始从等级君主制向绝对君主制过渡,为提高国家机构办事效率,沙皇开始关注贵族。彼得一世改革前俄国贵族的作用日益减小,为保障贵族在军队和官僚机构中的地位,彼得一世进行官制改革,以西欧国家为模板,颁布官秩表。官秩表改变了贵族地位,贵族可进入国家各类机构中任职,贵族地位明显提高。叶卡特琳娜二世时期,对官秩表进行修整,确定个人功绩在官员任免中的重要性,免除了贵族的许多义务,允许贵族从事经济活动,扩大了贵族特权,贵族的地位更加稳固。俄国贵族等级的形成过程与西欧相反,西方土地所有制先于专制制度产生,专制制度产生前贵族实力就不容小觑,君主和专制体制产生后土地更是成为贵族私人财产。俄国土地历来都属于沙皇,沙皇将土地划拨给贵族,因此贵族是沙皇的"代言人"和政策执行者,不能左右沙皇的决议;贵族可在政府机构中任职,担任高级官吏,但沙皇为防止其权力膨胀,规定贵族不能在其封地所在省份任职。

二、贵族的土地和农奴特权

在俄国,封建土地所有制是贵族统治的基础,不同等级贵族拥有土地的数量也各异。彼得一世赏赐大量土地和农奴给亲信,这些亲信受封贵族后,不但成为大贵族,还被允许买卖农奴,农奴成为他们的私有财产。为缓和世袭领主和普通领主间的矛盾,政府颁布《一子继承法》,强化贵族的门第,保障贵族家族的威望和特权。

18 世纪,虽然贵族庄园分散于全国各地,但贵族土地集中进程稍有加速。叶卡特琳娜二世和保罗一世统治期间,沙皇颁布诏令要求贵族庄园不能集中于一个地方,需要分布于多个地区。基于此,俄国境内没有较大的贵族庄园,且分布十分分散。如莫洛佐夫家族的庄园,该家族与沙皇关系密切,17 世纪是俄国最富有的贵族之一,当时其庄园分布于俄国 19 个省。18 世纪,莫洛索夫家族又购买了大量土地,但仍分布于 16 个省之内,此时该家族共有 28.3 万公顷土地、5711 户农奴家庭、2.5 万名男性农奴。叶卡特琳娜二世时期的大贵族舍列梅捷夫家族也是如此,该家族在俄国 17 省拥有 110 万公顷土地和 18.6 万名农奴。① 虽然俄国大贵族的土地十分分散,但因拥有大量的土地,所以他们在各地具有较大的影响力。值得一提的是,虽然大贵族土地较为分散,但他们在各地的土地仍比较集中,很多相邻的村庄都属于同一个贵族的现象屡见不鲜。

各地贵族拥有的土地和农奴数量各异,以中部非黑土区为例,此地区包括莫斯科、弗拉基米尔、卡卢加、科斯特罗马、特维尔和雅罗斯拉夫尔等省,17 世纪下半叶,波雅尔贵族的土地占中部非黑土

---

① Пайпс Р. *Россия при старом режиме*. М. , Независимая газета, 1993. С. 229.

区土地的 67%,其中弗拉基米尔省最多,其次为卡卢加、莫斯科省。1700 年,该地区 59%的农奴由大贵族掌控,1737 年,这一比例升为 61%,而西北部地区 65%的耕地掌握在贵族手中。同期,中部黑土区的图拉、梁赞、库尔斯克、沃罗涅日、坦波夫和哈尔科夫等省 2/3 的土地仍为贵族掌控。18 世纪,中部黑土区共有土地 2945.6 万俄亩,贵族、宫廷和国家拥有土地的占比分别为 43%、3%和 4%,贵族占有的土地最多。1700—1750 年,伏尔加河中游的喀山、奔萨、辛比尔斯克、萨拉托夫等省贵族占有的土地比例由 44%上升到 55%。阿尔汉格尔斯克、沃洛格达、奥格涅茨和彼尔姆等省贵族土地面积也占主导;乌拉尔南部,奥伦堡和乌法省的贵族所占土地比重最高;新罗斯地区,叶卡捷琳诺斯拉夫和赫尔松省贵族拥有土地面积也最多。[①] 17 世纪,俄国贵族土地占有率仅为 9%,18 世纪则达 29%,贵族的土地占有量迅速增加。一战前贵族拥有的土地面积一直占绝对优势,但因贵族依附于沙皇,沙皇可对贵族进行经济控制。[②]

　　1861 年农奴制改革之前,俄国法律赋予贵族诸多特权,其中最重要的一项是贵族占有领地。早期,占有领地、世袭领地和拥有农奴是贵族供职的主要条件,政府以这些方式抵偿工资和赏赐。很多贵族在政府的支持下侵占了大量领地,甚至在自己领地内拥有司法和行政特权。为保住贵族家族的土地特权,1785 年"贵族特权诏书"中曾规定,允许贵族赎回 3 年内卖出的地产。19 世纪上半

① Водарский Я. Е. *Дворянское землевладение в России в XVII - первой половине XIX в.* М. , Наука, 1988. С. 114, 118, 142, 190-194, 211-214, 215, 217.
② Пайпср. *Россия при старом режиме.* М. , Независимая газета, 1993. С. 231.

叶,为保护大贵族的声望,俄国政府宣布大贵族和名门望族必须严格执行《一子继承法》,1845 年 7 月 16 日出台的法令规定,拥有 1 万—10 万俄亩土地、年收入为 1.2 万—20 万卢布的领地拥有者必须严格执行《一子继承法》。当时很多大贵族都执行一子继承制,戈里钦公爵、巴里亚金斯基公爵、沃伦索夫伯爵、本肯道夫伯爵和托尔斯泰伯爵等家族均是如此。

虽然贵族对农奴也拥有诸多特权,但 1861 年农奴制改革前,贵族拥有农奴的数量大幅降低,但其土地面积却不断提升。19 世纪 50 年代末欧俄部分省份拥有 100 名男性农奴的庄园数量以及农奴的土地面积详见表 1-5。

表 1-5　19 世纪 50 年代末欧俄部分省份拥有 100 名男性农奴的庄园数量以及农奴的土地面积[①]

省份	庄园数量	拥有份地男性农奴的数量	农奴的土地面积(俄亩)	农奴人均土地面积(俄亩)
弗拉基米尔	399	154 742	577 042.87	3.72
沃洛格达	200	49 598	430 731.76	8.68
沃罗涅日	373	199 470	600 582.12	3.02
叶卡捷琳诺斯拉夫	356	81 842	267 192.69	3.26
卡卢加	488	155 920	526 757.47	3.38
科斯特罗马	526	151 301	885 666.00	5.85

---

① Игнатович И. И. *Помещичьи и крестьяне накануне освобождения*. М., Типография Тварищества И. Д. Сытина. 1910. С. 294–297.

续表

省份	庄园数量	拥有份地男性农奴的数量	农奴的土地面积（俄亩）	农奴人均土地面积（俄亩）
库尔斯克	623	216 987	538 798. 52	2. 48
莫斯科	595	174 239	498 453. 11	2. 86
诺夫哥罗德	285	73 125	629 030. 66	8. 61
下诺夫哥罗德	542	224 329	859 128. 76	3. 83
奥洛涅茨	12	1516	11 581. 53	7. 64
奥廖尔	720	203 945	714 336. 44	3. 50
奔萨	522	190 646	617 690. 49	3. 24
彼得堡	167	46 758	299 365. 13	6. 40
波尔塔瓦	685	211 995	432 673. 67	2. 04
普斯科夫	446	113 334	571 070. 00	5. 04
梁赞	681	188 235	518 563. 47	2. 74
萨马拉	175	62 420	328 987. 63	5. 27
萨拉托夫	493	198 933	894 788. 31	4. 49
辛比尔斯克	449	154 525	543 891. 68	3. 52
斯摩棱斯克	518	139 430	738 189. 48	5. 29
坦波夫	765	232 423	669 539. 95	2. 88
特维尔	495	115 730	610 619. 86	5. 28
图拉	278	215 049	619 352. 64	2. 88
切尔尼戈夫	593	161 718	512 822. 94	3. 17
哈尔科夫	458	139 955	353 741. 59	2. 53
雅罗斯拉夫尔	577	150 871	709 008. 84	4. 70

注：此处的土地涵盖宅旁地、耕地、草地、割草场和少量的林地。

1861 年农奴制改革后，贵族的土地面积开始减少，欧俄诸省（除波罗的海地区、阿斯特拉罕和阿尔汉格尔斯克省外）贵族的土地面积由 1862 年的 8716.9 万俄亩减少到 1877 年的 7704 万俄亩，再到 1905 年的 5124.8 俄亩。[1] 不同地区贵族失去领地的速度不同，工业发达地区贵族失去土地的速度最快，经济落后地区贵族丧失土地的速度较慢，只有西部地区贵族的土地面积较为稳定。19世纪末，欧俄部分省份贵族土地所有者的结构变化详见表 1-6。

① Корелин А. П. *Дворянство в пореформой России. 1861 – 1914 гг.: Состав, численность, корпоративная организация.* М. , Наука, 1979. С. 54.

表1-6 欧俄44省贵族土地所有者的结构和变化状况①

时间\主体	1877年					1895年					1905年				
	土地所有者		拥有土地面积		拥有土地的平均数	土地所有者		拥有土地面积		拥有土地的平均数	土地所有者		拥有土地面积		拥有土地的平均数
	数量(名)	占比(%)	数量(千俄亩)	占比(%)	数量(俄亩)	数量(名)	占比(%)	数量(千俄亩)	占比(%)	数量(俄亩)	数量(名)	占比(%)	数量(千俄亩)	占比(%)	数量(俄亩)
拥有100俄亩以下土地的小世袭贵族	56 441	50.1	1916.8	2.8	34	66 389	57.8	1851.5	3.4	27.9	59 748	59.0	1600.9	3.4	26.8
拥有100—499俄亩土地的中等世袭贵族	33 361	29.6	8316.1	12.1	24.9	29 230	25.5	7208.0	13.4	24.7	25 557	25.2	6396.5	13.3	25
拥有500—999俄亩土地的大世袭贵族	10 636	9.4	7520.4	10.9	70.7	9589	8.4	6650.1	12.3	69.4	8006	7.9	5633.8	11.8	70

① Корелин А. П. Дворянство в пореформой России. 1861 – 1914 гг.: Состав, численность, корпоративная организация. М. , Наука, 1979. С. 62.

续表

时间　主体	1877年 土地所有者 数量(名)	占比(%)	拥有土地面积 数量(千俄亩)	占比(%)	拥有土地的平均数 数量(俄亩)	1895年 土地所有者 数量(名)	占比(%)	拥有土地面积 数量(千俄亩)	占比(%)	拥有土地的平均数 数量(俄亩)	1905年 土地所有者 数量(名)	占比(%)	拥有土地面积 数量(千俄亩)	占比(%)	拥有土地的平均数 数量(俄亩)
拥有1000—5000俄亩土地的大世袭贵族	10 401	9.2	21 121.2	30.7	2031	8334	7.3	16 435.1	30.5	1972	6882	6.8	13 600.1	28.4	1976
拥有5000俄亩以上土地的大世袭贵族	1819	1.6	29 889.7	43.5	1643	1239	1.1	21 799.3	40.4	17 59	1131	1.1	20 699.1	43.2	1830
44省总计	112 658	100	68 764.2	100	610.4	114 781	100	53 944	100	470	101 324	100	47 930.4	100	473

　　总体而言,1877 年和 1905 年在国家土地中,贵族土地总面积的占比分别为 18.7%和 13.7%,在私人土地中贵族土地的占比分别为 79.8%和 61.9%。[1] 在此期间,北方诸省贵族的土地减少了 2/3,中部工业区、西北部和东南部地区各省贵族的土地减少了 1/2。虽然贵族占有的土地面积开始减少,但农奴制改革后他们获得了大量的赎金,领地贵族的生活仍十分富裕。1861—1897 年,领地贵族每年获得的财产价值可达 3540 万—4480 万卢布,加上政府的贷款支持,20 世纪初,贵族依靠土地获得了巨额资金,高达 20 亿卢布。[2]

　　20 世纪初,乌拉尔山前地带、波罗的海地区、西部诸省和南部草原地带的贵族仍占有大量的土地,其中 2.8 万名贵族占有了 3/4 的私有土地,[3]。因大量贵族的生活每况愈下,他们只能出售土地维持生活。19 世纪下半叶至 20 世纪初贵族购买和出售土地的规模详见表 1-7。

---

[1] Ковальченко И. Д, Милов Л. В. *Всероссийский аграрный рынок XVIII-начало XX в.* М. , Наука, 1974. С. 251. Проскурякова Н. А. *Размещение и структура дворянского землевладения в Европейской России в конце XIX-начале XX в.//* История СССР. 1971. № 1. С. 66.

[2] Анфимов А. М. *Крупное помещичье хозяйство Европейской России.* М. , Наука, 1968. С. 318.

[3] Проскурякова Н. А. *Размещение и структура дворянского землевладения в Европейской России в конце XIX-начале XX в.//* История СССР. 1971, № 1. С. 140; Панютич В. П. *Социально-экономическое развитие белорусской деревни в 1861 - 1900 гг.* Минск. , Наука, 1990. С. 89.

表 1-7　19 世纪下半叶至 20 世纪初贵族购买和出售土地的规模①

年份	出售的土地	购买的土地	亏损	年平均亏
	（千俄亩）			损率(％)
1863—1872	16 120	9673	6447	0.77
1873—1882	23 431	13 940	9491	1.24
1883—1892	17 996	9688	8308	1.24
1893—1902	21 016	10 979	10 037	1.69
1903	1493	795	698	1.32
1904	1384	759	625	1.20
总计	81 440	45 834	35 606	1.20

　　就奥廖尔省贵族而言,19 世纪下半叶贵族的耕地面积也逐步
减少,以 1877—1905 年为例,贵族的私人土地面积减少了 14.6%,
土地流失共近 20 万俄亩,具体数据详见表 1-8。

表 1-8　奥廖尔省各县贵族私人土地拥有量②(单位:俄亩)

县城	1877 年		1905 年	
	世袭贵族	其他贵族	世袭贵族	其他贵族
奥廖尔	76 777	16 733	59 291	28 553
波尔哈夫斯克	78 900	20 899	52 562	33 075
布良斯克	141 929	60 436	71 933	114 082

---

① Корелин А. П. *Дворянство в пореформой России. 1861 – 1914 гг.: Состав,
численность, корпоративная организация.* М. , Наука, 1979. С. 57.

② Лавицкая М. И. *Оровское потомственное дворянство второй половины XIX –
начала XX веков.* Орел. , Изд-во ОРАГС, 2007. С. 54.

续表

县城	1877 年		1905 年	
	世袭贵族	其他贵族	世袭贵族	其他贵族
德米特罗夫	84 605	15 564	52 495	18 330
叶列茨	118 831	32 715	70 706	63 950
科拉切夫斯克	101 864	28 488	62 202	41 121
科洛姆	51 027	17 091	37 523	17 966
列维尼茨克	127 261	27 583	92 373	39 214
小阿尔汉格尔斯克	105 586	20 061	73 634	30 861
姆芩斯克	88 260	20 229	67 951	27 039
谢维斯克	123 025	7113	107 890	19 339
特鲁布切夫斯克	133 038	20 552	96 563	45 748
总计	1 231 103	287 464	845 123	479 278

　　19 世纪末,奥廖尔省贵族已丧失了土地主导权。就大贵族而言,世袭贵族的数量减少了 887 人,土地面积减少了385 980俄亩。中等贵族的数量从 1552 名降至 1130 名,土地流失面积约为 137 892 俄亩。小世袭贵族的数量从 1285 名降至 920 名,土地面积减少 19 434 俄亩。[①]

　　20 世纪初,虽然贵族的土地面积开始减少,但政府仍采取诸多政策巩固贵族土地所有制,他们仍掌控着大量的土地。如中部黑土区各省主要的土地所有者有尼古拉二世的弟弟米哈伊尔·亚历

---

① Лавицкая М. И. *Оровское потомственное дворянство второй половины XIX - начала XX веков*. Орел. , Изд-во ОРАГС, 2007. С. 54-55.

山大诺维奇·罗曼诺夫大公、沙皇的叔叔谢尔盖·亚历山大诺维奇·罗曼诺夫等。罗曼诺夫家族在奥廖尔省谢维斯克县城和库尔斯克省内庄园的土地面积达 10 万俄亩。[①] 贵族等级除了是俄国最大的土地所有者，还是国家行政机构的中坚力量。

1861 年农奴制改革之前，拥有农奴是贵族的特权。《1649 年会典》颁布标志着俄国农奴制最终确立，贵族对农民的合法权利得以确认。法典第 11 章规定，凡从宫廷领地、国有土地和贵族土地上逃亡的农民，可以无限期追回，同时追回其妻子、儿女和财产；贵族破产时，其债务由农民偿还，贵族还有权干涉农民的财产继承和婚姻等家庭事务。俄国农民被完全束缚于贵族土地之上，贵族对农民具有人身、财产和司法支配权。18 世纪，买卖农奴情况十分常见，此后法律规定贵族可处罚和流放农民。1767 年，叶卡特琳娜二世颁布法律，规定贵族有权任意买卖、赠送和惩罚农奴，贵族不但可把农奴和土地分开出售，甚至还可把农奴子女与父母分开出售。

1861 年农奴制改革之前，贵族对农奴的所有权表现有三：一是人身控制权，贵族控制了农奴人身自由、财产和劳动权，剥夺了农奴的迁徙自由，也剥夺了他们的婚姻、财产等民事权利；二是经济权，农奴必须完全听从主人的支配，贵族可以像处理财产一样处理农奴，贵族有权买卖、抵押、转让和继承农奴，农奴被视为贵族的私产；三是司法审判或领地警察权，虽然贵族不能随意处死农奴，但可以对农奴实施体罚，可将其送去充军、服苦役或流放西伯利亚。

19 世纪中叶，农奴的境况更为恶劣，主要表现如下。一是贵族

---

① Баринова Е. П. *Российское дворянство в начале XX века. Экономический статус и социокультурный облик.* М. , РОССПЭН, 2008. С. 48.

加强对农奴的剥削,农奴的生活状况更加恶劣。从 18 世纪开始,
贵族纷纷兼并农奴土地,农奴的土地日益减少,但农奴的劳役负担
却不断加重。二是农奴负担更加沉重。就劳役地租而言,19 世纪
初,每周农奴服劳役的天数为 3—4 天,农忙时节甚至达 6 天。冬天
农奴虽不用做农活,但也须服劳役,如去码头送粮食和护路等。19
世纪上半叶,每周农奴的劳动天数由 3 天增加到 5—6 天,个别地区
甚至达 7 天。三是代役租提高。18 世纪末至 19 世纪中叶,非黑土
地区的卡卢加、莫斯科、科斯特罗马和斯摩棱斯克等省份代役租额
平均提高 3.5 倍;黑土区的沃罗涅日、奥廖尔、梁赞、坦波夫和图拉
省代役租额提高约 2.2 倍。① 四是贵族长期虐待农奴。农奴长期
的劳作甚至难以获得温饱,尚无人身自由,更谈不上人身安全;贵
族还可随意处决农奴,随意打骂、鞭笞、流放,甚至处死农奴。据统
计,1827—1831 年、1832—1836 年、1837—1841 年和 1842—1846 年
被贵族流放至西伯利亚的农奴数量分别为 1249 人、882 人、1980 人
和 2775 人。②

19 世纪中叶,无农奴和土地的贵族数量大幅增加,贵族等级内
部贫富差距日渐拉大。据统计,1858 年欧俄地区 47 省(不含当时
波兰、芬兰地区和波罗的海沿岸诸省)共有贵族 10.1 万户,拥有农
奴 2197.6 万人。1836 年和 1858 年俄国贵族拥有土地和农奴的状
况详见表 1-9。

① 赵振英:《俄国政治制度史》,辽宁师范大学出版社 2000 年版,第 105 页。
② 李桂英:《亚历山大二世 1861 年农民改革研究》,吉林大学 2008 年博士学位论文,
  第 16 页。

表 1-9　1836 年和 1858 年贵族拥有土地和农奴的状况①

贵族拥有土地和农奴状况	贵族家庭数量/比重		相应贵族家庭拥有男性农奴数量/比重		贵族家庭拥有男性农奴平均数量(人)	
	1836 年	1858 年	1836 年	1858 年	1836 年	1858 年
无地,有农奴	17 763/ 14.0%	3633/ 3.5%	62 183/ 0.6%	12 045/ 0.1%	3	3
有地,农奴数量不高于 20 个	58 457/ 45.9%	41 016/ 39.5%	450 037/ 4.2%	327 534/ 3.1%	8	8
有地,农奴数量为 21—100 个	30 417/ 24.0%	35 498/ 34.2%	1 500 357/ 13.9%	1 666 073/ 15.8%	49	47
有地,农奴数量为 101—500 个	16 740/ 13.2%	19 930/ 19.2%	3 634 194/ 33.8%	3 925 102/ 37.1%	217	197
有地,农奴数量为 501—1000 个	2273/ 1.8%	2421/ 2.3%	1 562 831/ 14.5%	1 569 888/ 14.9%	688	648
有地,农奴数量超过 1000 个	1453/ 1.1%	1382/ 1.3%	3 556 959/ 33.0%	3 050 540/ 29.0%	2488	2207
总计	127 103/ 100%	103 880/ 100%	10 766 561/ 100%	10 551 182/ 100%		

　　由上表可知,19 世纪上半叶俄国贵族等级之间贫富差距巨大,1836 年最富裕的 2.9% 的贵族掌控了 47.5% 的农奴,地位最低的 59.9% 的贵族只拥有 4.7% 的农奴。

从 19 世纪初开始,俄国贵族等级也逐渐发生分化,究其原因:一是俄国贵族并非严格执行长子继承制,其他子女也可继承部分土地,土地集中程度明显降低;二是贵族享乐,将土地挥霍,逐渐没落,贵族等级之间贫富差距拉大。1858—1859 年,俄国约有 1400 个富有贵族家庭,他们拥有 300 万农奴,而贫困贵族家庭多达 7.9 万个,78%的贵族只占有 200 万俄亩土地。[1] 如 1858 年梁赞省境内的 1700 户贵族家庭中只有一户拥有农奴,大多数贵族家庭较为贫困。贵族并未将土地集中在手上,土地被无限制划分和继承,因此俄国并未出现与西欧一样的大贵族等级。

据统计,1858—1859 年俄国贵族有 100 多万名,其中 1/3 的贵族不拥有农奴,世袭贵族仅有 61 万人。农奴制改革前夕,俄国近 4/5 的贵族没有农奴,1858—1859 年间俄国各省贵族中只有 18.5%可以体面生活。[2] 大量土地和农奴掌握在少数贵族手中。虽然贵族属于土地所有者等级,但农奴制改革之前,大部分贵族没有或拥有少量的农奴,他们依靠自己的劳动生活。

三、贵族是国家行政机关工作人员的主力

贵族担任的官职可分为两类,一类是武职,另一类是文职。

贵族热衷于在军队中服役,他们认为在军中担任官职是贵族的使命,基辅罗斯时期几乎所有的军官都来自贵族等级,农奴制改革之前都是如此。农奴制改革之前,法律竭力维护贵族的供武职

---

① Пайпср. *Россия при старом режиме*. М. , Независимая Газета, 1993. C. 230.
② Пайпср. *Россия при старом режиме*. М. , Независимая Газета, 1993. C. 233.

特权,如当时关于军事学校的法律中就明确规定,军事学校只招收世袭贵族子弟,创办军事学校的主要目的是让年轻的俄国贵族获得相应的教育。1861 年农奴制改革之前,军事学校毕业生每年仅补充了 1/4 的军官空缺,近卫军主要靠身为军士和士官生的军官补充,其中贵族是军官的主体。①

中等领地贵族基本都在军队中服役,政府为培养贵族等级,专门成立军事学校,如中级武备学校就专门培养军官。受过高等和中等教育的贵族士兵可直接获得军士头衔,没有毕业的士兵经过特殊考试后也可获得同等军衔。军士在服役一定时间后可晋升为军官,服役年限取决于其受教育程度。服役期间贵族较其他等级拥有更多优待和特权,主要体现在服役年限短,世袭贵族的子弟服役时间为 2 年,终身贵族的子弟为 4 年,其他等级为 6—12 年。此外,只有贵族有权参加近卫军,其他等级出身人员只有在特殊情况下才能加入近卫军。

农奴制改革之后,亚历山大二世实施了军事改革,规定供武职者必须受过贵族士官学校的教育才能成为军官,这无疑为贵族担任武职提供了便利。1874 年法律规定,自愿供武职者不论出身,只按照受教育程度对人员进行分类,非贵族出身军官数量增加,但他们需在部队服役 3 年后才能获得与贵族同等的待遇。

政府为吸收贵族到军中服役,赋予贵族等级诸多特权,如贵族出身的大学毕业生在参军后 3—6 个月就可获得初级军官军衔,中

① Бескровный Л. Г. *Русская армия и флот в XIX в.* М. , Наука, 1973. С. 82; Зайончковский П. А. *Военные реформы 1860–1870 гг в России.* М. , Наука, 1952. С. 29.

等武备学校、贵族学院、神学院的毕业生获得初级军官军衔的时间
也低于 1 年。贵族子弟于 17—18 岁参军,在经过简单考试后就可
跻身军士等级,19—20 岁就可获得初级军官头衔。1874 年亚历山
大二世实施普遍义务兵役制,规定俄国所有男性公民,不分等级和
财产多寡,一律服兵役。虽然军校中贵族的占比逐年降低,但仍占
主导,如 1877 和 1881 年普通军校中贵族的占比分别为 67% 和
62%;贵族士官学校中贵族的占比如下:1865—1872 年平均为
86%,19 世纪 70 年代平均为 70%;中等武备学校中贵族学生的占
比一直都在 95% 左右。①

19 世纪六七十年代,军官中世袭贵族在数量上并不占优势,但
到 19 世纪末军官中该等级的占比已高于 50%;另一半的军官出身
于非贵族,但大部分是年轻军官。1860—1900 年,世袭贵族军官多
担任中高级军职,在青年军官中的比重从 53% 降到 46.3%,但在指
挥部军官中的占比却从 68.7% 增长到 71%,而将领中其比重则从
87.7% 上升到 91.9%。② 在享有特权的部队(舰队、炮兵、骑兵)和
近卫军中,世袭贵族军官的占比最高,且还有绝对优势。

亚历山大三世继位后,开始提高军官中贵族的比例,大量军校
毕业生到部队服役。1886 年颁布的军校条例新规要求优先保障军
官之子入伍的权利,在部队任职十年以上且获得军功的贵族,其子
弟享有特权,可优先进入军事学校学习,国家还给予相应资助。

---

① Зайончковский П. А. *Военные реформы 1860 - 1870гг в России.* М. , Наука, 1952. С. 243.

② Зайончковский П. А. *Самодержавие и русская армия на рубеже XIX-XX столетий.* М. , Мысль, 1973. С. 204-205.

1881—1903 年普通军事学校中贵族子弟占比由 80% 上升到 94%；高级军校中贵族子弟比例约为 60%。亚历山大三世后军队中终身贵族、中小武官子弟比例上升，但世袭贵族子弟比例下降，如中级武备学校中世袭贵族子弟比例由 69% 降至 62%，普通军校中世袭贵族比例从 54% 降低至 47%。整体而言，1886—1902 年，各类军校中世袭贵族子弟比例从 63.4% 降至 39.8%。[1]

　　部分高级军官退役后担任文职，成为行政机构的负责人。进入行政机构的军官以将军、校官、尉官为主，大部分军官在 45 岁以前开始在行政机构任职，且担任高官。19 世纪下半叶，高级军官中世袭贵族的数量和占比详见表 1-10。

---

[1] Зайончковский П. А. *Самодержавие и русская армия на рубеже XIX-XX столетий.* М. , Мысль, 1973. С. 311, 315, 316.

表 1-10　19 世纪下半叶高级军官中世袭贵族的数量和占比①

官员类型	总数量	世袭贵族总数量(人)			
		世袭贵族出身		按官职或功绩 获得世袭贵族	
		绝对数(人)	占比(%)	绝对数(人)	占比(%)
1864 年					
将军	351	308	87.7	28	8
校官	2630	1809	68.8	302	11.5
尉官	16 495	8748	53	113	0.7
总计	19 476	10 865	55.8	443	2.3
1874 年					
将军	594	504	84.8	78	13.1
校官	3821	2695	70.5	413	10.8
尉官	18 370	8677	47.2	137	0.7
总计	22 785	11 875	52.1	628	2.8
1897 年					
将军	1212	1114	91.9	98	8.1
校官	6282	4461	71	875	13.9
尉官	35 283	16 331	46.3	106	0.3
总计	42 777	20 906	48.9	1079	2.5

就奥廖尔省官员而言,这一时期担任过军官的贵族比例约为
16%,具有上校军衔的贵族约为 12 人(5.2%),具有中校军衔的贵

---

① Корелин А. П. Дворянство в пореформой России. 1861 - 1914 гг.: Состав, численность, корпоративная организация. М. , Наука, 1979. С. 86.

族 15 人(6.4%),具有少校军衔的贵族 6 人(2.6%)。著名军官缅索耶达夫、沃罗诺夫、杜尔明、赫特洛沃、特鲁彼尼、里姆斯基-卡尔萨达夫、赫沃斯托夫、奥洛维尼科夫、穆洛姆奇夫和雷科夫等都曾是奥廖尔省的高级官员。尉官省长的官职为 3 品,少校省长的官职为 4 品,奥廖尔省上述职位官员的比例为 4%。① 省长大多由玛斯洛夫、科洛维尼、拉夫洛夫、赫留斯金、米哈伊洛夫、阿彼拉克辛、巴什科夫等家族人员担任。一般而言,19 世纪下半叶至 20 世纪初各省省长和市长为 4 品文官;副省长、检察员、地方自治机构负责人和审判机构负责人为 5 品文官;省管理机构负责人、顾问和地方管理机构主任为 6 品文官。总体而言,各省 66.8%的官员为 9—14品文官。②

贵族也担任文官,而且是高级文官的主力。俄国文官的选拔标准有三个:一是等级出身;二是年龄;三是受教育水平。俄国法律规定,世袭贵族和终身贵族之子,东正教、天主教的神父和祭司之子,新教牧师之子,一等商人之子,以及无官阶办事员之子均可担任文职。宫廷杂役、邮差、御用作坊匠人之子也可担任文职,但仅限于父辈当差的部门,其他等级居民只有受过教育才可担任文职。

贵族在国家行政机构、军队中任职,发挥重要作用,整个国家高层官员中贵族等级所占的比例最高。1834 年俄国政府颁布《文

① Лавицкая М. И. *Оровское потомственное дворянство второй половины XIX - начала XX веков.* Орел. , Изд-во ОРАГС, 2007. С. 77.
② Зайончковский П. А. *Правительственый аппарат самодержавной России в XIX.* М. , Мысль, 1978. С. 82.

职晋升条例》，将所有官员按照受教育程度分成三类，即受过高等教育的官吏、受过中等教育的官吏、受过初级教育或家庭教育的官吏。三类官吏的任职和晋升条件不同。该条例规定，所有有权担任文职的官员都必须从办事员开始晋升，受过高等教育的文员除外。初级办事员按照出身分为四类：一是世袭贵族；二是终身贵族、一等商人和僧侣之子；三是办事员之子、二等和三等商人之子；四是市民和非纳税等级之子。上述四组办事员分别任职2年、4年、5年和12年后可晋升14品官阶，再从14品晋升12品，12品晋升10品。10品晋升9品需供职3年；9品晋升8品，贵族出身者需4年，非贵族出身者需12年。8品晋升7品和7品晋升6品均为5年，6品晋升5品需4年。此外，申请5品官者还需提交10年以上的工作证明。①

《文职晋升条例》规定某一官阶任职期满分为两种，即一般供职期满和评为优秀任职人员，第二种也即受到上级表扬或业绩突出。受过高等教育的官员可从14品官阶开始晋升。受过中等教育的办事员，晋升14品官阶需要一定期限才可获得晋升资格：世袭贵族需任职一年，终身贵族、一等商人和僧侣之子需任职满两年，办事员、艺术家和学者之子需任职满4年。受过初级教育的办事员晋升也需一定的期限：世袭贵族晋升14品所需的时间为3年；终身贵族、一等商人和僧侣之子需4年；办事员、艺术家和学者之子需6年，二等和三等商人、市民、纳税等级之子需12年。一般而言，受过高等教育的官员比受过初级教育的官员晋升期限缩短一

① 张广翔、刘文山：《19世纪俄国官吏研究》，《史学集刊》2001年第1期，第65页。

大半,受过高等教育的贵族和非贵族由 14 品晋升至 8 品所需时间分别为 24 年和 26 年,同期受过中等教育的贵族和非贵族所需时间分别为 30 年和 36 年,受过初级教育的贵族和非贵族所需期限为 37 年和 42 年。①

就人数而言,18 世纪中叶,俄国官员总数为 5379 人,1—5 品、6—8 品、9—14 品和各类办事员数量分别为 145 人、562 人、1344 人和 3328 人。② 1796 年,官员总数在 1.5 万—1.6 万人之间波动。1847—1857 年,官员数量最为准确:1847 年 14 品以上官员人数为 6.2 万人,其中 1 品、2 品、3 品、4 品、5 品、6 品、7 品、8 品,9—14 品官员分别为 1 人、40 人、166 人、484 人、1100 人、1621 人、2588 人、4651 人、5.1 万人;1857 年 14 品以上官员为 8.6 万人。内务部、司法部和财政部官员最多,逾万人,其中内务部官员人数 11 年间就增加了 47.2%。1796—1847 年 50 余年间和 1796—1857 年 60 余年间,官吏人数分别增加了 3 倍和 5 倍,19 世纪上半叶国家机构官员增长率是人口增长率的 3 倍。③

政府上层官员中,贵族占主导,19 世纪上半叶,国务会议和参政院等主要机构中贵族的数量最多。1853 年,国务会议成员共 59 人,有据可查的为 55 人,其中 54 人为贵族(其中 29 人有爵位:特级

① Зайончковский П. А. *Правительственный аппарат самодержавной России в XIX в.* М. , Мысль, 1978. С. 38.
② Троицкий С. М. *Русский абсолютизм и дворянство в XVIII в. Формирование бюрократия.* М. , Наука, 1974. С. 173.
③ 张广翔、刘文山:《19 世纪俄国官吏研究》,《史学集刊》2001 年第 1 期,第 67 页; Зайончковский П. А. *Правительственный аппарат самодержавной России в XIX в.* М. , Мысль, 1978. С. 67—70.

公爵、公爵、伯爵和男爵分别为 3 人、7 人、17 人和 2 人),1 人为僧侣。[①] 1842 年,参政院编制(含办事员)为 1650 人。1853 年参政官为 124 人,有据可查的为 111 人,其中贵族、僧侣、军官和商人出身人数分别为 105 人、3 人、2 人和 1 人,贵族中 16 名为世袭贵族,1/3 有将军头衔。国务会议、大臣委员会、参政院成员绝大部分是大土地所有者。这三个机构的成员中,占有 1000 名以上农奴者分别占 70.9%、77.7%和 26.2%,贵族出身的人数分别占 92.7%、94.4%和 72.7%。就等级与军职而言,三个机构中,将军分别占 49%、55.5%和 49%,贵族出身的比例分别占 98.2%、100%和 95.4%。[②]

官员中青年群体所占比重较高。以奥廖尔贵族为例,1853 年地方机构中大部分官员为年轻人或中年人。奥廖尔省行政机构中,50 岁以下官吏 141 人,占 92.1%;上层官吏中,21—36 岁贵族占优势,有 110 人,占 71.9%。省管理机构中,年长的官员较少,60 岁以上者仅占 1.4%,只有(6 品)武官上校赫特洛沃在 71 岁时仍担任奥廖尔省管理机构顾问。

在地方管理机构中,高级官员的年龄大部分都在 36 岁以上,少校列瓦什夫于 36 岁时即担任奥廖尔省省长。奥廖尔省 36—50 岁官员约占官员总数的 50%,2/3 的中层官吏的年龄都低于 50 岁。底层官吏都是年轻人,36 岁以下底层官吏比例为 78.3%,36—50 岁官员比例仅为 16.7%。年轻贵族多为办事员,奥廖尔省 36 岁以

---

① Зайончковский П. А. *Правительственный аппарат самодержавной России в XIX веке.* М., Мысль, 1978. С. 130.

② Зайончковский П. А. *Правительственный аппарат самодержавной России в XIX веке.* М., Мысль, 1978. С. 141–142.

下官员中89.7%为办事员。① 办事员中年轻贵族占优势,因为具有大尉、中尉等军衔是任职的基本条件,只有具有军衔的贵族才能在国家机构中担任领导职务。

值得一提的是,中央机构中贵族等级在官员中占主导地位,地方机构中贵族的占比较低,但把控着重要职务。在1861年农奴制改革之前,地方所有的司法、行政事务均由贵族把持。19世纪末,俄国政府颁布《关于改革帝国地方农民机构和司法机构的法令》,要求地方行政长官取代县级机构中的调停法官,法律对地方行政长官的任职条件具有明确规定,即年龄超过25岁。受过高等教育的地方世袭贵族拥有优先权,如担任首席贵族、调停官、法官和陪审员3年以上则有优先权。②

贵族在地方自治机构中的作用毋庸置疑。1864年1月1日,俄国政府颁布《关于省和县地方自治机构法令》,地方自治改革正式开启。条例规定,成立两级地方自治机构,主要职能部门为地方自治会议和地方自治局。地方自治局的职责仅限于经济文化事务,如管理地方自治局的赋税事务,分摊和征收赋税,负责辖区内的医疗和慈善事务,维护草场和森林,消灭病虫害,经营辖区内邮局、学校、医院、养老院、孤儿院等等。

1865年1月7日,地方自治改革首先于13个省份内实行,分别为沃罗涅日省、喀山省、卡卢加省、科斯特罗马省、库尔斯克省、

---

① Щетинина Г. И. *Университеты в России и устав 1884 года.* М. , Наука, 1976. С. 91-92.

② Корелин А. П. *Дворянство в пореформенной России. 1861 - 1904 гг.: состав, численность, корпоративная организация.* М. , Наука, 1979. С. 197.

莫斯科省、下诺夫哥罗德省、诺夫哥罗德省、坦波夫省、哈尔科夫省、赫尔松省、切尔尼戈夫省和雅罗斯拉夫尔省,之后在这些省份纷纷成立地方自治机构。因条例中对地方自治代表有财产资格要求,所以地方自治机构中,贵族在自治代表数量上占主导。

《关于省和县地方自治机构法令》规定县级地方代表大会代表必须是拥有 200 俄亩以上土地的贵族,不动产标准要求也较高,工商业者和市民也有权利加入,但资格要求更高。贵族在地方自治机构中占据优势,如 19 世纪 70 年代中期,34 个省的地方自治局第一批官员中贵族占优势:县议员中贵族占比为 41.7%,农民占比为 38.4%;省议员中贵族占比 74.2%,农民占比仅为 10.6%;1617 名省和县地方自治局主席中,贵族所占比例为 66%。[1] 19 世纪 80 年代,132 个县城中 37% 的贵族兼任地方自治局主席;[2]1903 年,省、县自治局中贵族所占比重分别为 94.1% 和 71.9%。[3]

整体而言,18 世纪中叶,上层官员中世袭贵族的占比超 85%,中层官员中世袭贵族的占比约为 34%。[4] 19 世纪的状况也如出一辙,据统计,1853—1903 年,国务会议成员中贵族的占比达 95% 以上,大臣委员会成员中贵族的占比也达 95% 以上,参政院成员中贵族的占比为 87%—98%,副大臣和诸司司长中贵族的占比为

① Корелин А. П. *Дворянство в пореформенной России*. 1861 - 1904 *гг.: состав, численность, корпоративная организация*. М. , Наука, 1979. С. 213.

② Веселовский Б. Б. *История земства за сорок лет*. Т. 3. СПб. , Издательство О. Н. Поповой, 1911. С. 219-223.

③ Веселовский Б. Б. *История земства за сорок лет*. Т. 3. СПб. , Издательство О. Н. Поповой, 1911. С. 433-434.

④ Тройцкий С. М. *Русский абсолютизм и дворянство в XVIII в*. М. , Наука, 1974. С. 213-216.

84%—86.4%。值得一提的是,上层官员中拥有土地的贵族占比降低。这一时期,国务会议成员中拥有土地的贵族数量由92.7%降至56.8%,大臣委员会成员中拥有土地的贵族占比由94.3%降至58.8%,参政院成员中土地所有者的占比由72.7%降至48%。[1]

综上所述,十月革命前俄国军队和政府机构高级官员中贵族等级占主导,他们是国家机构中的中坚力量,也是沙皇维系专制制度的基础,其政治地位不可撼动。相较于政治地位而言,19世纪俄国贵族的经济地位却每况愈下。

第三节　俄国贵族的经济活动

贵族的经济活动主要集中于农业和工商业两部分,农业一直是贵族主要的收入来源之一,只不过随着贵族拥有土地面积越来越少,农业在其收入中所占比例越来越低。除服役和担任官职获得的收入外,很多贵族也从事工商业活动,靠经营各类企业来增加收入,18世纪开始,贵族就开始了企业经营。

一、农业活动

俄国贵族的特权之一是拥有土地,土地是贵族家族声望得以持续的基础,贵族家族的姓氏、起源和荣誉都依靠土地传承。15世纪末至17世纪,俄国贵族土地所有制有两种,即世袭土地所有制

---

① Зайончковский П. А. *Правительственный аппарат самодержавной России в XIX в.* М. , Мысль, 1978. С. 208-209.

和领有土地所有制（领地制度），17 世纪末之后领地制度开始占据主导地位。为防止贵族土地分散和贵族等级分化，彼得一世颁布《一子继承法》，主要内容是贵族的不动产只能传给一个儿子，其余儿子只能继承其动产，他们日后必须为国家服役来换取土地和俸禄；若无子，可由女儿继承，若没有子女，则由遗孀继承，也可选定本家族一人继承不动产。为更好探究贵族的经济状况，本小节从农业和工业两方面进行分析。

　　贵族领地是贵族的主要收入来源，部分贵族经营农业，依靠农奴进行耕作，也有部分贵族将土地租赁给农民，靠收取实物或货币地租维持生活。从 19 世纪中叶开始，贵族拥有的土地面积开始减少，但 19 世纪末，俄国半数以上的土地仍在贵族手中。就奥廖尔省而言，19 世纪下半叶，随着世袭土地所有制不断发展，贵族耕地减少的趋势凸显。即便如此，20 世纪初俄国绝大多数土地仍集中于大贵族手中。[①] 十月革命前大贵族仍掌控着俄国大部分私有土地。因数据有限，仅以部分省份为例进行阐述，19 世纪下半叶至 20 世纪初部分省份贵族地产的规模详见表 1-11。

---

① Проскурякова Н. А. *Размещение и структура дворянского землевладения в Европейской России в конце XIX—начале XX в.//*История СССР. 1971, № 1. C. 140; Панютич В. П. *Социально-экономическое развитие белорусской деревни в 1861— 1900 гг.* Минск. , Наука, 1990. C. 89.

表 1-11　19 世纪下半叶至 20 世纪初部分省份贵族地产的规模①

(单位：千俄亩)

省份	1877 年	1905 年	1914 年
沃罗涅日	1378.9	994.1	641.3
库尔斯克	1165.4	859.3	704.0
奥廖尔	1231.1	845.1	641.8
梁赞	1053.5	682.6	468.9
坦波夫	1593.3	1114.0	860.4
图拉	1026.9	797.8	599.0
其他地区	7449.1	5292.9	3915.4

　　19 世纪，俄国贵族为提高农产品产量，开始改进农业生产方式，包括种植经济作物、改进耕作方式和使用农业机器等。19 世纪初，俄国农业快速发展，农业耕作技术迅速提升，草田轮作制广泛普及，犁广泛用于农耕，有机肥开始用于农业生产，经济作物种植面积迅速扩大，收割技术也逐步完善。主要作物为小麦、燕麦、荞麦、大麻和烟草等作物，农产品产量迅速提高。19 世纪上半叶，俄国经济专业化趋势不断加强，部分贵族开始改进耕作技术，乌克兰和波罗的海地区部分贵族庄园推行新技术和推广有机肥料。

　　20 世纪初，欧俄地区传统三区轮作制仍占主导地位(78.4%)，

① Баринова. Е. П. *Власть и поместное дворяноство России в начале XX века.* Самара. , Самар. ун-т, 2003. С. 39.

四区轮作制和多区轮作制使用率上升至近 20%。① 虽然政府也采取诸多措施改善农业生产,但俄国农业投资比例远低于西方国家。以 1913 年为例,俄国单位耕地的资金投入为 8.6 卢布,而德国为 31 卢布。十月革命前俄国半数以上农民仍使用木犁从事农业生产,中农和贫农基本上未使用农业机器,1887—1888 年畜力劳动的比重为 61.2%,1912—1914 年降至 60.2%。②

　　农业生产工具完善和精耕细作也是贵族土地粮食产量提高的重要因素。1861 年农奴制改革之前,贵族因使用农奴进行无偿劳动,所以并不关注改善新技术。随着俄国粮食出口量大幅增长,各地贵族也纷纷更新农业生产设备和引进先进生产技术,以提高粮食产量。这一时期为商品农业迅速发展时期,即便俄国贵族改进生产方式,但成效有限。

　　农奴制改革后俄国农村土地租赁现象也十分普遍,很多贵族都将土地租赁给农民。19 世纪 80 年代,非黑土区省份农户户均土地租赁数量为 1.6 俄亩,黑土区省份农户户均租赁土地面积为 2.5 俄亩。非黑土区省份中租赁土地占比最高的省份为特维尔、莫斯科、彼得堡和雅罗斯拉夫尔省,租赁土地占份地的比例分别为 27.1%、21.8%、20.5% 和 19.3%。③ 20 世纪初,份地租赁更加普遍,1901 年,欧俄 50 省农民份地租赁数量为 156 万俄亩,1905 年皇

① Анфимов А. М. *Крестьянское хозяйство Европейской России. 1881 - 1904*. М. , Просвещение, 1968. С. 176, 178.

② Струмилин С. Г. *Условия производства хлебов в СССР//*План. хоз-во. 1926, № 2. С. 346, 352.

③ Ковальченко И. Д. *Аграрный сторой России второй половины XIX - начала XX в*. М. , РОССПЭН, 2004. С. 156.

室半数的土地用于出租。① 因此,贵族虽然土地持有量较高,但并不是所有土地都自用,大部分土地租给农民耕作。

贵族们的土地经营方式不一致。如一部分贵族留下一小部分土地,其余土地直接租给农民;一部分贵族不租赁土地,而在庄园内推广资本主义经营方式。如库拉金大公父子就采取这种模式。1896 年,小库拉金从哈尔科夫大学毕业后就参加了近卫军军团,1902 年被授予中尉军衔,并成为奥廖尔省小阿尔汉格尔斯克县城的贵族代表,后成为国家杜马代表。他的庄园经营模式颇具代表性:他自己留下 2700 俄亩土地用于经营,其他土地全部租给农民;他还在庄园内设立两家磨坊和白酒厂,主要生产原料为庄园所生产的肉和土豆等粮食;工厂雇佣农民进行劳动,各类工人总数为450 人。② 后来,虽然小库拉金想尽办法继续经营庄园,但因资金不足工厂倒闭,最后只能将剩余土地出租。

市场关系也逐渐渗透到贵族庄园中,许多贵族都开始采用资本主义经营方式。19 世纪 90 年代,庄园经营已采用资本主义方式。赫留斯基庄园颇具代表性,在 2498 俄亩土地中,除 300 俄亩种植土豆外,其余 1270 俄亩种植酿酒所需原料。畜牧业也是奥廖尔省重要的经济支柱,因奥廖尔省适合养马,1865 年有 100 家私人马

① Дубровский С. М. *Сельское хозяйство и крестьянство России в период империализма*. М. , Наука, 1975. С. 162; Анфимов А. М. *Крестьянское хозяйство Европейской России (1881-1904)*. М. , Просвещение, 1968. С. 20.
② Баринова Е. П. *Российское дворянство в начале XX века. Экономический статус и социокультурный облик*. М. , РОССПЭН, 2008. С. 51.

场,其中 90 家属于贵族。[①]

　　奥廖尔省贵族庄园的农产品,部分在当地市场销售,部分销往外地。农产品主要使用水路运出,运输的码头为奥廖尔、姆岑斯克和布良斯克。奥廖尔码头位于奥卡河沿岸,可以运输黑麦、小麦、燕麦、大麻、豌豆等产品,目的地包括卡卢加、谢尔布赫夫、科洛姆纳、雷宾斯克和彼得堡,但大部分产品销往莫斯科。

　　20 世纪初,经济危机引发了农业危机,贵族和农民的矛盾加剧,导致贵族们开始思考自己的经营模式,大部分贵族都推广了资本主义的经营方式,并开始投资金融业。为了巩固自己的统治,贵族集团制定了一系列巩固自身地位的措施。

　　19 世纪末 20 世纪初贵族会议开始了请愿活动,活动的中心都聚焦于贵族经济,即采取各种措施巩固贵族的政治和经济地位,贵族们提出了很多要求,主要内容如下。一是要求提供短期贷款。因贵族很难适应新的经济条件,各省贵族急需获得短期贷款,为此 19 世纪 70 年代开始,诸多贵族就向国家银行申请贷款,但贷款数额不能超过其庄园价值的 60%。[②] 最终只有 30% 的贵族将贷款作为流动资金用于经营庄园,大多用于偿还自身债务。[③] 二是为缓解土地逐步减少问题,部分贵族要求政府赋予贵族使用西伯利亚土

---

① Лавицкая М. И. *Оровское потомственное дворянство второй половины XIX – начала XX веков.* Орел. , Изд-во ОРАГС, 2007. С. 64, 65.

② Корелин А. П. *Сельскохозяйствееный кредит в России в конце XIX – начале XX в.* М. , Наука, 1988. С. 46.

③ Дякин В. С. *Деньги для сельского хозяйства. 1892 – 1914 гг. Аграный кредит в экономической политике царизма.* СПб. , Изд-во Санкт-Петербургского университета, 1997. С. 50–56.

地的优惠权,很多省贵族都支持该提案。萨拉托夫贵族会议上,贵族建议银行将贵族购买土地的贷款额度由 60% 提高到 80%。[1] 三是成立互助会帮助贫困贵族。1898 年库尔斯克省就成立贵族互助委员会,1899 年莫斯科成立贵族互助委员会。随后各省先后成立了贵族互助委员会,帮助贫困贵族摆脱危机。四是为经营不善的贵族降低银行贷款利率,给他们时间赎回自己抵押的土地。五是成立各种农业协会,并在此基础上形成自主经营土地者和农业协会的"全等级联盟",其主要活动包括组织农产品的生产和加工、购买种子、播种、购买牲口等,呼吁大家推广资本主义的经营模式。所有这些举措的目的只有一个,即捍卫贵族的土地所有制,维护贵族等级的利益。

二、工业活动

早期俄国贵族并不从事工业活动,从 18 世纪下半叶开始,在政府的支持下,贵族开始关注大工业,纺织和冶金工业中贵族企业主的数量大增。19 世纪上半叶,部分工业部门中贵族企业的数量不容小觑,因使用农奴劳动,不引进生产技术,19 世纪下半叶贵族企业的数量大减,但数量仍不容小觑:一部分贵族从事与本庄园农业生产相关的企业活动,一部分贵族直接投资工业,还有一部分贵族从事其他金融活动。

---

[1] Баринова Е. П. *Российское дворянство в начале XX века. Экономический статус и социокультурный облик.* М., РОССПЭН, 2008. С. 106.

(一)18 世纪贵族的企业活动

彼得一世之前俄国贸易资本占主导地位。商人主要业务是采购商品、管理市场、出售手工业产品、维持小生产者的依附地位,并未考虑雇佣工人和从事生产。18 世纪上半叶在政府政策的支持下,建立了众多手工工场,但这些工场多属于商人和外国企业主,贵族企业主数量不多。叶卡特琳娜二世继位后继续推行彼得一世发展大工业的政策,如赋予新建手工工场各种优惠政策、提供无息贷款,还为工场主提供国有农民和工匠;鼓励贵族创办企业,使得贵族企业主的数量大增。

纺织工业中贵族企业主的数量最多。叶卡特琳娜二世时期俄国呢绒工业发展最为迅速,1773 年,俄国各类手工工场生产商品的总价值为 354.8 万卢布,呢绒手工工场产品价值为 117.8 万卢布。[1] 值得一提的是,此时呢绒手工工场近半数属贵族所有——俄国 40 家呢绒手工工场中 19 家为贵族所有。政府禁止工场主购买农奴后,贵族投资呢绒工业的热情更高,贵族工场主的数量迅速增加。据统计,1797—1803 年,俄国呢绒手工工场的数量达 145—155 家。[2] 至 19 世纪初,大部分呢绒手工工场属贵族所有,1809 年,98 家呢绒手工工场中只有 12 家属于商人,19 家属于有爵位的贵族(巴拉基、尤苏波夫、沙赫夫、赫瓦尼、乌鲁索夫、谢尔巴托夫、普洛

① [俄]M. 图甘-巴拉诺夫斯基:《19 世纪俄国工厂发展史》,张广翔、邓沛勇译,社会科学文献出版社 2017 年版,第 21 页。

② Любомиров П. Г. Очерки по истории русской промышленности. XVII, XVIII, и начало XIX века. М. , Госполитиздат, 1947. С. 53.

佐洛夫等大公),55 家手工工场属于无爵位的贵族,其他手工工场属于外国人和异族人。[1]

俄国棉纺织工业发展速度较慢,莫斯科的棉纺织业仍以手工作坊为主,作坊内仅有几台简易的机器。18 世纪末,俄国各省份的棉纺织工业才初步发展,大型手工工场的数量逐步增加,其数量从 1775 年的 16 家增加至 1800 年的 240 家。[2]

18 世纪下半叶,乌拉尔地区贵族企业主的数量也不断增加。1770—1790 年采矿业已扩展至整个乌拉尔地区,手工工场多沿河而建,其中维亚特省、卡马河沿岸、中北乌拉尔地区的手工工场数量最多。1741—1800 年,乌拉尔地区共建成 116 家新冶金手工工场,主要为铸铁、生铁冶炼和炼铜手工工场,其中 4 家为国有手工工场,其余 112 家为私人手工工场。[3] 私人冶金企业主中贵族企业主的数量不断增加,杰米多夫家族就是代表。

18 世纪下半叶,贵族企业主数量增加的主要原因如下:一是政府扶持,政府给了诸多优惠政策,1785 年"贵族特权诏书"允许贵族在乡村内设厂;二是贵族拥有劳动力优势,1861 年农奴制改革之前,贵族拥有大量免费劳动力,劳动力资源充足;三是贵族拥有发展工业所需的资金,部分贵族已依靠农业和工商业完成早期的资

① [俄]M. 图甘-巴拉诺夫斯基:《19 世纪俄国工厂发展史》,张广翔、邓沛勇译,社会科学文献出版社 2017 年版,第 21 页。.

② Любомиров П. Г. *Очерки по истории русской промышленности. XVII, XVIII, и начало XIX века.* М. , Государственное издательство политической литературы, 1947. C. 615.

③ Алексеев В. В. , Гаврилов Д. В. *Металлургия Урала с древнейших времен до нашей дней.* М. , Наука, 2008. C. 338.

本积累,可用于购买材料、引进技术和设备。

(二)19 世纪上半叶贵族企业主的数量大幅减少

19 世纪初,归属于贵族的工厂形式有二:一是世袭工厂;二是领有工厂。世袭工厂由世袭贵族所建立,去世后传给后代子孙。领有工厂产生于 19 世纪初,彼得一世颁布法令规定有能力者可以建立手工工场,还可购买农奴到工厂工作,此类手工工场即领有工厂,后来这类工厂多属贵族所有。

领有工厂的工人成份较为复杂,主要来源有五:一是按照法律依附于手工工场的国有农民;二是政府送到工厂工作的士兵、游手好闲的人和罪犯等;三是 1736 年法令颁布后规定手工工场内此后永久依附于工厂主的工人;四是政府将一部分流浪者和乞丐也划归领有工厂;五是其他自愿依附工厂的工人也可被划为领有工厂的工人。

因年代较为久远,加上贵族工厂数量众多,仅能举例说明。1803 年,梁赞省普龙斯克区巴里亚京斯基大公的呢绒厂共有 292 名男工与 264 名女工,工人每年休息 2 个月返乡春耕与秋收。斯科平县城的奥库洛夫呢绒工厂中也采用此种工作制度,农奴工人的工资有时以货币形式发放,有时以实物方式发放,其工资明显低于雇佣工人。据统计,1813 年领有工厂内工人数量为 3.6 万人。[1] 19世纪 20 年代,加加林大公于莫扎伊斯克县城内建立棉纱工厂,工

---

① Туган-Барановский М. И. *Русская фабрика в прошлом и настоящем: Историко-экономическое исследование. Т. 1. Историческое развитие русской фабрики в XIX веке.* М. , Кооперативное издательство Московский рабочий, 1922. С. 86,91.

厂内农奴工人的数量为 1000 名;40 年代,他又在该县城建立大型呢绒工厂,农奴工人数量超过 1000 名。鲁斯基县城内有很多世袭呢绒工厂,以别拉维尼、霍瓦尼斯基、沃叶科夫等工厂最为著名。沃叶科夫工厂内约有 300 名农奴工人,工人工作条件十分恶劣,工厂主还时常虐待工人。农奴们被迫在贵族工厂内工作,有时甚至不能获得任何工资。工厂内农奴工人的状况比自由雇佣工人的要恶劣得多,农奴对到工厂工作十分排斥。领有工厂的工人只是被固定在工厂内,工厂主并不是其所有人,不具有解散工厂、出售或者转借工厂农奴以及改变工厂生产特征的权力,但有权管理工人,政府负责调和领有工厂主与工人之间的关系。

莫斯科省领有工厂的数量最多(约占总量的 1/4),邻近的工业省份,雅罗斯拉夫尔、弗拉基米尔、科斯特罗马、卡卢加等省领有工厂的数量紧随其后。就工业部门而言,呢绒工业中领有工厂的数量最多,1813 年,领有呢绒工厂中工人的数量达 14 679 人,约占所有领有工厂工人的 1/2。同年,领有亚麻厂中工人的数量为 7522人,领有铸铁、炼钢和冶铁厂内工人的数量为 6610 人(采矿企业除外),领有造纸厂和丝织工厂内工人的数量分别为 2107 人和 1908人。玻璃、陶瓷、印花、金银装饰、矿物和其他领有工厂中工人的数量较少。①

19 世纪三四十年代,因使用农奴劳动,加上生产技术落后,领有工厂迅速衰落,呢绒工业衰落就是代表。18 世纪末 19 世纪初,

① Туган-Барановский М. И. *Русская фабрика в прошлом и настоящем: Историко-экономическое исследование. Т. 1. Историческое развитие русской фабрики в XIX веке.* М. , Кооперативное издательство Московский рабочий, 1922. С. 92.

沃罗涅日是俄国重要的呢绒生产中心之一,但 1856 年沃罗涅日只剩下 3 家呢绒工厂,到了 60 年代只剩下 1 家。喀山省的情况也大同小异,19 世纪 30 年代呢绒工厂的工人数量为 1000 名,50 年代和 60 年代工人数量分别降至 450 名和 260 名。[1]

因使用农奴劳动,贵族呢绒工厂的数量大减,使用自由劳动力的商人呢绒工厂数量增加。以卡卢加省为例,1861 年该省已无贵族呢绒工厂,反而新建数家商人呢绒工厂。奥廖尔和斯摩棱斯克省贵族呢绒工业完全衰落,奔萨、坦波夫、梁赞、萨马拉、波尔塔瓦、哈尔科大和波多利斯克省的贵族呢绒工厂数量锐减。

(三)1861 年农奴制改革后贵族的经济活动

1861 年农奴制改革之后,贵族企业开始衰落,究其原因有四:一是丧失劳动力优势;二是政府引进外资,诸多国外企业主赴俄国建厂,冲击了本国企业主;三是贵族较为保守,不愿意改进生产技术和引进新设备;四是部分贵族大肆挥霍,没有将资金用于扩大再生产。虽然贵族的工业活动开始衰落,但其所从事企业活动涉及部门较广,具体门类详见表 1-12。

---

[1] Туган-Барановский М. И. *Русская фабрика в прошлом и настоящем: Историко-экономическое исследование. Т. 1. Историческое развитие русской фабрики в XIX веке.* М. , Кооперативное издательство Московский рабочий, 1922. С. 240.

表 1-12　19 世纪下半叶贵族从事各行业的数量①（单位：人）

从事行业	彼得堡（1869 年）			梯弗里斯（1876 年）			莫斯科（1882 年）
	贵族数量						
	世袭贵族	非世袭贵族	总计	世袭贵族	非世袭贵族	总计	世袭贵族
工业	663	1302	1965	298	100	398	1317
运输、通讯	359	235	594	47	11	58	939
金融和贸易	252	199	451	194	35	229	694
餐饮	157	164	321	77	13	90	127
农业、狩猎和捕鱼	26	30	56	38	4	42	366
以上行业贵族数量总计	1457	1930	3387	654	163	817	3443
占比（%）	5.9	9.82	7.64	16.61	13.77	15.95	19.82
其中老板和管理人员	291	299	590	278	65	343	1030
其余人员	1166	1631	2797	376	98	474	2413
女仆	426	600	1026	360	86	446	302
占比（%）	1.84	3.05	2.31	9.14	7.26	8.7	1.74
国家和社会公职人员	11649	9159	20808	1916	657	2573	6679

---

① Корелин А. П. *Дворянство в пореформенной России. 1861－1904 гг.: состав, численность, корпоративная организация.* М., Наука, 1979. С. 124－125.

续表

从事行业	彼得堡(1869年)			梯弗里斯(1876年)			莫斯科(1882年)
	贵族数量						
	世袭贵族	非世袭贵族	总计	世袭贵族	非世袭贵族	总计	世袭贵族
占比(%)	50.37	46.6	46.92	48.67	55.49	50.24	38.44
作家、编辑、学者、音乐家、记者和艺术家	857	902	1759	97	43	140	615
占比(%)	3.71	4.59	3.97	2.46	3.63	2.73	3.54
食利者、退休人员	7857	4121	11978	774	189	963	5182
占比(%)	33.97	20.97	27.01	19.60	15.96	18.80	29.83
依靠私人补助和福利生活的人	623	1760	2383	21	15	36	875
占比(%)	2.69	8.95	5.37	0.53	1.27	0.7	5.03
不确定职业者	1823	1183	3006	115	31	146	277
占比(%)	7.88	6.02	6.78	2.92	2.61	2.85	1.59
有独立收入的贵族数量总计(学生除外)	23 835	18 753	42 588	3840	1141	4981	16 758

　　贵族经济实力衰落引起政府重视,政府决定采取措施帮助贵族。1827 年 12 月 21 日条例允许"世袭贵族或终身贵族在城市设厂,可成为一至三等商人"。家境殷实且精明强干的贵族,利用农奴和领有农民的劳动成为毛呢作坊、麻布纺织厂、采矿厂、玻璃厂、甜菜制糖厂和酒厂的企业主。① 此时贵族企业主的杰出代表出自杰米多夫、拉扎列夫、斯特罗甘诺夫、奥索金、图尔昌宁诺夫、雅科夫列夫等家族,他们通过各种正常和非正常手段获得贵族身份。

　　俄国政府为扶持贵族企业主,设立贵族银行,扶持贵族酿酒、制糖和采矿业发展。如为扶持贵族制糖业,在市场行情不好时,贵族制糖厂出口糖制品获得政府补贴;政府为扶持贵族酿酒业,数次抬高酒产品价格,甚至禁止城市内建立酿酒厂;为扶持贵族采矿业,为其提供长期优惠贷款,且多次推迟还款日期。② 贵族企业的数量与国内经济状况密切相关。据统计,1861—1900 年贵族所属企业有 2092 家,但不同时期新建贵族企业数量差异较大,如 19 世纪上半叶、19 世纪六七十年代和 19 世纪八九十年代新建贵族企业数量,占企业总数量的比例分别为 18%、20% 和 56%。就贵族创办的企业类型而言,大部分贵族创办的企业受制于其领地的资源和人口状况,主要有以下类型:一是农产品加工企业数量最多,主要

---

① Киняпина Н. С. *Политика русского самодержавия в области промышленности 20–50-е годы XIX в.* М. , МГУ, 1968; Павленко Н. И. *История металлургии в России XVIII в. Заводы и заводовладелецы.* М. , Изд-во. Акад. наук СССР, 1962; Хромов П. А. *Экономическое развитие России Очерки экономи России с древнейших времен до Великой Октябрьской революции.* М. , Наука, 1967.

② Лаверычев В. Я. *Крупная буржуазия в пореформенной России 1861–1900.* М. , Наука, 1974. С. 33–61.

为酿酒厂、制糖厂和粮食加工厂；二是建材企业，主要为制砖厂、水泥厂、玻璃厂和陶瓷厂；三是木材加工企业；四是造纸和印刷企业。上述企业在贵族创办企业中的比例为71%、17%、66%和5.4%。此外，贵族企业规模有限，工人人数大多低于100人，年产值多低于2000卢布。[1] 18—20世纪初贵族企业的数量详见表1-13。

① 张广翔：《1861年改革后俄国贵族企业活动初探》，《求是学刊》1989年第1期，第93页。Корелин А. П. *Дворянство в пореформенной России. 1861 - 1904 гг.: состав, численность, корпоративная организация.* М. , Наука, 1979. С. 107.

表 1-13　18—20 世纪初贵族企业的数量①(单位:家)

企业类别	建立时间								总计
	18世纪	1800|1860	1861|1870	1871|1880	1881|1890	1891|1899	1900|1903	未记录具体行业的贵族企业数量	
棉花加工业	—	1	—	—	—	—	—	—	1
毛纺织工业	2	6	1	2	—	3	—	2	16
丝织工业	—	1	—	—	—	3	—	—	4
呢绒和亚麻加工业	—	1	1	—	1	2	—	—	5
混合材料加工业	—	1	1	1	3	1	—	—	7
造纸工业	3	12	1	24	30	37	6	—	113
木材加工业	1	4	4	10	19	84	14	3	139
金属加工和机器制造业	2	18	7	9	20	26	2	6	90
矿物材料加工业	6	19	13	25	19	82	11	16	191
动物产品加工业	—	—	—	1	2	2	1	—	6
食品加工业	14	301	136	175	269	464	57	87	1503
化学工业	—	—	—	4	3	8	2	—	17
总计	28	364	164	251	366	712	93	114	2092

———————————

① Корелин А. П. *Дворянство в пореформенной России. 1861 – 1904 гг.: состав, численность, корпоративная организация.* М., Наука, 1979. С. 112.

贵族十分关注制糖业。19 世纪 30 年代后俄国制糖业快速发展的原因如下:第一,从 1819 年开始,俄国政府提高糖类产品进口关税,1819 年、1822 年和 1841 年俄国糖类产品的进口关税分别为每吨 75 戈比、1 卢布 15 戈比和 3 卢布 80 戈比;第二,俄国贵族经济危机凸显,大部分贵族开始寻找新的出路,很多贵族将目标放在制糖和酿酒业上,1844 年俄国已有 40 家方糖厂和 217 家甜菜制糖厂。[1] 因俄国制糖厂企业主多是贵族,所以早期制糖厂工人多是农奴。因政府保护性关税政策实施,俄国糖产量明显增加,1841 年俄国已停止进口砂糖,此时制糖厂数量已达 206 家,糖产量达 48.4 万普特(一普特约 16.38 千克)。[2] 1861 年农奴制改革之后,因失去劳动力优势,制糖业中贵族的作用大幅下降。

除投资实业外,贵族还关注资本市场,贵族投资金融业的方式有二:一是直接购买股票和债券等有价证券,在金融市场上谋取利润;二是贵族入股股份制企业,或将自有企业改成股份制企业。股份制企业中贵族股东所占比例较高,据统计,20 世纪 1482 家企业中,主席、理事和董事会成员等职位中贵族的数量为 1202 名[3];贵族主要投资领域为农产品加工、银行、保险、采矿和运输等行业。官员也入股企业,19 世纪六七十年代高级官员就已合股开办公司和银行,很多官员还在民营公司中兼职。如诺贝尔兄弟公司与俄

[1] *Обзор различных отраслей мануфактурной промышленности России.* Т. 2. СПб. , Тип. Департамента внешней торговли, 1863. С. 13.

[2] *Фабрично-заводская промышленность и торговля России.* СПб. , Тип. В. С. Балашева и Ко, 1893. С. 166-167.

[3] Корелин А. П. *Дворянство в пореформенной России. 1861 - 1904 гг.: состав, численность, корпоративная организация.* М. , Наука, 1979. С. 116-117.

国政府官员关系密切,因此获得大量订单。1854 年,诺贝尔家族就是在官员托特列别尼力荐下于彼得堡建立机械制造厂,托特列别尼也因此获得高额回报。贝里杰吉格将军曾为诺贝尔兄弟公司工厂提供军事订单,退役后成为诺贝尔兄弟公司董事会成员,与诺贝尔兄弟公司一起租赁伊热夫斯克军工厂,租期为 8 年,共生产步枪 45.3 万支。此后,利用将军的私人关系,诺贝尔兄弟公司的军事订单不断增加。1877—1878 年俄土战争期间,诺贝尔兄弟公司为俄国军队生产子弹和其他军事物资,仅子弹就达 92 万发。[①]

诺贝尔兄弟公司利用与俄国政府高层的关系进入俄国石油工业。诺贝尔兄弟公司建立之初,除诺贝尔家族自有资金外,还有俄国商人、政府官员和贵族参股。公司建立时贝里杰吉格将军入股资金为 93 万卢布,控股额接近 1/4。[②] 因与俄国政府高层关系密切,诺贝尔兄弟公司在巴库获得大量廉价的土地,19 世纪 70 年代以数十卢布的价格获得数百俄亩土地,20 世纪某些地块价格增长至数千卢布,几乎增长了 100 倍。[③] 20 世纪初,各工业部门中贵族控制的企业数量详见表 1-14。

① Дьяконова И. А. *Исторические очерки. За кулисами нобелевской монополи.*// Вопросы истории. 1975, № 9. С. 129.

② *25-летие Т-ва нефтяного производства бр.* Нобель. СПБ. , Т-во Р. Голике и А. Вильборг, 1904. С. 49.

③ Дьяконова И. А. *Исторические очерки. За кулисами нобелевской монополи.*// Вопросы истории. 1975, № 9. С. 130-131.

表1-14　20世纪初各工业部门中贵族控制的企业数量①(单位:家)

企业主类型		数量												
		1	2	3	4	5	6	7	8	9	10	11	12	
世袭贵族	总数	—	13	3	5	5	40	124	71	133	2	1233	15	1644
	有爵位贵族	—	3	1	5	—	15	42	21	40	1	374	—	502
1—4级文官		—	—	—	—	1	2	12	4	13	1	82	3	118
1—4级军官		—	2	—	—	—	2	7	3	7	—	57	—	78
6—9级文官和7—14级军官	总数	1	2	1	1	2	33	9	14	29	2	107	3	204
	文官	1	1	1	1	2	27	7	8	19	2	78	3	150
其他军官		—	1	—	—	—	6	2	6	10	—	29	—	54
其他文官		—	1	—	—	—	17	1	1	7	2	19	—	48
总计		1	19	4	6	7	90	155	99	199	7	1527	21	

注:1.棉花加工业;2.毛纺织工业;3.丝织工业;4.呢绒和亚麻加工业;5.混合材料加工业;6.造纸工业;7.木材加工业;8.金属加工和机器制造业;9.矿物材料加工业;10.动物产品加工;11.食品加工业;12.化学工业。

总之,贵族竭力让自己的庄园适应快速变化的经济模式,开始改革经济活动,逐步采用先进的经营方式。贵族涉及的经济领域甚广,涵盖贸易、耕种、森林经营、面粉生产、油脂生产和奶酪生产、

---

① Корелин А. П. *Дворянство в пореформенной России. 1861－1904 гг.: состав, численность, корпоративная организация.* М., Наука, 1979. С. 110–111.

养马场和制砖厂等,但这些企业的规模都不是很大。

第四节　俄国贵族的思想和文化概述

18 世纪,贵族因享有诸多特权,所以文化水平最高,政府为维系其社会地位,赋予了他们更多的教育资源。贵族们在接受教育的同时也接触到了西方的思想和文化,直接推动了俄国启蒙运动的发展和社会思潮的涌现。

一、贵族思想和社会思潮

俄罗斯的历史和贵族的文化是紧密相连的。在数百年中贵族是一个统一的等级,他们受过教育、具有物质基础、依靠脑力劳动生活。贵族的意识具有以下特征,即东正教君主思想、自称为"祖国仆人"、使命是保护国家。贵族的主要精神是爱国主义,主要表现为信仰上帝、自我牺牲、崇尚私有权、忠实于义务和誓言等。数百年中一代又一代俄罗斯贵族依照这些原则服务于人民。①

在子女的教育中,父母具有特殊的作用,其价值观体系、道德思想均影响着子女。而贵族家庭中,父母首先培养了子女的道德标准和义务感。贵族的准则如下:从小时起就要保护荣誉,"什么都可以失去,但是荣誉不能丧失""荣誉高于一切"。在历史发展过程中,俄国贵族对荣誉的理解是服从于沙皇和祖国,按照基督教的

---

① Баринова Е. П. *Российское дворянство в начале XX века. Экономический статус и социокультурный облик.* М. , РОССПЭН, 2008. С. 67.

规则规范自己的行为。

　　贵族认为,他们的最高荣誉是对真理的无限忠诚,沙霍夫斯科伊在给儿子的信中写道:"生命属于沙皇,而荣誉不属于任何人!这个座右铭应该领导我们的贵族等级。"①贵族们纷纷在法律允许的框架内履行自身的宗教、市民和精神义务,但是贵族的荣誉没有赋予他们相应的特权,而是赋予他们更多社会责任。

　　严格的等级规则是贵族教育的主要方式。特鲁别茨卡就曾回忆道:"我是多么感谢我的父母,特别是我的妈妈,她对我进行了严苛教育,从童年开始就系统地教授我这些规则。这些规则进入了我的身体和血液中,让我的生活轻松了许多。但是有时不得不强迫孩子接受这些规则,有个性的孩子更不容易接受,会让他们感觉自己是小马驹,只能负重前行。"②

　　贵族的子女在 10 岁之前一般都会接受家庭教育。贵族家庭的父母认为,家族传承对他们的教育有利;对子女进行家庭教育时要考虑到孩子自身的性格;家庭教育不但要遵循特殊的教育大纲(中学大纲),还要让孩子们抽出更多时间学习外语。通常母亲教授孩子识字,然后再聘请家庭教师专门教育学生。父母为自己的孩子精心选择家庭教师,按照必要的程序监督子女的教育,有时会到课堂上旁听,或者检查孩子的课业状况,但只有条件较好的贵族家庭的子女才可接受家庭教育。

　　贵族子女就像其他学生一样,在封闭式的等级教育机构中学

---

① Шаховской Д. И. *Избранные статьи и письма. 1881 - 1895.* М. , Прометей. 2002. С. 18.

② Трубецкой С. Н. *Мкнувшее.* М. , ДЭМ, 1991. С. 11.

习。大公特鲁别茨卡就曾回忆道："我认为,我的父亲和母亲的决定非常正确,孩童时代的家庭教育非常重要,这对晚一些的集体生活非常有益……他们希望我和其他社会等级的同学在一起学习,让我知道我是他们中的一员。"[1]正常而言,贵族子女在中学毕业后会进入大学或学院或专科学校学习。贵族也非常注重教育资助问题,富有贵族专门为本等级贫困居民建立寄宿学校,设立奖学金等。

贵族等级也有自己的缺点,他们既不会精打细算,也不愿意劳动,部分贵族整日好吃懒做,且轻视其他等级。很多贵族不愿意经营土地,Г. П. 费多托夫曾指出:"贵族把自己的世袭领地看成负担,由于长期经营不善,他们非常厌恶土地经营。他们或把土地出租,或交给管家打理,不明白经营的本质。他们总认为工业和贸易是下等人从事的职业,所以贵族在贸易中获利总是很少。"[2]

贵族们轻视经济事务的主要根源是他们服务于祖国的思想。他们认为担任公职是他们必须承担的义务,他们强调世代的责任、教育后辈的责任、晚辈对长辈的责任。除继承先辈的理念,他们还认为服役可维护贵族等级的利益。

除此之外,贵族对庄园还有特殊的情感。贵族庄园具有文化中心的作用,很多庄园中拥有图书馆和很多艺术品。俄罗斯庄园是国家历史和文化的载体,它们与文学、音乐等各类艺术形式和艺术品紧密地联系在一起。

在俄国历史上,贵族等级进行了三次大胆的尝试,试图借机反

---

① Трубецкой С. Н. *Мкнувшее*. М. , ДЭМ, 1991. С. 37.

② Федотов Г. П. *Судьба и грехи России*. Т. 1. СПб. , София. , 1991. С. 146-147.

对专制主义,对沙皇的政权进行限制。在第一次动乱期间,俄国贵族和波兰贵族达成一致,波兰皇储获得了王位继承权,还曾支持伪季米特里继任俄国沙皇,但很快被俄罗斯人赶出了俄国,双方签订的条约也被取缔。1613 年,罗曼诺夫家族的族长米哈伊尔成为俄国沙皇,贵族的第一次尝试失败。

第二次尝试是彼得一世去世至叶卡特琳娜二世登基之前,贵族的权力大幅提升。此期间,代表贵族利益的最高枢密院逐渐成为俄国最高权力机构,原隶属于参政院的外交委员会、陆军委员会和海军委员会都直接由最高枢密院管辖。叶卡特琳娜一世在位期间,最高枢密院的权力很大,未经最高枢密院许可,沙皇不得擅自颁布赦令。安娜·伊凡诺芙娜得以继任皇位,得力于最高枢密院的支持,她继位后与最高枢密院达成了如下协议:一是女皇和最高枢密院共同治理国家;二是未经最高枢密院同意,女皇不得宣战和签订和约;三是近卫军和其他军队的指挥权归属于最高枢密院;四是女皇未经最高枢密院同意不得擅自委任校尉以上的军官;五是未经最高枢密院同意,不能擅自耗费国家财政;六是未经法院判决,不得处死任何贵族;七是未经最高枢密院同意,女皇不得改嫁和指定继承人。上述条款限制了沙皇的权力,最高枢密院大臣们的利益得以保障。双方还约定,如果女皇不遵守上述条款,将失去皇位。后期因双方矛盾激化,沙皇最终获得了胜利,贵族的第二次尝试也宣告失败。

第三次是 1825 年爆发的十二月党人起义。18 世纪末法国大革命爆发之后,欧洲资产阶级革命兴起,西班牙、希腊、比利时、德意志、意大利、葡萄牙等国先后出现革命运动。随着启蒙思想影响的不断深入和欧洲各国资产阶级革命的影响,俄国革命运动也在酝酿。随着西方启蒙思想影响的深入,俄国贵族和知识分子开始关注国家社会经济状况,首都和南方省份爆发了以近卫军军官为主体的起义,起义的矛头直指沙皇专制制度,试图建立资产阶级政体。因起义爆发于 1825 年 12 月 14 日,所以被称为"十二月党人起义",起义以失败而告终。

参与十二月党人起义的主要是贵族,军官数量占主导,可称之为贵族革命家。他们出身于贵族家庭,且大多在政府机构中任职,从爱国主义立场出发,不愿盲目效忠沙皇,而要探索适合俄国发展的道路。这些贵族从小就接触西方文化,深受启蒙思想家的影响,尤其受伏尔泰、卢梭和孟德斯鸠等人的思想影响较深。法国大革命期间这些贵族又参加远征,到过法国、英国和德国等国家,看到西欧国家先进的政治经济制度,也意识到本国农奴制和专制制度的落后性。因大多数军官都参与过卫国战争或远征法国,因此,十二月党人自称"1812 年的产儿"或"祖国之子"。上述三次斗争失败的主要原因之一是他们的行动均脱离了人民群众。

十二月党人起义虽然失败,但拉开了俄国思想解放运动和启蒙运动的序幕,知识界围绕俄国发展道路展开激烈的思想论战,最终形成两大阵营,即西方派和斯拉夫派。最初双方的争论只是沙龙中个体之间的辩论,随后演变成群体性的论战和报纸与杂志上的公开论战,最激烈的时候,曾经亲密的朋友甚至都绝交了。双方争论的焦点是俄罗斯何去何从,是走西方式的道路,还是走东方式的道路。这个长期存在于俄国知识分子中的问题被称为"赫尔岑式"的历史命题,即俄国生活中的"斯芬克斯之谜"。

随着西方思想不断传入,很多俄国人对西方文化十分青睐,普列汉诺夫称之为"莫斯科的西方派",他们对陈腐和沉闷的莫斯科十分厌恶。"西方派"是斯拉夫派对其带有鄙视意味的称谓,其意义等同于"民族和国家的公敌"和"数典忘祖之辈"。他们主张俄国历史发展道路应与其他欧洲国家趋同,俄国无法孤立于欧洲,不能故步自封,必将走与西欧一样的发展道路。他们认为农奴制和专制制度是俄国历史发展的障碍,主张废除专制制度,改行英国的君主立宪制或法国式议会制。他们歌颂彼得一世改革,呼吁自上而下废除君主专制和农奴制度,扩大与西欧国家的政治、经济和文化交往。西方派的代表人物是安年科夫、卡维林、格兰诺夫斯基、恰达耶夫、别林斯基和赫尔岑等人。十月革命之前,西方派的影响一直大于斯拉夫派,但无论是斯拉夫派还是西方派,都是立足于俄国传统与现实,探索俄国未来发展道路的。

斯拉夫派的代表人物是霍米亚科夫、阿克萨科夫和基列耶夫斯基等人,他们认为俄国自古就拥有优秀的文化和传统,俄国村社、东正教和专制制度是俄国独有的,俄国完全可以根据本国的历史特征,走异于西欧的发展道路;认为俄国具有独特的历史和文化传统,走西方道路对俄国而言是一场灾难;认为彼得一世改革毁灭了俄国悠久的历史传统,希望将俄国历史带回彼得一世之前的道路。

斯拉夫派是19世纪中叶俄国思想界关于俄国历史发展道路争论的产物,其思想主旨是对俄国历史发展道路保有独特信念,对于扎根于人民的东正教信仰和村社信心满满并强调人类精神信念的作用等。斯拉夫派小组于19世纪40年代中期基本形成,其主要活动是与西方派争论。1839 年,霍米亚科夫出版相关著作阐释其思想,标志着斯拉夫派活动的开始。1843—1844 年斯拉夫派小组形成,主要活动场所是莫斯科的文学沙龙,19 世纪 50 年代斯拉夫派整体世界观基本确立。19 世纪 60 年代斯拉夫派开始分裂,但其影响十分巨大,一直延续至今。

19 世纪上半叶,如何对待农奴制问题成为社会舆论关注的焦点,大贵族和其他贵族为维护自身利益,坚持保存农奴制和维护专制制度。但随着农奴制危机的加深,资本主义的发展,农民运动的发展和阶级斗争的激化,革命民主主义运动蓬勃发展起来。赫尔岑、别林斯基和车尔尼雪夫斯基都是革命民主主义者的代表,他们宣传农民革命思想,主张彻底地、自下而上地解放农奴,推翻专制制度。

随着西方派与斯拉夫派的分化,俄国自由主义与保守主义思想的影响不断深化。自由主义意识形态源起于西方,其主要理念如下:政治上主张议会民主、内阁制度、政党自由和法律至上;经济上主张发展工业资本主义,全力发展市场经济,国家不干涉市场关系和经济组织,维护私有制;社会关系上代表中产阶级(资产阶级)的利益;文化生活上主张个体的思想完全独立,支持思想和言论自由;宗教上反对教权主义,对异己思想持宽容态度;道德上主张功利主义和个人主义优先;在民族问题上支持民族主义,主张民族国家制度优先。[①]

关于俄国自由主义思想,一部分学者认为源自叶卡特琳娜二

---

① 许金秋:《19 世纪至 20 世纪初俄国政治现代化理论与进程研究》,社会科学文献出版社 2018 年版,第 28 页。

世;部分学者认为起源于彼得一世,但自由主义作为完整的意识形态形成于19世纪初。斯佩兰斯基和十二月党人都提出了自由主义改革思想和方案。

俄国保守主义起源于18世纪末19世纪初,其理论核心为政治上的君主主义和贵族政治,文化上的宗教神秘主义、斯拉夫主义和反动保守主义。俄国保守主义沿三条历史线索演变:一是温和保守主义,批判对西方的过度模仿,温和地批判农奴制度和专制制度,寄希望于自上而下的改革;二是反动保守主义,主张不惜一切代价维护君主专制和农奴制度,否定建立理性社会秩序的可能;三是贵族保守主义,主张通过发展自治运动、完善司法体系,在不改变专制制度的前提下渐进实现国家变革。[1]

与西方保守主义思潮相比,俄国保守主义的主要特征在于:一是根基深厚,对俄国历史影响巨大;二是宗教神秘主义色彩浓厚,且影响力巨大;三是民粹主义色彩突出。[2] 巴枯宁是俄国无政府主义的创始人,是世界无政府主义思想的集大成者,其思想被称为"巴枯宁主义",核心是绝对自由观,否定任何国家。

虽然部分贵族是自由主义的代表,但支持保守主义的贵族数量众多,此处仅以1861年之前贵族对待农奴制改革的态度来分析保守主义思潮对贵族的影响。亚历山大二世已明确意识到为平息农民运动,缓解国内危机,必须进行改革,但又不能伤害贵族的根

---

[1] 张建华:《帝国风暴——大变革前夜的俄罗斯》,北京大学出版社2016年版,第290页。

[2] 张建华:《帝国风暴——大变革前夜的俄罗斯》,北京大学出版社2016年版,第291—292页。

本利益,所以他希望贵族能在其动员下主动提出废除农奴制度。为达到该目的,亚历山大二世亲自成立了秘密委员会。

1857年3月,亚历山大二世成立农民事务秘密委员会,该机构专门为解决农民问题而设立。委员会由国务会议成员组成,国务会议主席奥尔洛夫公爵负责委员会成立事宜,其成员包括勃鲁多夫、多尔加卢科夫、加加林、兰斯科伊、阿德列尔博格、列夫申、科尔夫、穆拉维约夫、康斯坦丁和巴宁等人,其中很多人反对农奴制改革。

虽然该秘密委员会大多数成员均反对改革农奴制,但随着国内局势的恶化,部分人意识到必须让步部分权益安抚农民,为此颁布农奴制改革的首个重要纲领——《沙皇致纳吉莫夫赦令》。随后多个省都成立委员会,专门讨论解放农奴草案,农民事务秘密委员会失去其作用,1858年,该机构更名为农民事务总委员会。

为确定统一的改革草案,1859年3月,农民事务总委员会成立下属机构即编纂委员会,其主要任务是召集各省委员会代表,审查各委员会的改革草案,制定全国性的改革纲领和文件。编纂委员会的主席为罗斯托夫采夫,其成员包括米留金、谢苗诺夫、康斯坦丁、契尔卡斯基和萨马林等人,他们之中的大部分人受自由主义思想影响较大。但保守主义官员的影响力很大。

1859年秋,编纂委员会已拟定解决农民问题的总纲领草案,草案制定后编纂委员会将其提交给农民事务总委员会讨论,编纂委员会的工作也就此结束。农民事务总委员会经过多次讨论后,将方案提交给国务会议。针对农奴制改革草案,不同等级都捍卫自己的利益,贵族希望通过农奴制改革将贵族庄园改革为资本主义性质的农场,希望继续使用廉价劳动力,获取大量赎金发展资本主义工商业;资产阶级自由派主张解放农民,让农民获得一定数量的土地,但农民需支付赎金给贵族,保障贵族的利益;革命民主主义者代表广大农民的利益,坚决反对农奴制,主张彻底废除农奴制,推翻沙皇专制统治。因保守主义贵族坚决捍卫自身利益,贵族土地所有制并没有被取缔,地主和贵族还控制大量土地,劳役制度仍长期存在,大量农民被逼破产,仍处于被统治和被奴役的地位。

20世纪初,世袭贵族政治上分化加剧。1905—1907年革命前夕,逐渐形成保守派和自由派贵族,每一派都试图寻找更适合俄国的道路。保守派贵族占据优势地位,他们坚决捍卫本等级利益,不希望社会变化,主张政府必须给予贵族相关帮助,复兴贵族经济和恢复政治地位,使其更广泛地参与国家政治生活。保守派贵族也意识到必须进行经济改革,同时认为自由派的思想十分危险。自由派贵族希望取缔贵族在国家各领域的特权,在县城内建立覆盖各个等级的地方管理体系,试图赋予农民和其他等级同等地位来改变政治结构。自由派贵族认为保守派贵族纲领已无意义,主张寻求新方式促进社会经济发展。

二、贵族的受教育水平

贵族不愿意与其他等级一同接受教育,因此成立了诸多贵族学校,如贵族寄宿学校、贵族女子中学、皇村中学、士官武备学校、贵族军官学校和贵族法律学校等。此外,贵族中还盛行聘请家庭教师,部分家庭教师需由专门机构考核后才可工作。莫斯科大学设立的最初目的也是减轻贵族子女昂贵的教育经费,提高俄国贵族子弟的教育素质,创立之初并不接纳平民子弟,后期才按照欧洲模式接纳平民子弟。早期军队军人以贵族为主,为培养贵族子弟专门成立军事学校,如安娜女皇时成立的贵族陆军学校。叶卡特琳娜二世时期也曾创办贵族学校。因此贵族等级享受的教育资源明显优于其他等级。

1701 年,彼得一世在莫斯科创办数学与航海学校,学生大多是贵族子弟;1715 年,彼得一世把莫斯科航海学校高级班迁至彼得堡,更名为航海学院。1701 年,彼得一世下令成立炮兵学校;1707 年,在莫斯科建立医学专科学校;1712 年,在莫斯科建立工学院;1719 年在彼得堡建立彼得堡工学院。彼得一世改革学校体系,将学校分为教区学校、国立小学和警备学校,学生多为宗教人士、大贵族、新贵族、官吏和工商业子女,其中贵族子女的数量最多。

19 世纪中叶,俄国居民的整体识字率仅达 4%;19 世纪末,欧俄地区居民的识字率已近 50%[1],全俄居民的整体识字率已达 29.3%[2]。即便如此,俄国居民的文化水平仍十分低下。20 世纪初,俄国只有近三成的居民识字,而同期德国、美国和英国居民的识字率已分别达 98%、92% 和 90%,差距不言而喻。[3] 但在所有居民中,贵族等级的受教育水平最高。

就奥廖尔省贵族而言,19 世纪末 20 世纪初该省女性贵族的识

---

① Кошман Л. В. *Город и городская жизнь в России XIX столетия.* М. ,РОССПЭН, 2008С. 247.
② [俄]利·瓦·科什曼:《19 世纪的俄国:城市化与社会生活》,张广翔、邓沛勇译,社会科学文献出版社 2018 年版,第 84 页。
③ 李青:《论 1865—1913 年俄国地方自治机构的民生活动》,吉林大学 2012 年博士学位论文,第 114 页。

字人数略多于男性贵族,占比分别为 52% 和 48%,受过高等教育的贵族比例不高,也有少量贵族接受工程教育,大部分贵族都接受了军事教育。高等技术学校中女性贵族毕业生比例仅为 1%;大学中女性贵族比例稍高,为 2%;中等专业和中等公共教育机构中女性贵族比例较高,分别为 12.5%、60%。奥廖尔贵族的识字状况详见表 1-15。

表 1-15　19 世纪末 20 世纪初奥廖尔省各年龄段贵族识字人数①

(单位:人)

年龄	男性	女性
10 岁以下	481	499
10—19 岁	1690	1721
20—29 岁	1194	1579
30—39 岁	1290	1344
40—49 岁	1032	1018
50—59 岁	629	767

因数据有限,仅以官员的受教育状况来探究贵族整体受教育水平。就奥廖尔省而言,19 世纪末 20 世纪初高等教育机构毕业的官员中贵族为 11 人,占 7.2%;中等教育机构毕业的官员中贵族 36 人,占 23.5%;小学毕业生中贵族 19 人,占 12.4%;只受过家庭教育的贵族 21 人,占 13.7%。受过中高等教育的官吏中贵族占

① Лавицкая М. И. *Оровское потомственное дворянство второй половины XIX - начала XX веков.* Орел. , Изд-во ОРАГС, 2007. С. 45.

104

30.8%。当时奥廖尔省政府办公厅中,受过高等教育的贵族4人,占3.4%;受过中等教育的贵族32人,占27.3%;受过初级教育的贵族27人,占23.1%;只受过家庭教育的贵族11人,占9.4%。奥廖尔省行政机构中高级官员的受教育程度不高,1—3品官员中受过中高等教育的比例为43.1%;4品官员受过中高等教育的比例为35.9%。① 总之,奥廖尔省行政机构中4品以上官员一半以上出于各种原因没有完整地接受中高等教育。

奥廖尔省行政机构上层官员中,受过高等教育的不到一半。副省长别扎比拉佐夫及省管理机构顾问特鲁彼茨尼都受过高等教育,前者毕业于交通工程师学院,后者毕业于莫斯科大学。2品官员中受过高等教育官员的比例为18.1%。3品官员中受过高等教育的比例约为5.1%。仅受过初级教育的官员人数也相对较少,奥廖尔市政机构中有19人只受过初级教育(13.8%),受过高等和中等教育的人数为61人(44.2%)。② 9—14品官员受教育程度较低。

1861年农奴制改革之前,世袭贵族多以家庭教育方式接受相关教育,该状况一直持续至20世纪初,而终身贵族因家庭条件有限,大多与市民等其他等级共同接受教育。因材料有限,仅对世袭贵族的家庭教育进行简要分析。

一般而言,世袭贵族教育子女的目的是把他们培养成为合格的贵族。贵族学校的教学内容并不从个人的兴趣和爱好出发,而

---

① Лавицкая М. И. *Оровское потомственное дворянство второй половины XIX − начала XX веков.* Орел. , Изд-во ОРАГС, 2007. С. 79−80.

② Лавицкая М. И. *Оровское потомственное дворянство второй половины XIX − начала XX веков.* Орел. , Изд-во ОРАГС, 2007. С. 82.

是多出于国家政策需要。男孩应学会成为指挥者,因他们长大后要为国家服务,成为社会精英和领导者;女孩一般要学会听从命令,主要培育他们成为一个合格的妻子和母亲,成为家庭的贤内助。相较而言,男孩接受的教育更为全面,不仅学习地理、历史、文学等人文科学知识,还会学习数学和物理等自然科学知识,其目的是为后期进入更高阶段的学校打下基础。外语是必修课,男孩一般要掌握 1—2 门外语,优先选择法语,其次是德语或意大利语。

女孩的学习内容相对简单,她们只要掌握基本的阅读和计算能力,方便日后管理家庭事务即可,有些贵族父母还会让女孩学习家政课程。部分贵族家庭反对贵族女孩接受正规的学校教育,他们认为女子只需拥有良好的道德品质,不需掌握过多的文化知识。加上多数家长认为家族的未来依靠的是男孩,所以他们不愿意在女孩身上投入过多。

部分贵族家庭还重视培育子女的艺术修养,他们为孩子安排绘画、舞蹈和乐器等课程,但因这些课程家教费用较高,很多贵族家庭承担不起,只有一部分贵族子女学习了这些课程。

关于家庭教师,世袭贵族的家庭教师分为俄国人和外国人(包括法国人、英国人和德国人)。俄国家庭教师主要负责一些日常的教学,外籍家庭教师除教授外语外,还教授一些新的课程。外籍家庭教师在传授西方礼仪、文化和思想方面起了非常重要的作用,他们中很多人都是法国大革命后的流亡者。值得一提的是,外籍家教的工资明显高于本国教师,且外籍家教更受尊重,当时聘请外国家教是身份和地位的象征。

世袭贵族家庭的男孩在 7 岁左右搬入父亲生活的区域,开始

接受正规的家庭教育。俄国贵族极其重视性别区分,男孩的家庭
教师均为男教师,女孩的家庭教师均为女性,富裕家庭的男孩不止
拥有一名家庭教师。家庭教师对孩子的成长影响很大,他们不仅
传授给孩子科学文化知识,还给他们树立道德典范。

大部分终身贵族的子女和部分世袭贵族的子女因资金有限,
只能去全日制学校就读。以莫斯科的城市学校为例,19 世纪 70 年
代初,莫斯科已有 10 所城市女子学校,学生数量达 750 名。1892
年,莫斯科已有 86 所城市初级学校,学生数量约 1.2 万名,男生和
女生的数量分别为 6194 名和 5662 名。1900 年莫斯科已有 158 所
初级学校,学生数量为 2.1 万名。① 一部分贵族和官员的子女就在
市民学校就读,如当时市民学校接收的是所有等级的 7 岁以上的
儿童。1876—1880 年,这些学校中贵族和官员、僧侣、商人、市民、
农民、士兵家庭出身学生的年均占比分别为 2.6%、1.2%、4.2%、
53.0%、28.6%、10.4%;而 1891—1895 年,这些数据变成 3.6%、
0.9%、2.6%、39.9%、42.2%、10.8%。②

俄国政府也重视贵族女子教育。1764 年,女皇颁布《俄国女子
社会教育章程》,并于同年创办斯莫尔尼贵族女子学校,它是俄国
第一所女子学校,隶属于斯莫尔尼女子修道院。就生源而言,主要
为贵族女孩,但并不是所有贵族家庭的女孩均可入校读书,只有名
门贵族、人脉较广的贵族家庭、为国捐躯且出身贵族的军人、宫廷

---

① История москвы с древнейших времен до наших дней. Т. 2. М. , Издво объединения
"МОСГОРАРХИВ", 1997. С. 387.

② История москвы с древнейших времен до наших дней. Т. 2. М. , Издво объединения
"МОСГОРАРХИВ", 1997. С. 387.

贵族和没落名门的贵族之女方可获得入学机会。女子学校的学习年限总计12年，共分成四个阶段，每3年为一个阶段，学生年龄和授课内容差异较大。第一阶段的课程的授课对象是6—9岁女童，主要课程为神学、俄语、绘画、音乐、裁缝、舞蹈、外语和手工；第二阶段课程的授课对象是9—12岁女学生，在原有课程基础上增加地理、历史和家政课程；第三阶段课程的授课对象是12—15岁女学生，在之前课程的基础上增设物理、建筑和道德等课程；第四阶段授课对象是15—18岁女学生，增设社交礼仪类课程。学校最初有200名学生，29名教师，但本国教师仅有5人，其余均是外国教师，除神学课程之外，余下所有课程均使用外语授课。①

1765年，斯莫尔尼贵族女子学校成立市民部，开始招收6—18岁的非贵族官员、商人和市民之女，进行为期9年的基础教育，家政和手工课程是最主要的教学内容，其目的是专门为贵族培养管家和家庭教师。斯莫尔尼贵族女子学校率先为贵族女子提供系统接受初级教育和中等教育的机会，是俄国女子教育的开端，为现代女子教育在俄国的广泛普及奠定了基础。

亚历山大二世继位之前，俄国女子教育均由玛利亚皇后事务部负责，但女子中学的数量不多。据统计，1828—1853年，贵族女子中学的数量由14所增加到31所，其中彼得堡2所，莫斯科1所，其余分布在其他省份；女子学校总计46所，其中39所为封闭式学校，7所为走读学校。全国女子学校共有学生6860名，其中91.8%的学生在封闭式学校就读。超过一半（3626名）的女学生由国家资

① 赵春梅：《俄国女性享受社会教育的开端——斯莫尔尼贵族女子学校》，《教育评论》2014年第2期，第157页。

助,无须缴纳学费,其余均是寄宿生,需缴纳学费,社会组织和个人
也资助部分学生。值得一提的是,此时首都女子学校的规模较大,
2/3 的学生在首都内的女子学校就读。[1]

三、贵族团体

18 世纪下半叶,俄国贵族团体就已形成,1785 年叶卡特琳娜
二世的"贵族特权诏书"对贵族的特权加以确认,其中就有一条规
定贵族等级拥有自治权,有权选举和组建地方自治机构。贵族行
使自治权的组织即贵族团体,政府以立法形式确认了贵族团体的
地位和作用。贵族团体成立的目的众多,其主要目的如下:一是将
贵族组织起来,并给予他们一定的自治权;二是将贵族纳入地方管
理机构之中,将省级机构大部分权力转至贵族手中,以便抑制国家
动荡和维系社会稳定;三是加强地方政权,维系专制制度,十月革
命前一直如此。贵族团体的成立不但让贵族获得了自治地位,还
让他们获得了进入地方政府任职的机会,最终使他们占据地方行
政机构内的大部分职位。

从 1766 年起,贵族等级自治机构主要由贵族会议、省级贵族代
表会议、首席贵族和贵族监护机构等组成。

贵族会议分为省级贵族会议和县级贵族会议,也可分为例行
贵族会议和紧急贵族会议。县级贵族会议在省级贵族会议召开之
前三个月召开,部分学者认为它是省级贵族会议的预备会议。会

---

[1] Днепров Э. Д. , Усачева Р. Ф. *Среднее женское образование в России. Учебное пособие.* М. , Дрофа, 2009. С. 110–111.

议一般三年召开一次,在特殊情况下可临时召开紧急会议,但必须得到省长的许可,并将情况告知内务部。县级贵族会议的议程如下:一是筹备省级会议的召开;二是为贵族选举做准备,审核县城贵族名单;三是选举相关负责人,选举本县贵族等级自治职务和县级行政职务人员,包括县首席贵族,地方高等法院、良心法院、县法院、地方低级法院陪审员以及县法院的法官和县警察局局长等;四是其他需要在贵族会议上解决的问题;五是选举出一名贵族代表管理本县贵族金库收支事宜。

省级贵族会议也是三年召开一次,由省长主持,通常提前 4 个月由本省各县警察局通知本县贵族,同时在省级报纸上发布会议召开事宜。对于参会贵族的资格,各时期有所不同,1831 年《贵族会议、贵族选举及选举职务的法令》中规定参会的贵族资格如下:一是有权参与贵族事务的本省世袭贵族;二是没有不动产而不能参与贵族会议事务的世袭贵族;三是没有官职而不能参与贵族会议的世袭贵族;四是本省的终身贵族只能被选举为县法院陪审员,但世袭贵族不足时,他们可被选为县警察局局长。

省级贵族会议的主要职能如下:一是进行本省、县各类职务的选举;二是向省长提交有关贵族等级需要和利益的呈文;三是设立贵族金库,接受贵族捐赠;四是监督、检查贵族代表会议编纂的贵族家谱;五是开除被起诉至法院的贵族;六是从 1805 年开始,省级贵族会议还有权参与本省税赋预算和分摊事宜。省级贵族会议主要讨论的事宜如下:一是审理相关规章和报告;二是确定税赋预算和分摊事宜;三是会议日常;四是选举相关机构的负责人等。省县两级贵族会议机构的主要负责人包括首席贵族、贵族代表、秘书、贵族监护代表、划拨田地的中介人和政府职务候选人，等等。

省级贵族代表会议是贵族等级自治的常设机构，由省首席贵族担任会议主席，各县贵族会议选举出 1 名任期 3 年的代表参加会议。省级贵族代表会议的主要职责如下：一是检查、补充和修订贵族家谱；二是将身份不实的贵族从贵族家谱中除名；三是向本省贵族颁发证书和出身证明；四是确定贵族地租的纳税额；五是监护贵族的封地；六是监督本省贵族虐待农奴的行为。省级贵族代表会议以投票的方式决定相关事宜，2/3 以上代表同意即可通过决议。省级贵族代表会议直接隶属于参政院，享有更多的自主权。

首席贵族是贵族等级自治机构中的重要职务。19 世纪开始，贵族团体掌控了很多地方机构的行政和司法权力，当时各县警察局局长均由省级贵族会议选举产生，省首席贵族是省级委员会机构的法定成员，县首席贵族是县级委员会机构的主席。1861 年农奴制改革之后，虽然贵族的权力被削弱，但贵族会议与首席贵族的权力却大大增加，贵族团体仍可左右地方事务。县首席贵族一般由接受过良好教育、有经验、在贵族团体中备受尊重的贵族担任。他们的主要职责如下：一是维护本县贵族等级成员的利益；二是监督过度奢靡的行为和违反东正教教义的行为；三是为发疯了的贵族提供相关证明；四是必要时为本县贵族出具品行、生活方式和个人财产证明；五是为新贵族婴儿出具出生证明；六是参与管理贵族孤儿监护事务；七是参与本县国民教育事务；八是参与本县征兵事宜；九是邀请本县贵族共同参与军资供应事宜；十是提出关于地方贵族事务的相关意见，协调地方行政机构的工作事宜；十一是参与贵族团体供应军粮和驻军事务；十二是参与县农民事务管理事宜；

十三是出席地方自治会议；等等。

　　贵族们从本省各县首席贵族中选举出两名候选人，报告给省长，由省长择其一名任命为省首席贵族，再由沙皇确认省首席贵族的人选。省首席贵族的主要职能如下：一是全省贵族等级利益的维护者；二是充当政府与省级贵族会议的"中间人"，向全省贵族宣布政府的法令，并转达贵族的意见；三是领导召开省级贵族会议，保障会议的顺利召开和闭幕；四是与各县首席贵族一同编写本省贵族家谱，为贵族颁发出身证明；五是参与审理官员的违法案件；六是参与省贵族监护机构的监护活动；七是管理和使用省贵族团体募集的资金；八是参与本省农民事务管理机构管理；九是出席省地方自治会议；等等。一般而言，省首席贵族的地位仅次于省长。首席贵族任期满三年后可给予相关的品级，省首席贵族相当于5品文官，县首席贵族相当于8品文官。

　　贵族团体从事相关活动需要经费，其经费来源多为向贵族征税所得，其对象包括世袭贵族和终身贵族。他们的经费多用于贵族团体的日常开支，如召集贵族会议和运营贵族监护机构的开支，支付贵族的薪水、退休金和办公人员的津贴，以及保养和维护贵族团体办公设施。

　　虽然18世纪末贵族就获得了自治权，但法律明令禁止成立全国性的贵族团体，因沙皇忌惮贵族强大的政治和经济影响力，害怕他们团结起来威胁自身统治，希望他们帮助政府处理地方事务即可。1861年农奴制改革之后，贵族在丧失土地之后感到自己的政治和经济地位受到了威胁，他们力求创建一个全国性的团体，以增强贵族等级的政治影响力，遂要求成立全俄贵族统一组织。

1896 年 2 月,在沙皇的许可之下,俄国召开了第一届首席贵族联合会,各省首席贵族讨论贵族等级所面临的各种问题,并向内务部提出相关建议。值得一提的是,首席贵族联合会为非官方组织,会议不定期召开,属私人聚会性质,有时一年召开一次,有时一年召开多次。

20 世纪初,随着国内政治局势的变化,贵族要求成立全国性贵族团体。经过贵族的不懈努力,1906 年,俄国第一届贵族代表大会于彼得堡召开,共有 29 省的贵族团体代表参加会议,与会人员达114 名,包括国务会议贵族成员、省县首席贵族和其他贵族代表,以及著名贵族活动家和政府重臣。此次会议通过了《首席贵族联合会章程》,并获得内务部的批准。首席贵族联合会既是全国性的贵族组织,也是各省贵族团体的统一组织。首席贵族联合会的机构包括贵族代表大会及常务委员会,所有加入联合会的各省贵族团体均需派遣代表参加会议,大会主要讨论全国性政治问题,以及涉及全体贵族利益的相关问题,如专制政府和选举制度、农业改革和地方政府改革、人民教育、贵族等级、贵族和农民关系问题等。贵族代表大会一年举行一次,参加会议代表任期为三年。

首席贵族联合会常务委员会是贵族代表大会的执行机构,代表大会休会时常务委员会履行相关职责,其代表均由选举产生,包括 1 名主席、1 名副主席和 10 名委员,共 12 人,成员任期为三年,可以连任。

贵族团体除从事相关政治活动外,还参与慈善和教育活动。贵族团体管理慈善活动的主要组织是贵族监护机构,它成立于1775 年,目的是援助贵族等级成员,如监护该等级的未成年孤儿,照顾高龄老人和破产贵族——他们的财产由该机构进行代管。

19世纪末,贵族团体还设立专项资金从事慈善活动,部分省份从贵族团体税收中扣留一部分设立储蓄互助会,用于帮助将土地抵押给银行的欠款贵族。1902年政府颁布法令正式运行各省贵族建立的贵族储蓄互助会,帮助没落贵族。此时贵族储蓄互助会包括两类:第一类可获得政府资助,其基本目的是维系贵族土地所有制,为贵族提供贷款;第二类是完全依靠贵族团体,无法获得政府的资助。虽然上述组织的作用有限,但仍帮助了一些濒临破产的贵族。除此之外,贵族还建立了养老院和福利院等机构,用于救济贫困、年老或残疾的世袭贵族。此外,贵族还热衷于教育和出版等活动,因篇幅有限不再赘述。

贵族是俄国政府机构的中坚力量,拥有政治和经济特权,但1861年农奴制改革之后,其社会地位发生变化,即政治上在国家机构中的作用被明显削弱,经济上土地面积减少,债务增加,且其内部也发生分化,其贫困问题更是得到社会各界的关注,为此他们积极从事政治活动,试图维护自己的地位和特权,但即便政府大力支持,其衰落的局势也已不可逆转。

第二章

工人

　　工人等级是俄国十月革命前产生的特殊的等级,一方面该等级中很大一部分人来源于农民,所以他们与农民形成了天然的联盟;另一方面随着列宁主义的诞生,工人运动的方式和规模均发生了变化,该等级最终成为俄国革命的先锋队,领导广大群众建立了世界上第一个社会主义国家。囿于篇幅,加上国内很多学者关注俄国革命中的工人阶级,本章仅从社会等级角度探究俄国工人等级的组成、生活状况、工厂立法和农民外出打工问题,力求探究俄国工人的生活条件和社会作用。

第一节　俄国工人的构成、数量和运动

　　俄国工人等级形成较早,早期却是以农奴工人为主,1861年农

奴制改革之前,即便部分行业自由雇佣劳动力占主导,但农奴工人
仍是诸多工业部门的主力,以冶金、采矿、呢绒和亚麻等行业中农
奴工人数量为最多。1861 年农奴制改革之后,随着社会经济发展,
农奴工人退出了历史舞台,自由雇佣工人数量大增,纺织、冶金和
运输工人的数量最多,其社会影响也不容忽视。

一、非自由工人

俄国农奴工人由两部分组成,一是领有工人,二是世袭工人。
二者都产生于 18 世纪,为此时手工工场工人的主体。领有工人产
生于彼得一世时期,世袭工人产生于 18 世纪下半叶,他们在俄国
大工业的发展过程中均发挥了重要作用。

在探究农奴工人构成之前,有必要分析农奴工人快速增加的
原因。18 世纪,俄国农奴工人快速增加的原因如下:一是大工业快
速发展,手工工场数量增加;二是政府政策支持,领有工厂所需工
人(领有工人)都是政府赏赐的农奴,而世袭工厂因属于贵族,所以
工场的工人大多为贵族自己的农奴。

首先,大工业快速发展是农奴工人增加的主要原因。

18 世纪,俄国大工业的代表是呢绒工业和乌拉尔冶金业。就
呢绒工业而言,18 世纪初,呢绒工业开始崛起,18 世纪 20 年代,呢
绒手工工场的数量达 12 家;18 世纪下半叶,呢绒工业发展更为迅
速,1760 年,呢绒手工工场的数量已达 30 家[1];1803 年,俄国呢绒

[1] Любомиров П. Г. *Очерки по истории русской промышленности. XVII, XVIII, и начало XIX века.* М. , Государственное издательство политической литературы, 1947. C. 36.

手工工场的数量达 150 家。[1]

就乌拉尔冶金工业而言,该工业部门崛起于 18 世纪初。18 世纪 20 年代中期,乌拉尔地区已建成 23 家大型冶金工厂,包括 14 家冶铁手工工场和 9 家炼铜手工工场。[2] 1701—1740 年,乌拉尔地区共建成 55 家冶金手工工场,国有和私人手工工场的数量分别为 24 家和 31 家。[3] 1741—1760 年,乌拉尔地区共建成 82 家冶金手工工场。[4] 1761—1800 年,乌拉尔地区共建成 116 家新冶金手工工场,主要为铸铁、生铁冶炼和炼铜手工工场。[5] 乌拉尔地区铸铁产量由 1750 年的 142.4 万普特增加至 1800 年 793.9 万普特,增长 5.6 倍;生铁产量从 98.7 万普特增加至 543.4 万普特,增长 5.5 倍。[6]

其次,18 世纪俄国居民以农民为主体,当时的农民主要由国有农民、贵族农民、皇室农民、宫廷农民、教会农民和领有农民组成。领有农民是领有工厂工人的主体,出现于 18 世纪,为政府拨给商

[1] Любомиров П. Г. *Очерки по истории русской промышленности. XVII, XVIII, и начало XIX века.* М., Государственное издательство политической литературы, 1947. С. 53.

[2] Гаврилов Д. В. *Горнозаводский Урал XVII – XVIII вв.* Екатеринбург., Уро Ран, 2005. С. 45; Алексеев В. В., Гаврилов Д. В. *Металлургия Урала с древнейших времен до нашей дней.* М., Наука, 2008. С. 323.

[3] Гаврилов Д. В. *Горнозаводский Урал XVII – XVIII вв.* Екатеринбург., Уро Ран, 2005. С. 47.

[4] Гаврилов Д. В. *Горнозаводский Урал XVII – XVIII вв.* Екатеринбург., Уро Ран, 2005. С. 51.

[5] Алексеев В. В., Гаврилов Д. В. *Металлургия Урала с древнейших времен до нашей дней.* М., Наука, 2008. С. 338.

[6] Струмилин С. Г. *История черной металлургии в СССР.* М., Изд-во АН СССР, 1954. С. 201, 203.

人工厂的国有农民;世袭手工工场大多属于贵族所有,工场内工人以贵族的农奴为主,为工作在世袭工厂的贵族农奴。领有工厂工人多为政府赏赐或从贵族处购买的农奴,18世纪俄国政府禁止工场主购买农奴后,世袭工厂迎来了黄金期,贵族们凭借免费劳动力优势获得了高额利润。

(一)世袭工厂工人

世袭手工工场多属贵族,所以世袭工人多属农奴,此类工人于18世纪下半叶增长较快,究其原因为贵族手工工场的数量大幅增加。18世纪上半叶,商人所属手工工场数量最多,叶卡特琳娜二世时期发生变化,1773年《手工工场消息报》指出俄国共有328家手工工场,其中贵族所有为66家,外国人所有为46家,贵族手工工场的数量仍不多。但因贵族投入流动资金较多,贵族手工工场规模较大。据统计,18世纪下半叶305家手工工场一年的商品销售额为354.8万卢布,而其中57家贵族手工工场的销售额达104.1万卢布,销售额约占手工工场总收入的1/3。[①] 18世纪末,政府禁止商人购买农奴,至19世纪初,俄国大部分手工工场都属贵族所有。

19世纪初,很多大型手工工场内的工人仍为强制性工人,包括农奴或购买的工人,自由雇佣劳动力的数量不多,1825年俄国大工厂内工人的数量和结构详见表2-1。

---

① Туган-Барановский М. И. *Русская фабрика в прошлом и настоящем: Историко-экономическое исследование. Т. 1. Историческое развитие русской фабрики в XIX веке.* М. , Кооперативное издательство Московский рабочий, 1922. С. 30.

表 2-1　1825 年俄国大工厂内工人的数量和结构①（单位：名）

生产部门	工人总数	其中包括	
		农奴工人	隶属和购买的工人
呢绒	63 603	38 583	13 315
棉纺织	47 021	247	2239
亚麻	26 832	1483	6629
丝织	10 204	658	1065
造纸	8272	3350	2903
炼钢、制针、铸铁	22 440	14 820	2650
制索	2503	167	33
皮革	8001	539	2
总计	188 876	59 847	28 836

　　由上表可知，工厂工人中农奴工人的数量非常庞大。呢绒工厂中农奴工人的数量最多，该部门中农奴工人的占比超过工人总量的半数。

　　世袭工厂内工人工作没有报酬，完全是义务劳动，工厂实行两班轮换的工作制度，当一部分人在工厂中工作，另一部分人待在家里务农，然后进行换班。扎布洛茨基-杰夏托夫斯基在《俄国农奴状况》札记中指出："下诺夫哥罗德地主的呢绒工厂内农民的土地数量大幅减少，农奴因不习惯在工厂工作，生产效率低下，贵族为提高产量随意体罚工人，施用鞭刑，周末仍要求其工作，很多农民

① Туган-Барановский М. И. Русская фабрика в прошлом и настоящем: Историко-экономическое исследование. Т. 1. Историческое развитие русской фабрики в XIX веке. М. Наука, 1997. С. 159.

不堪重负,纷纷逃离。"①世袭工厂工人的生活条件十分恶劣,但他们大多为贵族的农奴,1861 年农奴制改革之后,世袭工人才获得人身自由。

(二)领有工厂工人

彼得一世时期手工工场主的主体并非贵族,而是商人、异族人和外国人,劳动力很难得到保障。俄国第一家呢绒手工工场由商人谢尔科夫和杜布罗夫斯基于 1689 年建立,俄国最大的呢绒工厂"大呢绒院落"由莫斯科商人谢戈林建立,其股东还包括伊万诺沃·库尔特金、博洛京普什尼科夫、特维尔登绍夫和谢里科夫。沙菲罗夫和阿普拉克辛等人创办的丝织手工工场垄断俄国丝织品生产多年。莫斯科市所建的五家丝织品工厂中四家属于商人,分别为叶夫列伊诺夫、斯塔尔措夫、巴甫洛夫、梅里尼科夫和弗拉尼措夫。彼得一世时期的工厂主中贵族的数量不多。上述沙菲罗夫等人创办的手工工场由贵族创办,但是存续的时间不长。

为保障手工工场所需的劳动力,国家采取诸多措施,其一是赋予手工工场主特权,他们可雇佣俄国境内的自由工人、外国工匠和学徒,如果手工工场由国家资助创建,国家还会提供所需的工匠和工人。1711 年,杜尔奇尼诺夫和岑巴里希科大亚麻手工工场建立时,国家就提供了工匠。其二是为保障手工工场所需的工人,沙皇甚至将整个村镇的农民赏赐给手工工场主,塔梅斯在建立亚麻厂

---

① Туган-Барановский М. И. *Русская фабрика в прошлом и настоящем: Историко-экономическое исследование.* Т. 1. *Историческое развитие русской фабрики в XIX веке.* М. , Кооперативное издательство Московский рабочий, 1922. С. 86.

时就获得书伊县城科赫姆纳村的所有居民——共计641户农民作为工人。[1]

乌拉尔冶金手工工场建立之初,因地广人稀,劳动力短缺,政府以行政手段保障手工工场所需的劳动力资源。1721年彼得一世颁布命令允许工场主在乌拉尔地区购买土地和农民,这些农民被称为"入册农民",他们逐步依附于手工工场。入册农民逐步成为冶金手工工场的主要劳动力,1700—1725年,其数量由1.2万人增至2.5万人。1741—1743年,其数量达8.7万人,18世纪60年代达24.3万人。[2] 除政府赏赐的农民,部分工场主为解决劳动力短缺问题,还雇佣逃跑农民、退伍士兵和流浪汉等进行劳动,18世纪中叶,仅杰米多夫家族所属手工工场雇佣工人的数量就达6728名。[3]

为保障充足的劳动力,部分工场主收留乞丐和孤儿充当工人和学徒,国家默认此做法。1736年1月7日法律规定,手工工场人手不足时可从士兵子弟中招收学徒。值得一提的是,手工工场工人中逃跑的农民数量最多,为保障工场主的利益,俄国政府甚至出台法律将逃跑农民固定在手工工场。1721年7月18日出台的法律规定,严禁工场工人和学徒返回其法定所有人处,不再追究其逃

---

[1] Туган-Барановский М. И. *Русская фабрика в прошлом и настоящем: Историко-экономическое исследование.* Т. 1. Историческое развитие русской фабрики в XIX веке. М., Кооперативное издательство Московский рабочий, 1922. С. 23.

[2] Черкасова А. С. *Мастеровые и работные люди Урала в XVIII в.* М., Наука, 1985. С. 79−82, 90; Фирсов В. Я., Мартынова В. Н. Медь урала. Екатеринбург., Урал. гос. техн. ун-т, 1995. С. 64.

[3] Фирсов В. Я., Мартынова В. Н. *Медь урала. Екатеринбург.*, Урал. гос. техн. ун-т, 1995. С. 65.

跑农民身份,让他们以后可在手工工场内安心工作。此外,劳动力严重短缺时,政府为保障生产甚至派遣犯人到手工工场内工作。1719年2月10日发布的规章中就规定地方政府可派遣其他省份的犯人赴安德烈·图尔恰尼诺夫亚麻手工工场内工作。1721年法律将该措施落实,规定可以将犯错妇女派至别尔格科列吉手工工场工作,且其服刑期间都需在手工工场中工作,重刑犯甚至终身在工场内工作。此后,俄国政府相继出台法令(1736年1月7日、1753年3月29日、1762年3月26日分别出台法令)将流浪汉、乞丐和妓女送到手工工场内做工。1762年3月26日出台的法令规定,彼得堡及其周边游手好闲的人、退伍士兵、工匠和公职人员妻子都可到本地手工工场中务工。

因工人数量严重不足,加上培训成本较高,工场主竭尽所能将工人固定在手工工场内。部分工场主甚至获得长期使用工人学徒的权利。如政府颁发给塔梅斯手工工场的特许证中规定,学徒在同一工场的工作时间不能低于10年(7年学徒工,3年为准工匠),期满后才能到其他手工工场工作;托米林制针手工工场的学徒在成年前都需在此工场务工。学徒期满前,工人如到其他手工工场务工,要缴纳巨额罚款,还要接受体罚。

18世纪上半叶,领有工人的生活条件十分艰苦,手工工场的设施十分简陋,天花板时常漏水,工人的工作环境非常恶劣,工厂内光线不足,织布工勉强可以看见光亮,工人的衣着也十分单薄,某些工人的长衫勉强遮体。呢绒工厂工人工作时间过长,日均最短工作时间为14小时。

19世纪初,莫斯科省领有工厂的数量最多(约占1/4左右),其次是邻近的工业省份,如雅罗斯拉夫尔、弗拉基米尔、科斯特罗马、卡卢加等省。1813 年,呢绒工厂领有工人的数量达 1.5 万人,约占所有领有工人的 1/2;亚麻厂中领有工人的数量为 7522 人;铸铁、炼钢和冶铁厂内领有工人的数量为 6610 人(采矿企业除外);造纸厂、丝织品厂内领有工人的数量分别为 2107 和 1908 人;玻璃、陶瓷、印花、金银装饰、矿物和其他产品的工厂中领有工人的数量较少。①

　　大多数领有工厂工人的日工作时间为 12 小时。图甘-巴拉诺夫斯基指出,19 世纪初,只有 1 家呢绒工厂、1 家丝织工厂、3 家亚麻厂、5 家造纸厂和 2 家玻璃厂的日工作时间低于 12 小时,5 家呢绒厂、7 家亚麻厂和 1 家玻璃厂的日工作时间超过 12 小时。工人的工资以实物为主,他们的工资受市场影响较小,工厂主必须支付工人工资,保障工人的正常生活。

　　从 19 世纪 20 年代开始,棉纺织工业快速发展,呢绒工业备受排挤,开始衰落,领有工厂逐渐退出了历史舞台,领有工人的状况继续恶化。政府考虑将领有工人过渡到其他等级,1831 年财政大臣向参议院提议让领有工人过渡至商人或市民等级,此后工厂主为工人颁发护照,允许他们寻找其他工作。

　　19 世纪 30 年代自由雇佣劳动力在工厂内快速普及,工厂主逐渐意识到自由雇佣劳动力更适合工厂生产。所以大多数领有工厂内不但存在领有工人,还有自由雇佣工人。因领有工人的劳动生

① Туган-Барановский М. И. *Русская фабрика в прошлом и настоящем: Историко-экономическое исследование.* Т. 1. *Историческое развитие русской фабрики в XIX веке.* М. , Кооперативное издательство Московский рабочий, 1922. С. 92.

产率十分低下,他们的工资明显低于自由雇佣工人。

1842 年法律规定,工厂主可以辞退领有工人,但工人离开工厂时,工厂需给予一定的补助,具体补助金额由双方商定。此后,42 家领有工厂的附属工人获得自由,1.5 万名男性领有工人获得自由,还有 16 家工厂的领有工人因工厂停产而获得自由,更有 26 家工厂的工厂主认为自由雇佣劳动力更适合工厂生产,自愿解放领有工人。①

19 世纪上半叶,因工资较低、工作环境十分恶劣,领有工人开始罢工。最初工人以提交请愿书形式表达自己的诉求,图甘-巴拉诺夫斯基著作中指出:8 家工厂中工人抱怨日工时过长和工作条件恶劣;加尔杰尼呢绒厂中工人罢工的原因是工厂主强迫年迈工人劳动;奥索金、科兹诺夫、基托夫呢绒工厂工人的请愿书中抱怨节假日工作,惩罚过多;维戈里呢绒工厂工人抱怨儿童工作时间过长——从 10 岁起就开始在工厂内工作,每周一从凌晨 1 点开始工作,夜间 9 点才结束工作,冬季三餐加上休息时间为 3 小时,夏季为 4 小时。10 岁儿童在冬季甚至要工作 15—17 小时,夏季要工作 14—16 小时。

二、自由雇佣工人

18 世纪,俄国工人的主体是领有工人和世袭工人,他们均属于农奴工人,19 世纪初,随着资本主义生产关系的日渐普及,自由雇

---

① Туган-Барановский М. И. *Русская фабрика в прошлом и настоящем: Историко-экономическое исследование. Т. 1. Историческое развитие русской фабрики в XIX веке.* М. , Кооперативное издательство Московский рабочий, 1922. С. 105-106.

佣工人的数量大增。18 世纪至 19 世纪初,各工业部门以手工劳动为主,世袭和领有手工工场可与资本主义手工工场一较高下。19 世纪上半叶,随着大机器的广泛普及,世袭手工工场迅速衰落,领有工厂主也无力供养大批工人,他们纷纷开始雇佣自由工人,领有工人开始过渡到其他等级。1833—1861 年,领有手工工场数量由 132 个减到 43 个,领有工人数量从 4.6 万减到 2.7 万。1800—1860 年,加工行业中领有工人的占比从 41.1% 减到 4.7%。[①] 1825—1860 年,加工行业中自由雇佣工人的数量从 11.5 万增至 45.6 万。1860 年,俄国工人中自由雇佣工人的占比达 80%。[②] 对于 19 世纪至 20 世纪初俄国工人发展情况,除了工人的来源和规模值得阐述,推动工人数量增加的因素也值得探究。

(一)自由雇佣工人形成的原因概述

首先,棉纺织工业快速发展。

19 世纪上半叶,俄国自由雇佣工人中纺织工人的数量最多,其中棉纺织工人的占比最高。15 世纪,俄国就已开始生产棉布,但以手工生产为主。18 世纪末,随着进口纱线数量增加,俄国棉纺织工业快速发展。1775 年,俄国印花布手工工场的数量为 16 家;1798 年,光是阿斯特拉罕织布手工工场数量就达 52 家;1812 年,莫斯科

---

① Соловьева А. М. *Промышленная революция в России в XIX в.* М. , Наука, 1991. С. 118.

② Рашин А. Г. *Формирование промышленного пролетариата в России.* М. , Госоцэкономиздат, 1940. С. 23; *Рабочий класс России от зарождения до начала XX в.* М. , Наука, 1983. С. 105.

省已具有 10 家织布厂, 弗拉基米尔省织布厂的数量约为 58 家。[①] 1812 年俄国主要省份的棉纺织工业生产规模详见表 2-2。

表 2-2 1812 年俄国主要省份的棉纺织工业生产规模[②]

省份	织布厂数量(家)	车床数量(家)	工人数量(人)	产品产量(俄尺[③])
弗拉基米尔	58	5089	7057	4 300 405
莫斯科	10	3050	5773	2 576 870
雅罗斯拉夫尔	2	110	182	111 795
彼得堡	1	37	175	155 940
沃罗格达	1	7	9	2800
总计	72	8293	13 196	7 147 810

从 19 世纪 20 年代开始, 棉纺织工业快速发展, 1828 年, 俄国已有 9 家私人纺纱厂, 亚历山大洛夫纺纱厂纱线产量达 2.1 万普特, 其他工厂纱线产量为 1.6 万普特。[④] 1843 年, 俄国共有 59 家棉纱厂, 1847 年数量增加到 64 家, 纱锭数量已增加至 76.5 万

---

① Рожковой М. К. *Очерки экономической истории России первой половины XIX века*. М. , Соцэкгиз, 1959. С. 28.
② 邓沛勇:《俄国经济史(1700—1917)》, 社会科学文献出版社 2020 版, 第 83 页。
③ 俄尺为俄国传统度量单位, 1 俄尺约 71 厘米。
④ Рожковой М. К. *Очерки экономической истории России. первой половины XIX века*. М. , Соцэкгиз, 1959. С. 129.

个。[1] 1861 年农奴制改革前,棉纺业纺织工人和产值占俄国工人和工业产值的比例分别为 54% 和 68%。[2]

19 世纪下半叶,虽然纺织工业的发展速度稍减缓,但其产量仍不容小觑。1866—1879 年,欧俄地区综合型棉纺厂数量从 18 家增至 32 家,棉纱产量从 11 万普特增至 235 万普特。[3] 1879 年,欧俄棉纺织工厂有 5.1 万台自动织布机,产布 143.24 万匹。[4] 同年,全俄棉纺企业共有 76.2 万台织布机,自动织布机和手工织布机的数量分别为 58.1 万台和 18.1 万台。[5] 19 世纪末,俄国纱线和棉布的产量大增,1890 年、1895 年、1897 年和 1900 年的纱线产量分别为 1007.0 万、1423.5 万、1523.1 万和 1875.4 万吨,棉布产量分别为 906 万、1199.5 万、1324.5 万和 1605.1 万吨。[6] 棉纺织工业从诞生之日起,就使用自由劳动力,所以该工业部门的发展直接推动了自由雇佣工人数量的增加。

其次,交通运输业蓬勃发展。

交通运输业的发展表现有二:一是 19 世纪上半叶水运十分繁

---

① 刘祖熙:《改革和革命——俄国现代化研究(1861—1917)》,北京大学出版社 2001 版,第 94 页。

② Соловьева А. М. *Промышленная революция в России в XIX в.* М., Наука, 1991. С. 137.

③ Соловьева А. М. *Промышленная революция в России в XIX в.* М., Наука, 1991. С. 158-159.

④ Соловьева А. М. *Промышленная революция в России в XIX в.* М., Наука, 1991. С. 150.

⑤ Соловьева А. М. *Промышленная революция в России в XIX в.* М., Наука, 1991. С. 160.

⑥ Кафенгауз Л. Б. *Эволюция промышленного производства России. последняя треть XIX в.-30-е годы XX в.).* М., Эпифания, 1994. С. 56.

荣;二是 19 世纪下半叶铁路大规模修建。

俄国水路网络四通八达,成千上万条河流把俄国的水路运输和经济联为一体,奠定俄国特有的历史发展轨迹。伏尔加河水路是俄国内河运输的主干,19 世纪中叶,欧俄通航内河水路总长度为 2.7 万俄里①,年船只行驶数量约为 1.2 万艘,运送货物 4 亿普特、圆木 500 万根,其中承担年运送货物重量 3/4 和货物价值 4/5 的为伏尔加河及其支流。② 1800—1825 年,伏尔加河水路主航道上分布着 120 个码头,其最大支流奥卡河和卡马河流域的码头数量分别为 60 和 111 个,伏尔加河其他支流还有 85 个码头。③ 19 世纪 50 年代,伏尔加河流域的 23 个港口年均商品交易额高于 50 万卢布,主要货物是农产品。④

19 世纪末,俄国河运、畜力、海运运输总共占比 30%,其余 70% 的货物运输都使用铁路。⑤ 尽管铁路长度迅速增加,伏尔加河水路长度并无变化,但水运同铁路一样,货流量也在增长。

---

① 俄制长度单位,1 俄里相当于 1.0668 千米。

② Дулов А. В. *Географеческая среда и история России Конец XV-середина XIXвв.* М. , Наука, 1983. С. 123; Истомина Э. Г. *Водный транспорт России в дореформенный период(Историко-географическое).* М. , Наука, 1991С. 104.

③ *Экономическая история России с древнейших времен до. 1917 г. Энциклопедия. Том первой.* М. , РОССПЭН, 2009. С. 520.

④ Истомина Э. Г. *Водный транспорт как фактор развизия внутренней и внешней торговли сельскохозяйственной продукцией в конце XVIII-первой половинеXIX в.//* Научный совет по проблемам аграрной истории РАН. *Динамика и темпы аграрного развития России: инфраструктура и рынок. Материалы X-XIXсессии Симпозиума по аграрной истории Восточной Европы.* Орел. , Орловская правда, 2006. С. 55.

⑤ Федоров В. А. *История России 1861-1917.* М. , Высшая школа, 1998. С. 88.

19世纪上半叶,俄国开始修建铁路,其中以皇村铁路和彼得堡—莫斯科铁路最具代表性,而19世纪下半叶至20世纪初的铁路建设规模最大,出现了三次铁路建设热潮:一是19世纪70年代中期第一次铁路建设热潮,建成了以莫斯科为中心的铁路网;二是19世纪90年代的第二次铁路建设热潮,1893—1900年共建成150多条新铁路及其支线,总长度近2万俄里,约占俄国铁路总长度的40%;三是20世纪初出现的第三次铁路建设小高潮。铁路推动了全俄市场规模和容量的扩大,拉动了经济的发展,还提供了大量的工作岗位,铁路工人的数量大增。19世纪下半叶至20世纪初俄国铁路建设状况详见表2-3。

表2-3　19世纪下半叶至20世纪初俄国铁路建设状况一览表[①]

(单位:俄里)

年份	新建铁路长度		
	国有铁路	私人建设公司	总计
1840年之前	—	25	25
1841—1850	443	—	443
1851—1860	511	513	1024
1861—1870	1147	7451	8598
1871—1880	57	11 089	11 146
1881—1890	5023	2349	7372

① Россия 1913 год. *Статистико-документальный справочник.* СПб. , Блиц, 1995. C. 10;邓沛勇:《俄国交通运输史(1700—1917)》,社会科学文献出版社2022年版,第115页。

年份	新建铁路长度		
	国有铁路	私人建设公司	总计
1891—1900	7750	11272	19 022
1901—1909	7542	3678	11 220
1910	1177	468	1645
1911	193	1386	1579
1912	164	586	750
1913	733	248	981
总计	24 740	39 065	63 805

再次,19 世纪末重工业快速崛起。

就石油工业而言,从 19 世纪 70 年代开始,俄国石油工业快速发展;1898 年,俄国采油量跃居全球第一,达 6.3 亿普特,占世界总采油量的 51.6%;1901 年,俄国石油开采量达有史以来最高值,超 7

亿普特。[1]

就煤炭工业而言,19 世纪下半叶,俄国煤炭工业快速发展,80 年代中期以后,顿涅茨煤田迅速崛起,成为俄国最大的采煤基地。19 世纪 80 年代之后,南俄铁路大规模修建之后,顿涅茨煤田的采煤量激增,1890 年、1895 年和 1900 年的采煤量分别为 300.2 万吨、488.7 万吨和 1100.0 万吨。[2]

就冶金业而言,19 世纪下半叶,俄国冶金企业集中于南俄地区。1899 年,南俄地区已有 17 家大冶铁工厂,共有 29 个大型高炉,还有 12 个高炉尚在建设之中,全部高炉日产铁量为 1 万普特。1900 年,南俄地区使用焦炭作为燃料的高炉数量为 51 个,其金属产量为 1.0 亿普特。[3] 在冶金等工业部门的带动下,俄国机器制造

---

[1] Ахундов В. Ю. *Монополистический капитал в дореволюционной бакинской нефтяной промышленности.* М., Изд-во социально-экономической литературы, 1959. С. 23; *Монополистический капитал в нефтяной промышленности России 1883–1914.* М., Изд-во Академии наук СССР, 1961. С. 19; Маевский И. В. *Экономика русской промышленности в условиях первой мировой войны.* М., Изд-во Дело, 2003. С. 8; Матвейчук А. А, Фукс И. Г. *Истоки российской нефти. Исторические очерки.* М., Древлехранилище, 2008. С. 39, 40; Менделеев Д. И. *Проблемы экономического развития России.* М., Изд-во социально-экономической литературы, 1960. С. 444; Ковнир В. Н. История Экоики России: Учеб. пособие. М., Логос, 2005. С. 87; Хромов П. А. *Экономика России периода промышленного капитализма.* М., Изд-во ВПШ и АОН при ЦК КПСС, 1963. С. 137; Лившин Я. И. *Монополии в экономике России.* М., Изд-во Социально-экономической литературы, 1961. С. 323, 328.

[2] Кафенгауз Л. Б. *Эволюция прошмышленного производства России(последняя треть XIX в.-30-е годы XX в.).* М., Эпифания, 1994. С. 25.

[3] Туган-Барановский М. И. *Русская фабрика в прошлом и настоящем: Историко-экономическое исследование. Т. 1. Историческое развитие русской фабрики в XIX веке.* М., Кооперативное издательство Московский рабочий, 1922. С. 154.

业迅速崛起。1880—1890 年为俄国机器制造业的黄金时期,1890年俄国共有大型机器制造厂 331 家。[①] 重工业崛起后,不但劳动力需求量大幅增加,还推动了俄国无产阶级的形成。

最后,1861 年农奴制改革提供了充足的劳动力资源。

1861 年农奴制改革之前,农民被限定在土地上,但随着资本主义生产关系的逐渐普及,大量农民也开始外出打工。19 世纪 50 年代,农业人口外流,成为手工工场补充雇佣工人的主要来源。1861年农奴制改革之前,俄国有 300 万人外出打工,农民打工者占工人总量的 9/10。虽然此时外出务工的农民数量大增,但他们仍是贵族私产,即便务工要求不至于十分严格,但大多数人还需定期回村务农,不能保障工业的劳动力需求。

1861 年农奴制改革之后,随着外出务工人员数量增加,俄国劳动力市场逐渐形成。农奴制改革前,俄国农民占全国总人口的比重为 87.4%,庞大的农民群体成为俄国劳动力市场的源泉。随着资本主义生产关系的逐步普及,农村中出现富农、中农和贫农等级。富农成为农业资产阶级,占农民数量的 1/5 左右;贫农只能出卖劳动力,一部分在贵族和富农的农场或手工作坊中务工,另一部分被迫外出打工。19 世纪 90 年代,无土地农民数量迅速增加,由560 万人增加到 660 万人,[②]他们只能去城市出卖劳动力,成为城市劳动力市场的主力。

---

① *Фабрично-заводская промышленность и торговля России.* СПб. , Тип. В. С. Балашева и Ко, 1893. С. 152.

② Чунтулов В. Т. , Кривцова Н. С. , Тюшев В. А. *Экономическая история СССР.* М. , Высшая школа, 1987. С. 96.

1861 年农奴制改革之后,城市中务工农民的数量大幅增加。
1861—1870 年,因份地数量大幅减少,欧俄地区贫农中外出务工人
员的比例由 13.9% 增至 53.1%,他们中的大部分人到中部工业区
和首都打工。[1] 以中部工业区为例,1911 年欧俄地区 42 省外出务
工人数达 2350.8 万人。[2] 首都是附近农村外出务工人员的首选
地,1871 年、1882 年和 1902 年莫斯科外来务工农民的数量分别为
26 万、37 万和 78 万人;1869 年、1900 年和 1910 年彼得堡的外来务
工农民的数量分别为 20 万、90 万和 131 万人。[3] 农民外出务工解
决了工业所需的劳动力问题,部分农民彻底与土地中断联系,成为
城市居民。据统计,1858 年和 1897 年,城市人口中农村居民的占
比分别为 20.2% 和 43.5%。[4] 随着资本主义生产关系逐渐普及,大
工业和交通运输业快速发展,工人数量大增,自由雇佣工人成为俄
国工人的主体,下文仅以部分工业部门中工人数量为例,简要探究
俄国工人阶级的规模。

(二)纺织工人

19 世纪 20 年代,纺织业的工人数量最多,工人中自由雇佣工
人的占比最高,1804 年和 1825 年各工业部门的发展状况及其自由

[1] Хромов П. А. Экономическая история СССР. *Период промышленного и монополистического капитализма в России.* М., Высшая школа, 1982. С. 55.
[2] 赵万鑫:《论 19 世纪末—20 世纪初俄国劳动市场——以农民外出打工为中心》,《西伯利亚研究》2018 年第 6 期,第 77 页。
[3] Афимов А. М. *Крестьянское хозяйство Европейской России (1881 - 1904).* М., Наука, 1980. С. 15.
[4] 张广翔:《俄国农民外出打工与城市化进程》,《吉林大学社会科学学报》2006 年第 6 期,第 112—113 页。

雇佣工人的规模详见表 2-4。

表 2-4　1804 年和 1825 年俄国各工业部门的发展状况和工人规模①

年份	工厂数量 (家)	工人数量 (人)	自由雇佣工人 数量(人)	自由雇佣工人 占比(%)
冶铁工业				
1804	26	4121	1144	28
1825	170	22 440	4970	22
造纸工业				
1804	64	6957	1533	22
1825	87	8272	2019	24
呢绒和毛纺织工业				
1804	155	28 689	2788	10
1825	324	63 603	11 705	18
麻纺织工业				
1804	285	23 711	14 327	60
1825	196	26 832	18 720	70
丝织工业				
1804	328	8953	6625	74
1825	184	10 204	8481	83
皮革工业				

① Туган-Барановский М. И. *Русская фабрика в прошлом и настоящем: Историко-экономическое исследование. Т. 1. Историческое развитие русской фабрики в XIX веке.* М. , Кооперативное издательство Московский рабочий, 1922. С. 85.

年份	工厂数量 (家)	工人数量 (人)	自由雇佣工人 数量(人)	自由雇佣工人 占比(%)
1804	850	6304	6115	97
1825	1784	8001	7460	93
索具制造工业				
1804	58	1520	1295	85
1825	98	2503	2303	92
棉纺织工业				
1804	199	6566	5436	83
1825	484	47 021	44 535	95

1804—1825 年,在众多工业部门中,只有冶铁和皮革工业中自由雇佣劳动力的占比降低;在呢绒和毛纺织工业中自由雇佣劳动力的占比也逐年提升;棉纺织工业中自由雇佣劳动力的数量增速最快,自由雇佣劳动力的占比最高;在其他工业部门中,强制劳动力的占比均明显降低。

19 世纪上半叶,随着纺织工业的发展,棉纺织工厂内强制劳动力的数量大幅降低,自由雇佣劳动力的数量大幅提高,1836 年,棉纱、棉线和印花布工厂中自由雇佣工人的数量为 10.6 万人。[1]

19 世纪 60 年代初,俄国棉布年产量为约 230 万普特,但手工

---

[1] Туган-Барановский М. И. *Русская фабрика в прошлом и настоящем: Историко-экономическое исследование. Т. 1. Историческое развитие русской фабрики в XIX веке.* М. , Наука, 1997. С. 147.

生产占主导——机器织布量仅占 20%,其余 80% 由手工生产。① 即
便如此,俄国棉纺织工业仍成就显著,自由雇佣工人数量大增,
1804—1852 年俄国棉纺织工业发展状况详见表 2-5。1861 年初,
俄国加工工业中纺织工业的产值和工人数量占比分别为 36%
和 49.3%。②

表 2-5　1804—1852 年俄国棉纺织工业发展状况③

年份	企业数量 (家)	工人数量 (千人)	年产棉布数量 (百万俄尺)	单位工人的年 产量(俄尺)
1804	199	8.2	6.1	743.9
1814	424	39.2	26.0	663.3
1820	440	36.1	35.0	969.5
1830	538	76.2	84.0	1102.4
1852	756	138.3	257.1	1859.0

19 世纪 70 年代末,彼得堡和中部工业区大型棉纺厂逐步向综
合型发展,纺织工厂开始调整为纺纱、织布、印花、染色和修整一条
龙生产。1866—1879 年,欧俄综合型棉纺厂数量从 18 家增至 32

① Соловьева А. М. *Промышленная революция в России в XIX в.* М., Наука, 1991.
С. 75.
② Соловьева А. М. *Промышленная революция в России в XIX в.* М., Наука,
1991. С. 146.
③ Соловьева А. М. *Промышленная революция в России в XIX в.* М., Наука,
1991. С. 33.

家,棉纱产量从 11 万普特增到 235 万普特,工人数量也大幅增加[1],具体数据详见表 2-6。

表 2-6 19 世纪下半叶欧俄 50 省超过 100 名工人的棉纺织工厂[2]

年份	100—499 名		500—999 名		1000—4999 名		5000 名及以上		总计	
	工厂(家)	工人数(人)	工厂(家)	工人数(人)	工厂(家)	工人数(人)	工厂(家)	工人数(人)	工厂(家)	工人数(人)
1866	115	23 907	27	18 059	26	40 844	—	—	168	82 810
1879	118	28 212	44	32 591	40	83 583	1	8946	203	153 332
1894	108	27 050	48	33 462	60	119 013	8	54 981	224	234 506

1866—1894 年,大型棉纺织工厂内工人数量增长近 2 倍,拥有 100—499 名工人的工厂数量缓慢减少,但工人数量却显著增加。拥有 500—999 名工人的大工厂数量明显增加,增加了 78%,工人的数量增长 85%。1866 年,俄国并没有 5000 名工人的大型工厂;1894 年,此类工厂的数量已达 8 家;1879—1894 年,此类工厂内工人的数量增加约 5 倍。1866 年拥有 1000 名以上工人的大工厂工人数量约占工人总数的 49%,1879 年和 1894 年此类工厂的工人比

① Соловьева А. М. *Промышленная революция в России в XIX в.* М. , Наука, 1991. С. 158.

② Туган-Барановский М. И. *Русская фабрика в прошлом и настоящем: Историко-экономическое исследование. Т. 1. Историческое развитие русской фабрики в XIX веке.* М. , Кооперативное издательство Московский рабочий, 1922. С. 290.

重分别为60%和74%。[①] 19世纪末,俄国大工业工人数量大增,轻工业中纺织工人数量最多,具体数据详见表2-7。

表2-7　19世纪末俄国大工业的工人数量和占比[②]

年份	重工业		轻工业	
	数量(人)	占比(%)	数量(人)	占比(%)
1887	404 870	40.7	590 023	59.3
1888	420 466	40.6	613 878	59.4
1889	446 284	42.2	611 766	57.8
1890	463 028	43.3	605 492	56.7
1891	454 471	42.6	612 437	57.4
1892	472 647	42.8	631 858	57.2
1893	518 062	43.3	677 851	56.7
1894	505 544	42.9	672 509	57.1
1895	498 982	42.4	677 890	57.6
1896	592 131	45.4	715 610	54.6
1897	702 294	47.1	788 795	52.9
1898	721 653	47.77	791 133	52.3
1899	759 872	48.6	803 170	51.4
1900	793 156	49.4	811 347	50.6

[①] 邓沛勇、刘向阳:《俄国工业史(1700—1917)》,社会科学文献出版社2021年版,第134页。

[②] Кафенгауз Л. Б. Эволюция промышленного производства России(последняя треть XIX в.-30-е годы XX в.). М. , Эпифания, 1994. C. 66.

1900 年开始的世界经济危机对纺织业影响不大,工人数量持续增加,工人的增长量为 2.8%。[1] 1900—1908 年俄国纺织工业的生产规模详见表 2-8。

表 2-8　1900—1908 年俄国纺织工业的生产规模[2]

年份	工厂数量（家）	工人数量（人）	产值（千卢布）	年均增长率(%)	
				工人数	产值
1900	1477	475 537	606 171	-0.6	1.2
1901	1842	518 111	627 238	9.0	3.5
1902	1484	517 566	652 214	-0.1	4.0
1903	1550	529 722	722 774	2.3	10.8
1904	1384	528 073	822 316	-0.3	13.8
1905	1341	535 291	700 406	1.4	-14.8
1906	1286	557 167	845 760	4.1	20.8
1907	1176	568 340	977 797	2.0	15.6
1908	1336	592 033	954 710	4.2	-2.4

1908—1913 年,纺织工业产值平均增长率为 9.2%,工人数量年均增长率为 3.1%,远高于 19 世纪 90 年代和 1900—1908 年。[3] 此间,纺织工业各部门的工人数量详见表 2-9。

---

① Кафенгауз Л. Б. Эволюция прошмышленного производства России (последняя треть XIX в.-30-е годы XX в.). М., Эпифания, 1994. C. 108.

② Кафенгауз Л. Б. Эволюция прошмышленного производства России (последняя треть XIX в.-30-е годы XX в.). М., Эпифания, 1994. C. 108.

③ Кафенгауз Л. Б. Эволюция прошмышленного производства России (последняя треть XIX в.-30-е годы XX в.). М., Эпифания, 1994. C. 159.

表 2-9　1908—1913 年纺织工业各部门的工人数量①

年份	棉纺织工业(人)	毛纺织工业(人)	呢绒工业(人)	丝织工业(人)	整个纺织工业(人)	年均增长率(%)
1908	409 585	84 543	71 889	26 016	592 033	2. 6
1909	407 100	83 937	72 273	23 775	591 085	-0. 2
1910	441 500	86 607	80 665	29 059	637 831	7. 9
1911	455 500	85 923	83 455	32 628	657 831	3. 1
1912	466 100	84 893	81 577	33 417	665 987	1. 2
1913	480 390	92 050	84 423	33 261	690 124	3. 6

(三)冶金工人

18 世纪和 19 世纪 80 年代之前,俄国冶金工业主要分布于乌拉尔地区,冶金工人也大致集中于此,1861 年农奴制改革之前,领有工人的数量最多,农奴制改革之后,自由雇佣工人才成为冶金工人的主力。19 世纪 80 年代之后,俄国冶金工业快速发展,冶金工人主要集中于南俄地区。

19 世纪上半叶,乌拉尔冶金工业迅速衰落,但其产量仍不断增加。与 1800 年相比,1860 年乌拉尔地区铸铁产量增长 0. 8 倍,生铁和铜制品产量分别增长 0. 9 倍和 0. 7 倍。② 虽然乌拉尔地区金

---

① Кафенгауз Л. Б. *Эволюция прошмышленного производства России. последняя треть XIX в.-30-е годы XX в.* М. , Эпифания, 1994. С. 159.

② Алексеев В. В. , Гаврилов Д. В. *Металлургия Урала с древнейших времен до нашей дней.* М. , Наука, 2008. С. 398.

属产量增长缓慢,但仍是俄国最大的冶金工业中心。农奴制改革初期,俄国冶金工业的发展规模详见表2-10。

表2-10 1860—1867年间全俄和乌拉尔地区的铸铁产量①

(单位:千普特)

年份	乌拉尔地区	全俄(包括芬兰地区)
1860	14 513	20 468
1861	4226	19 451
1862	10 467	15 268
1863	11 921	17 027
1865	12 329	18 281
1867	12 399	17 553

农奴制改革初期,乌拉尔地区原有的领有工人获得了自由,一部分工人获得土地后转为农民,部分工人仍留在冶金工厂内务工。因工人劳动效率低下,此时很多人找不到工作,1860—1866年乌拉尔地区9家私人工厂失业工人数量达1万人,为了保障工人的工作岗位,大多数工厂的工人轮番上岗,很多工人一年只工作80天。②

因乌拉尔冶金工业的萧条,1859—1865年乌拉尔地区采矿工人的数量由18.2万人减少至12.5万人,同期冶金工人数量由

① Туган-Барановский М. И. *Русская фабрика в прошлом и настоящем: Историко-экономическое исследование*. Т. 1. *Историческое развитие русской фабрики в XIX веке*. М. , Кооперативное издательство "Московский рабочий", 1922. С. 238.
② Гаврилов Д. В. *История Урала в период капитализма*. М. , Наука, 1990. С. 57-59, 137-138.

13.4 万减少至不到 10 万。从 1865 年开始,采矿工人的数量有所
增加,由 1865 年的 12.5 万增加到 1885 年的 18.7 万。19 世纪 90
年代,俄国工业发展步入高涨期,乌拉尔地区冶金工人数量进一步
增加。总体而言,1865—1900 年,乌拉尔黑色冶金工业的工人数量
由 9.9 万增加至 20.3 万;1865—1900 年,乌拉尔地区采矿工业工
人数量详见表 2-11。

表 2-11　1865—1900 年乌拉尔采矿工业工人数量[①](单位:人)

| 年份 | 黑色冶金工业 | | | | 黄金开采 | 铜矿和炼铜 | 采盐工业 | 石煤开采 |
| | 总计 | 工人 | | 铁矿 | | | | |
		工厂工人	辅助工人					
1865	99 428	49 038	50 390	—	23 152	6533	2339	55
1880	113 386	52 625	60 761	—	33 847	5455	1462	2126
1890	163 668	54 078	87 285	22 305	49 939	7260	3317	2426
1900	202 607	63 347	108 748	30 512	47 040	6518	3468	3197

19 世纪末,俄国冶金和采矿工人主要集中于南俄地区,加工工
业和采矿工业工人的具体数据详见表 2-12。

[①] Гаврилов Д. В. *Рабочие Урала в период домонополистического капитализма 1861-1900.* М. , Наука, 1985. С. 30, 36, 39.

表 2-12　19 世纪末俄国加工工业和采矿工业的工人规模[1]

年份	加工工业		采矿工业	
	数量(万人)	占比(%)	数量(万人)	占比(%)
1900	153.6	58.2	50.6	19.2
1908	193.4	57.5	59.3	17.6
1913	246.7	62.6	64.7	16.4

(四)运输工人

俄国运输工人由两部分组成:一是河运工人,二是铁路工人。19 世纪上半叶,河运工人是运输工人的主体,19 世纪下半叶至 20 世纪初,运输工人中铁路工人的占比最大。

河运工人主要包括引航员、排水工、水手、桨手及纤夫等。引航员的工资待遇最高,纤夫的工作状况最为恶劣,待遇也最低。船长和引航员是河运工人中的高级工作人员。1854 年,欧俄各河流上工作着 4.7 万名引航员和 1.4 万名船长。一个通航期马拉机械船只引航员的工资为 200—300 卢布,而河运工人的月平均工资为 8—12 卢布。[2]

纤夫是河运工人的主力。18 世纪,纤夫数量庞大。18 世纪中叶和 18 世纪末纤夫分别为 10 万和 20 万人,19 世纪初伏尔加河流

---

① Иванова Н. А. , Желтова В. П. *Сословно-классовая структура России в конце XIX- начале XX века.* С. 468.

② Истомина Э. Г. *Водный транспорт России в дореформенный период(Историко- географическое).* М. , Наука, 1991. С. 63, 67.

域的纤夫为 *40 万人*,国内所有河流的纤夫 60 万人①,19 世纪 40 年代仅伏尔加流域就有 60 万多名纤夫。② 随着马拉货船、绞盘、蒸汽牵引拖轮的广泛使用,纤夫人数逐步减少。此时纤夫主要为国有农民、少量的贵族农民及小市民,但小市民的数量仅为贵族农民的 1/3。

据统计,1854 年欧俄地区河运工人共计 70.5 万人,国有农民、贵族农民、皇室农民的数量分别为 31.9 万、21.3 万和 4.8 万。除农民等级外,河运工人中还有 8.4 万名小市民,2795 名贵族,1345 名独院农户,945 名哥萨克,385 名商人子女,等等。19 世纪 50 年代末,马林斯基、上沃洛乔克和季赫温水路雇佣了 2.5 万名工人,包含 3000 名引航员、1.5 万名排水工、7000 名赶马拉纤者、200 多匹马。③ 因数据较为零散,加上 19 世纪下半叶铁路工人是运输工人的主体,下文将不对河运工人的具体数量进行分析。

就铁路工人而言,俄国铁路工人产生于彼得堡—莫斯科铁路建设过程中。此时工人分为固定工和日工。据统计,1845 年俄国铁路工人数量为 5.1 万人,1846 年为 6.3 万人。④ 最初铁路工人主要来源于欠缴税款的农民,如卡卢加、库尔斯克、奥廖尔、奔萨、普

① *Экономическая история России с древнейших времен до 1917г. Энциклопедия. Том. первой.* М. , РОССПЭН, 2009. С. 306; Истомина Э. Г. *Водный транспорт России в дореформенный период.* М. , Наука, 1991. С. 146.

② 张广翔、刘文山:《俄国自然地理条件与封建经济发展特征》,《东北师大学报(哲学社会科学版)》2000 年第 6 期,第 54 页。

③ Марухин В. Ф. *История речного судоходства в России.* М. , Орехово-Зуевский педагогический институт, 1996. С. 90, 100.

④ Уродков С. А. *Петербурго-Московская железная дорога. История строительства (1842–1851 гг.).* Л. , Изд-во Ленинградского университета, 1951. С. 101.

斯科夫和梁赞等省农民纷纷参与铁路建设。1861 年农奴制改革后,自由雇工为铁路工人的主体。随着铁路建设规模的不断扩大,铁路工人数量明显增加,1890 年国有铁路工人的数量为 24.8 万人,1900 年和 1913 年其数量分别为 55.4 万人和 81.5 万人。[①]

19 世纪,俄国工人经历了由农奴工人向自由雇佣工人转变的过程,自由雇佣工人成为俄国工人主力之后,他们的生活状况也发生了变化。因大多数工人来源于农民等级,所以他们一方面保留着农村的生活习惯,一方面也将城市的生活方式和新元素传至农村。

三、俄国各地区的工人数量

因资料有限,笔者仅对 19 世纪末 20 世纪初的工人数量进行总体分析。19 世纪 90 年代,俄国大工业快速发展,工人数量也快速增加。1887—1897 年各工业部门工人数量增长率详见表 2-13。[②]

[①] Рашин А. Г. *Формирование рабочего класса в России.* М. , Соцэкгиз, 1958. С. 11.

[②] Туган-Барановский М. И. *Русская фабрика в прошлом и настоящем: Историко-экономическое исследование.* Т. 1. *Историческое развитие русской фабрики в XIX веке.* М. , Кооперативное издательство Московский рабочий, 1922. С. 288.

表 2-13　1887—1897 年各工业部门工人数量增长率(单位:%)

工业部门	增长率
纺织工业	69
食品加工	24
动物产品加工	66
木材加工	181
造纸	137
化学工业	67
陶瓷生产	113
采矿工业	39
冶金业	107
其他部门	58

　　由以上数据可知,各主要工业部门的工人数量都明显增加,但增长率高并不意味着所有工厂工人的数量均显著增长,可见出增长情况的要参考单位工厂的工人数量,具体数据详见表2-14。

表 2-14　1887 和 1897 年各主要工业部门中单位工厂内工人数量平均值①
(单位:名)

生产部门	单位工厂内工人的平均数量	
	1887 年	1897 年
纤维生产	140	144
食品加工	19	20
动物产品加工	8	15
造纸	81	86
化学工业	36	46
陶瓷生产	28	42
采矿工业	147	160
冶金业	75	89
其他部门	54	71

　　20 世纪初,因经济危机,加上国内革命形势异常严峻,俄国工人等级的数量大增,1900 年和 1913 年工人等级的数量详见表2-15。

① Туган-Барановский М. И. Русская фабрика в прошлом и настоящем: Историко-экономическое исследование. Т. 1. Историческое развитие русской фабрики в XIX веке. М. , Кооперативное издательство Московский рабочий, 1922. С. 293.

表 2-15 1900 年和 1913 年俄国工人等级的数量和占比[①]

工人种类	1900 年		1913 年	
	数量(千人)	占比(%)	数量(千人)	占比(%)
大工厂工人、采矿工人和运输工人	2640.9	21.7	3938.9	21.5
小工厂工人	2000.0	16.4	3000.0	16.4
建筑工人	1000.0	8.2	1500.0	8.2
农业工人	4540.3	37.3	6500.0	35.6
林业工人,建筑业、运输业、贸易领域的杂工	2000.0	16.4	3300.0	18.1
总计	12 181.2	100.0	18 238.9	100.0

　　总体而言,20 世纪初重工业领域的工人数量减少,轻工业部门的工人数量有所增加,具体数据见图 1 和图 2。所有工业部门中纺织工人的数量最多,全俄工人中纺织工人占比超过 30%,纺织工人和食品工人的占比逼近 50%,二者的总和约为冶金工业从工人的2.5 倍。纺织工业、食品工业、金属加工工业和机器制造业的工人总和占比约 60%。[②]

---

① Иванова Н. А., Желтова В. П. *Сословно-классовая структура России в конце XIX-начале XX века.* М., РОССПЭН, 2004. С. 466.
② Иванова Н. А. *Промышленный центр России. 1907 – 1914 гг.* М., ИРИ РАН, 1995. С. 206-207.

148

	采矿业	冶金业	金属加工	食品加工	造纸业	化学工业
1900年	17.90%	18.50%	11.60%	14.40%	3%	2.20%
1912年	17.70%	18.20%	11.30%	12.10%	2.80%	1.70%

— 1900年 — 1912年

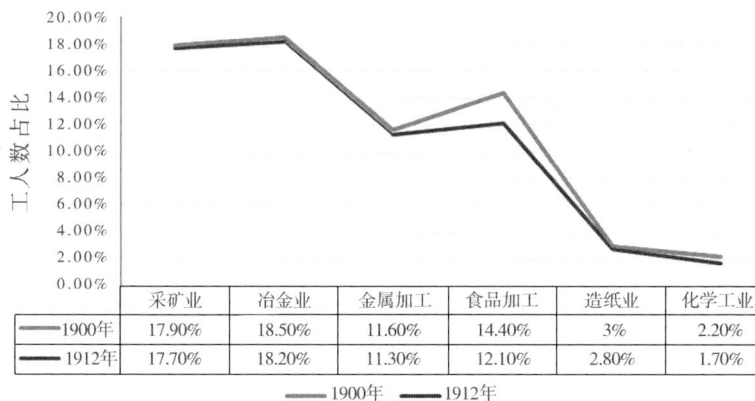

图 1 1910—1912 年俄国重工业中各部门工人人数占比

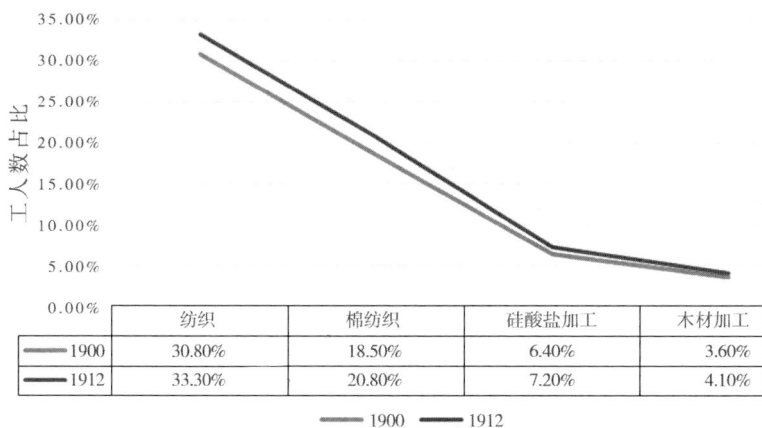

	纺织	棉纺织	硅酸盐加工	木材加工
1900	30.80%	18.50%	6.40%	3.60%
1912	33.30%	20.80%	7.20%	4.10%

— 1900 — 1912

图 2 1910—1912 年俄国轻工业各部门工人人数占比

　　除了各工业部门的工人数量增长情况,工人的地区分布也值得深究。第一次世界大战之前,俄国大部分工人分布于欧俄地区,1900年和1912年,全俄工人中欧俄地区工人的占比分别为78.4%和76.8%。其中中部工业区的工人数量最多,1912年该地区工人数量为80万人,占比为30%;乌克兰地区的工人数量仅次于中部工业区,1912年顿涅茨克、叶卡捷琳诺斯拉夫、基辅、敖德萨和哈尔科夫等省的工人数量总和达40万,1900年和1912年其工人数量的占比分别为7%和15.4%;乌拉尔地区工人的数量排第三,1912年为20万人,1900年和1912年其占比分别为9.6%和7%;西部地区的工人数量排第四,1912年为17万人,1900年和1912年该地区工人的占比分别为8.3%和6.4%。除欧俄地区外,波兰地区的工人数量最多,1912年该地工人数量为30万人,其占比为11.2%;高加索地区的工人数量也较多,1912年其占比为6.5%,西伯利亚和中亚地区的工人占比分别为3.3%和1.1%。[1] 工人数量、企业产值和企业数量的地区分布差异较大。1900年,中部工业区的工人占比为30.8%,但生产总值和企业数量的占比分别为26.6%和15.1%。西北地区的占比分别为8.3%、9.8%和4%。[2]

　　波兰地区工人结构中纺织工人、金属工人和食品加工工人的数量最多,其占比分别为51.6%、12.6%和13.3%。波兰地区工人数量和占比与波罗的海工业区接近,后者的工人中金属工人、纺织

① История рабочих Ленинграда. Л. , Наука, 1972. Т. 1. С. 390－391; Крузе Э. Э. *Петербургские рабочие в 1912－1914 гг.* М－Л. , Издательство Академии наук СССР, 1961. С. 68－70.

② Иванова Н. А. *Промышленный центр России. 1907－1914 гг.* М. , ИРИ РАН, 1995. С. 206－207.

工人、食品工人、化学工人和采矿产品加工工人的数量较多,其占比分别为 29%、23.4%、10%、8.1% 和 7.7%。中部黑土区食品工人、纺织工人和金属工人的数量最多,1900 年,其占比分别为40.7%、25%和 11.6%。[①]

　　俄国东部地区采矿工人的数量最多,占 52.7%。东部地区还有 10%的工人为食品和动物产品加工工人。[②] 南部地区的工业主要集中于顿河流域、叶卡捷琳诺斯拉夫省和赫尔松省,1900 年,上述地区工人数量占全俄工人总量的 7.4%,采矿工人、金属工人和食品工人分别约占 1/3、1/4 和 1/5。[③] 高加索地区石油工人数量最多,其次为金属工人、采矿工人和纺织工人,占比分别为62%、10%、8.8%和 7.7%。西伯利亚的地区食品工人数量最多,其次为采矿工人、采矿产品加工工人、木材加工工人、金属加工工人和动物产品加工工人,其占比分别为 35.8%、14.1%、11%、9%、8.9%和 7.1%。[④]

　　就工人的集中程度而言,20 世纪初,莫斯科和哈尔科夫、彼得堡、华沙和基辅、伏尔加河流域工人的占比分别为 19%、14.8%、

① Крузе Э. Э. *Петербургские рабочие в 1912–1914 гг.* М – Л. , Издательство Академии наук СССР, 1961. С. 68–70.

② Гаврилов Д. В. *Рабочие Урала в период домонополистического капитализма. 1861–1900.* М. , Наука, 1985. С. 44–47

③ Серый Ю. И. *Рабочие Юга России в период империализма. 1900–1913 гг.* Ростов. , Н/Д, Изд-во Рост. ун-та,1971. С. 63; Демешина Е. И. *Рабочее движение на Дону в период империализма. 1900–1914 гг.* Ростов. , Н/Д, Изд-во Рост. ун-та, 1973. С. 19–20.

④ *Рабочий класс Сибири в дооктябрьский период.* М. , Новосибирск, Наука, 1982. С. 184.

13%和12%。① 莫斯科和彼得堡等地是俄国产业工人集中的地区，这里的工人成为20世纪初革命运动的主力。

总体而言,1861年农奴制改革之后,俄国工人等级的主要来源如下:一是农奴制改革前手工工场内的固定工人;二是破产后被迫外出打工的农民;三是破产的手工业者;四是工厂工人的子女子承父业。

1861年农奴制改革之前,俄国很多工人分属于世袭和领有手工工场,其状况上文已有所阐述。农奴制改革之后,这些工人获得了人身自由,可以自由迁移到其他地区务工。但因身份特殊,大多数工人没有获得份地,即便获得份地也不能维持生计,多数人仍从事之前的职业,仍是工人阶级的重要组成部分。该类工人的数量众多,以前世袭手工工场、领有手工工场的农奴工人,国有采矿业工人都可纳入该范畴,其数量约有数百万人。②

19世纪下半叶,在大工业的冲击之下,加上工业危机,很多小手工业者纷纷失去工作,只能进入工厂充当工人,他们也是工人阶级的重要来源之一。

1861年农奴制改革后,工人的后代子承父业,也是工业无产阶级的重要来源。莫斯科和彼得堡大企业中"工人世家"的比例迅速增加,如普梯洛夫和奥布霍夫工厂熟练工人多是当地工厂和国有工厂的工人后代。

---

① *Рабочий класс Сибири в дооктябрьский период.* М. , Новосибирск, Наука, 1982. С. 185.

② Соловьева А. М. *Промышленная революция в России в XIX в.* М. , Наука, 1991. С. 192.

随着资本主义经济的发展,工人阶级的构成中,出身于农民家庭的工人的占比开始下降。大工业塑造了一支新的固定的、由工人的后代构成的、与工厂完全相连的工人阶级队伍。1897年弗拉基米尔省工业调查数据显示,该地37.2%产业工人是无产阶级的后代[1];19世纪八九十年代中部工业地区2/5的大型机器工厂内的工人是无产阶级后代。[2]

随着工人与土地之间联系的逐渐淡化和无产阶级的后代在工厂中的作用不断提升,固定的工人阶级队伍最终形成。19世纪八九十年代,各类工厂中具有10年以上工龄的工人占比为30%—70%[3],1913年其占比高达72.5%。[4]

值得一提的是,俄国工人与土地的联系较为密切,乌拉尔地区近50%的工人拥有土地,中部工业区30%以上的工人拥有土地。据统计,十月革命前俄国约有31.3%的工厂工人拥有土地。[5]

① Рашин А. Г. *Формирование рабочего класса России. Историко-экономические очерки.* М., Соцэкгиз, 1958. С. 535.

② Иванов Л. М. *Преемственность фабрично-заводского труда и формирование пролетариата в России//Рабочий класс и рабочее движение в России. 1861 – 1917.* М., Наука, 1966. С. 140.

③ Рашин А. Г. *Формирование рабочего класса России. Историко-экономические очерки.* М., Соцэкгиз, 1958. С. 500–507.

④ Иванов Л. М. *Преемственность фабрично-заводского труда и формирование пролетариата в России//Рабочий класс и рабочее движение в России. 1861 – 1917.* М., Наука, 1966. С. 90.

⑤ Иванова Н. А. *Структура рабочего класса России. 1910 – 1914.* М., Наука, 1987. С. 124–126.

四、马列主义产生与工人运动指导思想的形成

19 世纪 40—60 年代，马克思主义就已传入俄国，赫尔岑、别林斯基和车尔尼雪夫斯基等人都读过马克思和恩格斯的著作。1869年，《共产党宣言》俄译本在俄国秘密出版。1870 年，第一国际的俄国支部成立，开始在俄国介绍和传播马克思主义。1872 年，《资本论》第一卷的俄译本于彼得堡出版，马克思主义开始在俄国广泛传播。从 19 世纪 70 年代开始，马克思主义真正传入俄国，并逐步与俄国革命运动结合。

19 世纪 40 年代至 1883 年劳动解放社成立，为马克思主义在俄国传播的第一阶段，此时马克思主义传播的主要特征有二：一是马克思主义的影响日渐深化，逐渐成为一股独立的社会思潮；二是马克思主义并未与俄国革命运动相结合，只是一种理论思想。

自 1883 年劳动解放社成立至 1903 年是马克思主义在俄国传播的第二阶段，此时马克思主义传播的主要特征有三：一是开始系统地介绍马克思和恩格斯的著作，将其译成俄文并在俄国传播；二是开始运用马克思主义基本原理初步研究俄国的社会问题；三是将马克思主义思想应用于俄国政党创立之中，首次提出无产阶级专政和创立工人阶级政党等问题。

随着无产阶级队伍的壮大、工人运动的高涨，以及马克思主义的传播，19 世纪 80 年代至 90 年代上半期，俄国相继成立诸多马克思主义小组和团体。19 世纪 80 年代，俄国影响最大的马克思主义小组是 1889 年于彼得堡成立的"社会民主主义协会"。该小组最初的主要成员是青年学生。他们后来在彼得堡组织工人运动，协

会的组织者是彼得堡工业学院大学生米哈伊尔·伊凡诺维奇·布鲁斯涅夫。因此,该小组也被称为"布鲁斯涅夫小组"。19世纪90年代初,俄国很多地区都建立了马克思主义小组,如莫斯科、喀山、伏尔加河流域各主要城市、南俄的基辅和哈尔科夫,以及格鲁吉亚等地都成立了马克思主义小组。马克思主义小组的成立为马克思主义政党的建立奠定了基础。

1903—1917年为马克思主义在俄国传播的第三阶段,与前一阶段的分界线是1903年俄国社会民主工党的分裂和布尔什维主义的诞生。该阶段马克思主义的传播规模和影响力都非常大,此时的主要特征如下:一是马克思主义与工人运动相结合;二是遵循马克思主义原则建立政党;三是俄国工人运动由自发的群众运动向自觉的阶级运动转变;四是列宁主义逐步萌芽和产生,马克思主义逐渐俄国化,与俄国的实践和国情相结合。

19世纪末,工人运动规模不断扩大。1875年,俄国第一个工人组织——南方工人协会于敖德萨成立,南方工人协会将《第一国际章程》作为革命纲领,其口号是将工人阶级解放出来,斗争矛头直指专制政府。南方工人协会存在时间不久,1876年即被解散。1878年,北方工人协会于彼得堡成立,领导人是哈尔士林,宗旨是推翻俄国封建制度,并创办《工人曙光报》,虽然思想较为激进,但并未将工人运动与俄国国情相结合。20世纪初,马列主义与工人运动紧密结合,为工人运动指明了方向,工人运动蓬勃发展。

五、19世纪下半叶俄国的工人运动

19世纪下半叶,随着无产阶级力量的壮大,工人运动数量不断

增加。据统计,1861—1869 年,年均工人运动的次数为 5 次;
1870—1878 年为 29 次;19 世纪 70 年代末 80 年代初为 48 次。19
世纪 70 年代末,俄国出现工人罢工高潮,1878—1879 年,俄国共爆
发工人运动 88 次,骚动 25 次,罢工运动中工人首次提出政治
要求。①

19 世纪 70 年代末至 80 年代初,彼得堡工人罢工规模最大,
1878 年,彼得堡棉纺织工人举行大规模罢工,参加罢工的人数达
2000 人,工人要求恢复计件工资、缩短工时和废除罚款等。此后各
大工业城市纷纷爆发工人运动,莫斯科、弗拉基米尔、伊凡诺沃-沃
兹涅先斯克、哈尔科夫、彼尔姆和罗兹等城市纷纷爆发纺织工人罢
工,基辅铁路工人、敖德萨的烟草工人也都举行罢工,其主要要求
为提高工资、缩短工时和废除罚款等。

在工人运动蓬勃发展的过程中,俄国成立革命工人小组,1873
年,彼得堡成立三个工人小组,每个小组都定期举行活动,还成立
工人互助基金会,帮助被迫害和失业的工人,但这些秘密小组后来
都被沙皇政府取缔。1875 年,敖德萨成立"南方工人协会",为俄国
第一个独立的工人革命组织,协会创始人为扎斯拉夫斯基,核心成
员约 50—60 人,按企业或职业分成若干小组,其成员约 200 名。该
组织除在敖德萨组织和宣传活动外,还在罗斯托夫、哈尔科夫、奥
廖尔和塔甘罗格等地组织工人运动。南方工人协会其主要观点如
下:一是宣传将工人从压迫中解放出来;二是联合南俄各地的工人
组织工人运动;三是反对现存的经济和政治制度。1875 年,"南方

---

① 孙成木、刘祖熙、李建主编:《俄国通史简编(下)》,人民出版社 1986 年版,第 172、
178 页。

工人协会"在敖德萨组织两次工人罢工,但都被警察破坏。

1878 年 12 月,彼得堡成立"北方工人协会",协会的主要领导人是奥布诺尔斯基和哈尔土林。俄国北方工人协会的纲领为推翻现存的国家政治和经济制度,肯定无产阶级在社会经济生活中的重要作用,第一次提出政治权利和政治自由,包括言论、出版和集会自由,以人民武装代替军队和取消间接税,等等。俄国北方工人协会在彼得堡工人中进行宣传和组织活动,共有 200 多名会员,绝大多数为工厂工人。1880 年,协会成立俄国工人的第一份报刊《工人曙光报》。虽然北方工人协会和南方工人协会还没有接受马克思主义思想,更未从民粹主义思潮的桎梏中解放出来,但对之后的工人运动产生了巨大影响。

19 世纪 80 年代上半期,俄国工人运动规模不断扩大,此时期工人罢工的数量达 145 次。1881 年,斯摩棱斯克省赫鲁多夫工厂发生大罢工,参与罢工人数达 2600 人,政府出动军队后才得以镇压。1883 年,华沙爆发大规模工人罢工,参与人数达 8000 人。1884 年 12 月,莫斯科省沃兹涅先斯克工人举行罢工,但此时的工人运动大多都被政府镇压。19 世纪 80 年代下半期至 90 年代上半期为俄国工人运动的新阶段,此时期马克思主义在俄国开始广泛传播,工人运动的组织性和工人的觉悟都普遍提高。

1885—1889 年,俄国共爆发工人罢工和骚动 221 次,参与的工人数量达 12 万人,1890—1894 年,工人罢工次数为 166 次,骚动为

66 次,约有 15.7 万工人参加。① 1885 年 1 月,弗拉基米尔省莫洛佐夫纺织工人大罢工标志着俄国工人运动进入新阶段,其领导人为阿布拉缅科夫和伊凡诺夫,参加的工人数量达 8000 人。莫洛佐夫大罢工引起社会震动,工人的主要诉求为降低罚款、要求工厂主解雇工人前应事先通知工人、因厂方的责任造成的停工仍需支付工人工资,等等。为镇压此次罢工,内务部派遣军队镇压,亚历山大三世下诏逮捕工人,罢工最终失败,800 名工人被驱逐,33 名工人被提交法庭。莫洛佐夫大罢工虽然失败了,但显示出工人阶级的团结精神,将俄国工人运动推向新阶段,俄国工人运动开始向自觉斗争转变。

在莫洛佐夫大罢工的影响下,1885 年伊凡诺沃-沃兹涅先斯克五大工厂 6000 名工人举行大罢工,1887 年第比利斯铁路工人也举行三次罢工,1888 年书伊纺织工人举行了罢工。工人罢工规模不断扩大,俄国政府为调整劳资关系,出台工厂法律,下文将进行阐释。1895—1896 年是俄国工人运动开始大规模兴起的阶段,罢工数量明显增加,参与人数也日渐增多,期间共爆发工人运动 556 次,参与工人运动的人数约 12 万人。具体而言,1895 年和 1896 年工人罢工的次数分别为 274 次和 282 次,参与人数分别为 6.1 万人和 5.68 万人。1895—1899 年,年均爆发工人运动 527 次,每次参与罢工工人平均达 10.50 万人。② 1897 年工人运动高涨,罢工次数

① 孙成木、刘祖熙、李建主编:《俄国通史简编(下)》,人民出版社 1986 年版,第 193 页。丁禹男:《俄国早期工人运动研究(1895—1904)》,吉林大学 2018 年博士学位论文,第 79 页。
② 孙成木、刘祖熙、李建主编:《俄国通史简编(下)》,人民出版社 1986 年版,第 205 页。

达 613 次,1898 年达 683 次,参与的人数分别为 13.2 万和 14.0 万人,1899 年其数值分别为 784 次和 13.5 万人。[①] 20 世纪初,俄国工人运动的中心发生了转移,从俄国西部和彼得堡等省份转移至南部地区,西北部地区的罢工数量远逊色于西部地区和乌克兰地区。西部地区罢工次数最多的省份为莫吉廖夫省、维尔诺省、维捷布斯克省和明斯克省。乌克兰地区罢工次数最多的省份为基辅省、塔夫里达省、沃伦省、赫尔松省和波多利斯克省。

俄国工业革命之后,在资本主义工业快速发展的推动下,俄国工人阶级逐步登上历史舞台。资本家为攫取高额利润,大肆剥削工人,劳资冲突逐步加剧,工人运动蓬勃发展,工人阶级逐渐成为俄国社会革命的主力。马克思主义传入后与俄国国情相结合,最终诞生了列宁主义,在马列主义的指导下,以工人阶级为先锋军,最终推翻了沙皇专制制度,俄国历史迎来了新篇章。

第二节　工人的生活状况

19 世纪上半叶,领有工人和世袭工人的工作时间很长,大部分工人的工时都超过 14 小时。1861 年农奴制改革后,工人身受资本主义和农奴制残余的双重压迫,生活十分贫困。工人的工时很长,工资较低、饮食和居住条件均十分恶劣,这均是俄国工人阶级革命性较强的原因。

---

① 丁禹男:《俄国早期工人运动研究(1895—1904)》,吉林大学 2018 年博士学位论文,第 84 页。

一、工人的工时

各产业工人工作时间非常长,纺织工人每天工作 14—15 小时,个别工厂达 17 小时。据统计,1882—1885 年,全俄企业工人的日工作时间为 12—20 小时,而且不含午休和下午茶时间。

以彼得堡为例,在 19 世纪 60 年代,彼得堡工人的日工作时间在 10—13 小时之间,大多数工人从早晨五六点工作到晚上七八点,工时多为 14 小时,纯工作时间亦不少于 12 小时。一般而言,纺织工厂工人每日纯工作时间大多是 12—13.5 小时,冶铁和机械工人为 11—12.5 小时。[1] 1885 年,彼得堡工厂督察员指出,大部分工厂工人日工作时间为 12 小时,有时达 16 个小时。而当时彼得堡 10 家纺织工厂中,工作时间(包括吃饭和休息时间)为 13.3—13.5 小时、14 小时、14.5 小时和 15 小时的工厂分别为 2 家、6 家、1 家和 1 家;9 家冶铁和机械制造厂中,日工作时间为 12.5 小时、13 小时和 14 小时的工厂分别为 1 家、5 家和 3 家。1896 年夏,彼得堡 19 家纺织工厂细纱工和织布工的纯工作时间为 12—14 小时。[2]

不但首都工人的工时较长,各地区均是如此。1898—1899 年南俄冶铁工厂大部分工厂中工人一般每日工作时间为 13.5 小时,巴库石油工人日均的工作时间约为 12 小时,中部工业区纺织企业

---

[1] Кирьянов Ю. И. *Жизненный уровень рабочих России (конец XIX - начало XX в.).* М. , Наука, 1979. С. 26.

[2] Посвященко Ю. В. *Особенности повседневной жизни рабочих текстильщиков верхнего Поволжья во второй половине XIX-начале XX вв.* М. , Контент-пресс, 2011. С. 62, 68; Игибаев С. К. *Промышленные рабочие дореволюционного Казахстана 1861-1913 гг.* Алма-ата. , Гылым, 1991. С. 152.

中只有少量的工厂中工人的日工作时间低于 11.5 时,只有彼得堡工人日工作时间为 10—10.5 小时。[1] 乌拉尔地区工人的日工时也颇具代表性,具体工作时间详见表 2-16。

表 2-16 1894—1895 年奥伦堡、彼尔姆和维亚特卡省部分工业部门工人不同日工作时间的情况[2]

生产领域	工厂数量(家)	工人总数(人)	不同日工作时间的工人数量(人)						
			8—8.5小时	9—9.5小时	10小时	10—11小时	12小时	13小时	16小时
皮革—制鞋	18	1095	103	501	340	136	15	—	—
羊皮—皮货加工	11	479	31	200	16	—	232	—	—
熟制毛皮	8	173	28	21	72		52		
制胶	1	23		23			—	—	—
制蜡	1	22	—	—	22		—	—	—
制鬃	1	37	—	—	—		37		
麻袋生产	7	157	—	48	25	15	15	18	36
陶瓷	3	160	—	—	50	110	—		
玻璃	3	172	—	—	38	134	—		
制砖及石灰	5	222	15	—	93	—	114	—	—

---

[1] Гаврилов Д. В. *Рабочие Урала в период домонополистического капитализма 1861-1900.* М. , Наука, 1985. С. 167.

[2] ГавриловД. В. *Рабочие Урала в период домонополистического капитализма 1861-1900.* М. , Наука, 1985. С. 161.

生产领域	工厂数量（家）	工人总数（人）	不同日工作时间的工人数量（人）						
			8—8.5小时	9—9.5小时	10小时	10—11小时	12小时	13小时	16小时
总计	58	2540	177	793	656	395	465	18	36
占比（%）		100	7.0	31.2	25.8	15.6	18.3	0.7	1.4

由上表数据可知,工厂中工人的日工作时间约为8—8.5小时、9—10小时、10—12小时及12小时以上的工人约占工人总数分别7.0%、57.0%、33.9%、2.1%。

1904年,俄国工人的日平均工时是10.6小时,成年男子、妇女和童工的日均工时分别是10.7小时、10.4小时和7.6小时。一战前夕,大多数地区工人的日工时均在减少,1913年,日均工时为9.9小时,男子、妇女和童工的日均工时分别为10小时、9.7小时、7.7小时。1904—1913年工人(童工除外)的日均工时减少了42分钟。[1] 其中,工时高于全俄平均水平的部门有木材加工、金属加工、畜产品加工、食品加工和调味剂生产等部门。[2]

1905年革命之后,随着工人运动的蓬勃发展和工人地位的提升,工人的日工时有所减少,1913年,俄国2/5工人的日工时少于10小时,其中仅有7.9%工人的日工时为8小时,3/5工人的日工时为10小时或更长,其中15.5%工人的日工时高于11小时。日工时

---

① 张广翔:《19世纪末—20世纪初俄国工人的生活水平》,《史学集刊》2014年第5期,第91页。

② Кирьянов Ю. И. *Бюджет времени рабочего капиталистической России.// Исторические записки.* Т. 94. М. , Издательство Академии наук СССР, 1974. 155.

为 8 小时或更少的工人数量仅占男工总量的 8.4%,日工时高于 11 小时的男工数量却占 20.3%,相较于男工而言,3/4 的女工日工时为 9—10 小时。[①] 就全年工时而言,19 世纪 80 年代中期,俄国企业年均工时约为 288 天。[②] 虽然 19 世纪 80 年代至一战前夕,俄国各地年工作时间明显缩短,如中部工业区年均工作时间从 3138 小时降至 2366 小时[③],但仍远远超过法国、德国、意大利和奥地利等国家。因生活水平十分低下,工人反抗情绪日趋增强。

此外,企业主为完成订单,时常要求工人加班,工人加班可分为强制性加班和选择性加班两种。1897 年法律规定,工人的年加班时间不得超过 120 小时。[④] 工人加班多为强制性加班,如 1899 年彼得堡和哈尔科夫市被强制性加班工人的比例分别为 56% 和 57.3%。1913 年春,彼得堡印刷工人中未加班、强制性加班和选择

---

① Кирьянов Ю. И. *Бюджет времени рабочего капиталистической России.// Исторические записки.* Т. 94. М., Издательство Академии наук СССР, 1974. С. 142; Посвященко Ю. В. *Особенности повседневной жизни рабочих текстильщиков вернего Поволэья во второй половине XIX – начале XX вв.* М., Контент-пресс, 2011. С. 71. 张广翔:《19 世纪末—20 世纪初俄国工人的生活水平》,《史学集刊》2014 年第 5 期,第 91 页。

② Посвященко Ю. В. *Особенности повседневной жизни рабочих текстильщиков вернего Поволжья во второй половине XIX – начале XX вв.* М., Контент-пресс, 2011. С. 82.

③ 张广翔:《19 世纪末—20 世纪初俄国工人的生活水平》,《史学集刊》2014 年第 5 期,第 92 页。

④ Посвященко Ю. В. *Особенности повседневной жизни рабочих текстильщиков вернего Поволжья во второй половине XIX – начале XX вв.* М., Контент-пресс, 2011. С. 77.

性加班者分别为 4%、40% 和 56%。① 1914 年,彼得堡制造业工人日加班时间 0.4 小时。1913—1914 年,全俄工人的日加班时间分别为 0.3 小时和 0.2 小时。第一次世界大战前夕,俄国工人日加班时间为 20—30 分钟。②

总体而言,19 世纪 80 年代俄国工人的日纯工作时间为 12—14 小时,午休和早餐需用 2 小时,加班 0.2—0.3 小时,通勤时间为 1—2 小时。1913 年情况有所好转,日纯工作时间减至 10 小时以内,午休时间 1.5 小时,加班 0.3 小时,每大通勤时间 1.5—2 小时。③

二、工人的工资

18 世纪,世袭工人和领有工人一般不能获得货币工资,所以很难统计其工资水平;19 世纪上半叶工人工资较低,领有工人的工资更低(如表 2-17)。工厂内整经工、织工等的月工资约为 3—4 卢布,纺线工工资较低,如卡林工厂纺线工的工资为 2 卢布 67 戈比。总体而言,女工的工资明显低于男工,童工的工资更低。

---

① 张广翔:《19 世纪末—20 世纪初俄国工人的生活水平》,《史学集刊》2014 年第 5 期,第 92 页。

② Постников С. П. , Фельдман М. А. *Социокультурный облик просышленных рабочих России в 1900-1941 гг.* М. , РОССПЭН, 2010. С. 365.

③ Кирьянов Ю. И. *Жизненный уровень рабочих России (конец XIX - начало XX в.).* М. , Наука, 1979. С. 71-72.

表 2-17　1803 年莫斯科省各呢绒工厂领有工人月均工资①

（单位：纸卢布和戈比）

工种	巴里亚京斯基工厂		卡林工厂		多尔戈鲁科夫工厂	
	纸卢布	戈比	纸卢布	戈比	纸卢布	戈比
呢绒工匠	—	—	7			
男织工	3	—	4	—	6	60
女织工	—	—	2	60		
整经工	—	—	3	50		
纺线工	—	—	2	67		
染色工	2	50	—			
整毛工	2	60	4			
压机工	2	50				
制带工	2	50	4			
更夫	—	—	3	50		

关于 19 世纪初自由雇佣工人工资水平的数据不多。有资料显示，此时杜德什金工厂内领有织工的月均工资为 3 卢布 75 戈比，而自由雇佣工人的月均工资为 7 卢布 33 戈比。莫斯科维尼工厂自由织布工人的工资和领有工人相同，月均工资为 7 卢布 80 戈比。总体而言，此时自由雇佣工人的月均工资高于 6 卢布，个别可达 10 卢布。

值得一提的是，19 世纪上半叶，大多数工厂内既有领有工人，又有自由雇佣工人，大多数工厂内自由雇佣工人的工资明显高于

---

① ［俄］图甘-巴拉诺夫斯基：《19 世纪俄国工厂发展史》，张广翔、邓沛勇译，社会科学文献出版社 2017 年版，第 90 页。

领有工人,以库巴维尼工厂为例,1834 年,钳工、锻工、车工、细木工(均为领有工人)等工资为 10—15 卢布,而自由雇佣工人的工资为40 卢布,机工(领有工人)的月工资为 8 卢布,自由雇佣工人的月工资为 25 卢布;15—16 岁梳毛工(领有工人)的工资为 7 卢布,而自由雇佣工人的工资为 17 卢布;少女整经工(领有工人)的工资为 3卢布 50 戈比,而自由雇佣工人的工资为 8 卢布。因工资差异较大,工人们纷纷提交请愿书。[1]

另外,1856 年自由织工的实际工资水平低于 1806 年领有工人的工资。究其原因如下:一是 19 世纪初棉纺织工业快速发展,棉纺织工业中织工和印花工的工资水平明显高于其他工业部门。因工厂主的利润高达 500%[2],所以他们开始提高工人的工资,提升工人的劳动积极性,或采用计件工资形式,借此获取更多的利润。二是随着资本主义生产关系的普及,棉纺织厂的数量增加,19 世纪中期工厂主的利润降低,工人的工资开始降低,逐渐回落至平均水平。三是货币贬值因素也不容忽视。

随着社会经济的发展,加上工人的不懈努力,19 世纪上半叶各类工厂工人的工资水平均有所提高。19 世纪 40 年代,大雅罗斯拉夫尔手工工场男织工的日工资为 1 卢布 30 戈比至 2 卢布(纸卢布),女织工的日工资为 60—80 戈比,雅罗斯拉夫尔市奥洛瓦尼什尼克丝织工厂内轻料织工的日工资为 1 卢布 20 戈比至 1 卢布 40

---

[1] Туган-Барановский М. И. *Русская фабрика в прошлом и настоящем: Историко-экономическое исследование. Т. 1. Историческое развитие русской фабрики в XIX веке.* М. , Кооперативное издательство Московский рабочий, 1922. С. 152.

[2] Вознесенский С. *Экономика России XIX – XX вв.* Выпуск. I. Крепостная Россия. Л. , Изд-во Книжного сектора Губоно, 1924. С. 119. С. 107.

戈比,重料织工的日工资更高。雅罗斯拉夫尔省大谢洛工厂织工
的日工资约为 1 卢布,下诺夫哥罗德省阿尔扎斯克县城希金尼皮
革厂成年男工的年工资为 170 银卢布①,即 500 纸卢布。总体而
言,此时,工厂工人的日均工资为 1 纸卢布,其中织工日均工资约
为 2 纸卢布。②

因数据有限,仅以书伊和苏兹达尔县城织工(自由雇佣工人为
主)的日均工资为例加以说明,1829—1858 年,该地工人工资水平
详见表 2-18。

表 2-18 1829—1858 年书伊和苏兹达尔县城织工的日均工资水平③

(单位:纸卢布)

年份	工资	年份	工资	年份	工资
1829	4. 46	1839	3. 38	1849	2. 95
1830	4. 43	1840	3. 64	1850	2. 90
1831	3. 96	1841	2. 78	1851	2. 10
1832	3. 09	1842	2. 71	1852	3. 27
1833	2. 42	1843	2. 92	1853	2. 71
1834	2. 01	1844	3. 63	1854	2. 25

---

① 银卢布在 19 世纪后期和 20 世纪初广泛使用,在 1917 年俄国革命后停止流通。

② Туган-Барановский М. И. *Русская фабрика в прошлом и настоящем: Историко-
экономическое исследование. Т. 1. Историческое развитие русской фабрики в XIX
веке*. М. , Кооперативное издательство Московский рабочий, 1922. С. 160.

③ Туган-Барановский М. И. *Русская фабрика в прошлом и настоящем: Историко-
экономическое исследование. Т. 1. Историческое развитие русской фабрики в XIX
веке*. М. , Кооперативное издательство Московский рабочий, 1922. С. 197.

年份	工资	年份	工资	年份	工资
1835	2.37	1845	3.63	1855	1.83
1836	3.34	1846	2.85	1856	3.1
1837	3.78	1847	2.43	1857	4.23
1838	3.62	1848	2.91	1858	4.36

1861 年农奴制改革后工人的货币工资明显提高,但其增长幅度仍低于工人生活必需品价格增长幅度,工人的实际工资水平降低。与 19 世纪 50 年代相比,80 年代初,伊万诺沃-沃兹涅先斯克工人的货币工资提高 15%—50%。同期面粉的价格增长 1 倍,牛肉价格增长 83%、其他肉类价格增长近 220%。1858 年机械织工的月工资为 10—16 银卢布。1882—1883 年机械织工的月工资为 10—18 卢布,货币工资虽然提升 12.5%,但其增加幅度明显低于粮食价格的增幅,因此,工人实际工资水平降低。[①] 19 世纪 50 年代和 80 年代部分工人的日均工资标准详见表 2-19。

[①] Туган-Барановский М. И. *Русская фабрика в прошлом и настоящем: Историко-экономическое исследование.* Т. 1. *Историческое развитие русской фабрики в XIX веке.* М., Кооперативное издательство Московский рабочий, 1922. С. 331.

表 2-19　19 世纪 50 年代和 80 年代部分工人日均工资变化幅度①

(单位:纸卢布)

工种	1856—1858 年		1883 年		增长率(%)
	卢布	戈比	卢布	戈比	
细纺工	14	58	16	25	11.45
捻经工	5	50	10	89	98
换筒工	3	50	5	63	60.86
清棉工	7	0	10	0	42.86
粗纺工	6	0	9	50	58.33
制带工	5	50	8	0	45.45
卷线工	9	0	11	25	25
机械织工	11	25	11	67	37.33
手工织工	6	67	6	37	-4.5
手工整经工	6	4	9	50	48.44
印花工	9	67	12	74	31.75
研磨工	0	98	1	60	63.27
切削工	0	83	1	62	95.18
胶工	7	8	12	0	53.85
锻工	9	17	23	54	157
钳工	12	17	21	9	79.95
细木工	11	25	28	68	155

与 19 世纪 80 年代相比,90 年代末期莫斯科省工厂工人的货

---

① [俄]图甘-巴拉诺夫斯基:《19 世纪俄国工厂发展史》,张广翔、邓沛勇译,社会科
学文献出版社 2017 年版,第 260 页。

币工资增长 20%—25%。工业快速发展的南俄地区工人工资增长幅度更大,1884—1885 年,南俄部分工厂中各部门工人工资为 30—40 戈比/日,高级技工的工资不超过 3 卢布 70 戈比/日。1897 年,此类工厂内工人(黑工)最低工资为 70 戈比/日,最高工资达 6 卢布/日。1897 年,俄国工厂内工人平均工资为 89 戈比/日,短工的工资约为 92 戈比/日,计件工人工资为 1 卢布 34 戈比/日。[1] 因此,工业越发达的地区,工人工资水平越高。

　　具体而言,19 世纪末 20 世纪初,工人的收入包括工资、实物补贴、加班费和奖金等。工资是工人收入的主要部分,1901、1913 年,工人收入中工资的占比分别为 89.7% 和 92.5%。[2] 1897—1913 年,工人年均工资从 187 卢布增加到 264 卢布,金属加工、麻纺、棉纺和化学工业工人年均工资分别增加 42.5%、41%、39% 和 11%。1901 年、1904 年、1908 年和 1913 年全俄年均工资分别为 203 卢布、214 卢布、245 卢布和 264 卢布,12 年内工资增加 30%。[3] 不同地区工资增幅不同,基辅、哈尔科夫和华沙工业区的年均工资增幅高于全俄年均工资增幅,分别为 54.7%、49.4% 和 35%;彼得堡、莫斯科地区年均工资增长率低于全俄水平,分别增加 24.3% 和 24.9%。[4] 即便如此,俄国工人的工资水平远低于西欧国家的工人。农民大量

---

[1] Брандт Ф. *Иностранные капиталы. Их влияние на экономическое развитие страны.* СПб. , Тип. В. Киршбаума, 1899. Ч. 2. С. 264, 252.

[2] 张广翔:《19 世纪末—20 世纪初俄国工人的生活水平》,《史学集刊》2014 年第 5 期,第 93 页。

[3] Кирьянов Ю. И. *Жизненный уровень рабочих России (конец XIX - начало XX в.).* М. , Наука, 1979. С. 96, 107, 110.

[4] 张广翔:《19 世纪末—20 世纪初俄国工人的生活水平》,《史学集刊》2014 年第 5 期,第 94 页。

涌入城市,很难找到合适的工作,常常作为编外工人受雇于工厂从
事辅助性工作,编外工人工资远低于正规工人,如织布工日工资为
1 卢布 63 戈比,而编外工人日工资仅为 70 戈比。[①] 1908 年,莫斯
科省男工、女工月均工资分别为 22 卢布 96 戈比和 13 卢布 84 戈
比,男女工人的月均工资 19 卢布 43 戈比,其中 65.3%的工人日工
资低于平均水平,仅有 20%左右的工人日工资高于平均工资。[②]

　　值得一提的是,工人工资中有一部分被工厂主克扣作为罚款,
大雅罗斯拉夫尔手工工场的数据较为完整,19 世纪末 20 世纪初罚
款占工人工资的比例详见表 2-20。

表 2-20　19 世纪末 20 世纪初大雅罗斯拉夫尔手工工场罚款
在工人工资中的占比[③]

年份	占比(%)	年份	占比(%)	年份	占比(%)
1877	3.30	1902	0.44	1910	0.28
1878	3.50	1903	0.37	1911	0.25
1882	3.27	1905	0.34	1912	0.22
1885	3.10	1906	0.28	1913	1.24

① Кирьянов Ю. И. *Жизненный уровень рабочих России (конец XIX – начало XX в).* М., Наука, 1979. С. 112, 118; Бородкин Л., и др. *Не рублем единым: Трудовые стимулы рабочих-текстильщиков дореволюционной России.* М., РОССПЭН, 2010. С. 119.

② Козьминых-Ланин И. М. *Заработки фабрично-заводских рабочих Московской губернии.* М., Типография "Общественная польза", 1911. С. 3, 4; 邓沛勇:《俄国政治史(1700—1917)》,社会科学文献出版社 2020 年版,第 234 页。

③ Кирьянов Ю. И. *Жизненный уровень рабочих России (конец XIX – начало XX в).* М., Наука, 1979. С. 103.

年份	占比(%)	年份	占比(%)	年份	占比(%)
1891	1.24	1907	0.29	1914	0.20
1894	0.69	1908	0.35	—	—
1900	0.50	1909	0.35	—	—

总之,多数工人的工资不足以维持劳动力的正常再生产;一般单身工人收支基本相抵,单身技工的生活状况良好,已婚工人生活入不敷出;劳动力充足的莫斯科、弗拉基米尔、雅罗斯拉夫尔省等中部工业区纺织工人收入低,生活十分贫困;大企业集中的彼得堡、波罗的海、巴库、南俄地区工人收入较高。即便如此,俄国工人仍十分贫困,其反抗情绪日趋强烈。

三、工人的饮食

1861年农奴制改革后,城市内的工人大多来源于农民,很多工厂都不设立食堂,因工人的居住地大多距离工厂较远,所以用餐问题一直困扰着工人。对此,解决方法有三种:一是工厂提供餐食,但部分工厂只提供工作餐;二是很多工人搭伙就餐;三是工人自己解决三餐。工人自己解决三餐又分为单身工人在家就餐、单身工人自己解决三餐,或几个同乡或亲属共同解决餐食。搭伙就餐方式较为流行,一般为多数同乡或同一工厂的工人一起用餐,工人们平分伙食费,并平摊雇佣厨师的费用。大城市的工厂主考虑到单身工人吃饭难问题,部分雇主为单身工人供应餐食,伙食费从工资中扣除。20世纪初,该方式也较为流行。

　　为节省资金,单身工人上班时大多自带餐食,但十分简单,面包为主食,配菜为肉汤、菜汤、土豆和酸黄瓜等,部分工人在工厂内将餐食简单加热,或者将午餐带到附近的小吃店,配茶点解决。已婚工人大多拖家带口在城市内工作,他们一般自带午餐,早晚两餐在家解决。居住在工厂附近的工人,午休时也回家就餐。

　　就具体伙食而言,工人们的午餐一般较为丰富,也是一天中唯一的正餐,19 世纪 60 年代,彼得堡工人非斋戒日的日常午餐为牛肉汤、荞麦粥,斋戒日的午餐为包菜汤、亚麻粥和蓖麻籽粥等。早餐均十分简单,晚餐为午餐吃剩下的食物。工人的主食为面包,每个工人每天的面包摄入量为 1200—2000 克。

　　一般而言,19 世纪中叶,工人的午餐一般都是凉食,没有热汤,很多工人早上从家中带来牛奶、稀饭和面包,中午就在工作地点自行解决。因大多数工人家在农村,他们周末放假回家,有些工人回家后会携带一周的干粮回工厂,莫斯科、彼得堡、巴库、哈尔科夫的工人都是如此,科斯特罗马和弗拉基米尔省工人的这个习惯保留至 20 世纪初。

　　值得一提的是,工人们集体租赁的房屋或宿舍内都设有集体食堂,19 世纪 80 年代,莫斯科、彼得堡和叶卡捷琳诺斯拉夫的集体食堂也较为普遍。最初,集体食堂产生于工人租赁的住宅中,此类住宅居住着 8—15 名男性工人,他们自备菜品,雇佣厨师炒菜,然后共同就餐。80 年代之后,很多工厂周边都成立集体食堂,科斯特罗马省大多数工人都在这些食堂内就餐,大量工人宿舍周边都设有单独的公共厨房,雇佣厨师在此处做饭,一般就餐的人数为 10—40 人。

19 世纪 90 年代,设有集体宿舍的工厂都有食堂,工人们在此就餐,就餐人数为 16—1200 人不等,食堂分为三种:女工食堂、男工食堂和混合食堂。食堂都设立一个伙食长,厨房的设施非常齐全,大食堂工人数量可达十几人。

工人们每天在食堂进餐 2—3 次,食堂的花费由工人们自行承担。具体而言,1888 年,库瓦耶夫工厂共有工人 546 名,其中 420 名工人居住在集体宿舍内,他们的三餐由食堂供应,每名工人每天的伙食费约为 1 卢布,工人们所需的面包由工厂免费供应,工厂每年用于此项费用的支出为 5112 卢布 95 戈比,工厂的补助一直持续至 20 世纪初。1899 年,卡列林工厂用于食堂的支出为 1.0 万卢布,主要用于购买白面包、鱼和肉。[①]

举家迁至城市的工人一般在家内就餐,除供应家庭成员饮食外,还有很多"食客"在此入伙,他们每月缴纳餐费,此状况也较为流行。雅罗斯拉夫尔省棉纺织工人大多都在家中就餐,工人们午休时回家吃饭,工厂仅为零工提供简便的午餐。

工人吃的食物主要取决于家庭状况、与农村的联系程度、租赁住宅类型与收入水平等。科斯特罗马省许多工人——单身汉在食堂内、宿舍内吃着从农村带来的食物,还有许多工人在吃冷饭时饮酒。

就租赁住宅与插间的工人而言,早餐主要的食物为粥与干面包,早上直接在工作地点就餐,或者在路上吃。部分工人家庭早餐稍显丰富,早餐通常是带有植物油的土豆和茶,有时还有牛奶及带

[①] Кирьянов Ю. И. *Жизненный уровень рабочих России (конец XIX - начало XX в.)*. М. , Наука, 1979. С. 160.

有油脂的粥。工人所吃的食物中,黑面包(即全麦面包)占比最大,它是农民的传统食物。黑面包不但可以单独吃,还可以制成稀饭和汤。工人们每次的餐食都有面包,科斯特罗马省谢列达工厂单位工人每天的黑麦需求量为 440—597 克,小麦的需求量为 200—350 克。

以科斯特罗马省谢列达地区工人为例,工人们的主要食物为黑面面包、小麦面包、糖、土豆、豌豆、黄米、油脂、白菜、黄瓜、葱、苹果和蘑菇等,随着工人收入的增加,肉类产品的支出也不断增加。节假日和周末时,工人的饮食与工作日差异较大,工人们购买廉价的鲱鱼、香肠、沙拉、内脏、糖果和冰糖等食物,个别节日还有大馅饼上桌。

部分学者抽取了 1880—1885 年 110 个男工样本进行分析,得出结论为男工每日平均面包需求量 913.5 克,其中黑面包 908 克,较高需求在 1460—1576 克,最低需求 800 克;米 264 克,其中荞麦米为主,较高需求在 414—495 克,而最低需求 131 克;白菜 243 克,其中酸白菜为主;土豆 58 克;黄瓜 9.3 克;干蘑菇 1.1 克;脂肪 60.5克,其中 32.8 克植物油,2.8 克奶油,3.1 克干酪,21.8 克沙拉油;非斋日人均需求肉量 67—70 克,包括鲜牛肉、猪肉、腌肉;鱼 12.2克,以胡瓜鱼为主,鲱鱼、石斑鱼很少食用;奶和奶制品(酸凝乳、酸奶油和干酪),蛋类食用量少。[1]

1861 年农奴制改革后工人饮食结构和口粮数量都发生较大变化,乌拉尔地区工人日需黑面包数量从农奴制改革后的 1.6 千

① Кирьянов Ю. И. *Жизненный уровень рабочих России (конец XIX - начало XX в.)*. М. , Наука, 1979. С. 182.

克—2 千克降至 19 世纪末 20 世纪初的 1 千克—1. 2 千克，相应的土豆需求量从 270 克—750 克降至 200 克—270 克，白菜的需求量从 100 克降至 50 克。在工人的口粮中出现白面包、茶叶和糖。肉类的需求量达 245 克，鱼类为 22—54 克，植物油脂的数量从 2. 2—2. 4 克增为 14—16 克，茶叶从 19 世纪 80 年代的 2—3. 4 克增至 19 世纪末 20 世纪初的 6. 4 克，同时糖的数量从 3—11 克增为 25—27 克。工人饮食结构发生变化，这也可证明此时期乌拉尔区域工人饮食条件变好，但工人劳作所需的蛋白质、脂肪及碳水化合物仍不能达到标准值。[1]

虽然工人的饮食条件发生很大变化，但是工人的饮食结构仍具有素食特征。由于乌拉尔地区特有的气候、土壤条件，粮食及蔬菜产量较低，与国内其他贸易区及商业中心的联系较弱，矿工所需食物的价格高于国内其他工业区。乌拉尔地区工人的饮食条件明显逊色于中部工业区工人。据统计，19 世纪 80 年代初，莫斯科省成年男性工人日均面包消耗量 900 克；脂肪 61 克，其中包括油脂 35 克；肉类 70 克；鱼类 12 克。19 世纪末，乌拉尔地区工人的日均面包需求量降至 1200 克，油脂的需求量降为 5—15 克。[2]

部分学者也对航运工人的饮食结构进行分析。19 世纪末 20 世纪初大部分船舶工人自己就餐。据统计，1901 年卡马和伏尔加河流域只有 6. 6% 船员在食堂内就餐，其中蒸汽船内工人的比例为

---

[1] Гаврилов Д. В. *Рабочие Урала в период домонополистического капитализма 1861-1900.* М. , Наука, 1985. С. 264.

[2] Гаврилов Д. В. *Рабочие Урала в период домонополистического капитализма 1861-1900.* М. , Наука, 1985. С. 265.

3.2%,非蒸汽船的比例为9.1%。船员就餐主要有两种方式,即集体搭伙和个人就餐,船员在船只靠岸时购买食物,在航行期间船舶禁止靠岸。船员在2—3周或者更长时间内不能吃到热的食物,工人如果想吃到热的食物必须搭伙就餐。食堂内主要的食物为黑面包,也有少量的白面包,廉价牛肉及羊肉,菜色十分单一。

1903年,彼尔姆省某轮船工人的饮食结构详见表2-21。

表2-21 1903年彼尔姆省下诺夫哥罗德航线上轮船船员的饮食结构①

食物产品	每日所需产品数量(克)	食物中含有的各类物质(克)			能量值(千卡)
		蛋白质	脂肪	碳水化合物	
黑面包	1231.3	96.0	16.0	554.1	2339.5
白面包	409.5	30.7	1.2	19.6	966.4
荞麦米	82.5	9.0	1.7	57.9	271.4
黍米	7.4	0.9	0.2	5.1	24.7
大米	4.7	0.4	0.04	3.6	15.2
面条	0.5	0.04	—	0.4	1.6
土豆	272.8	5.3	0.4	58.5	226.4
白菜	4.6	0.1	0.01	0.2	1.3
黄瓜	7.6	0.1	0.01	0.2	1.1
大葱	1.8	0.05	0.01	0.1	0.4
圆葱	0.4	0.01	—	0.04	0.2
蘑菇	0.1	0.04	—	0.04	—

---

① Гаврилов Д. В. *Рабочие Урала в период домонополистического капитализма 1861–1900.* М., Наука, 1985. С. 260.

食物产品	每日所需产品数量(克)	食物中含有的各类物质(克)			能量值(千卡)
		蛋白质	脂肪	碳水化合物	
素油	15.7	—	15.7	—	141.1
肉	173.1	36.2	9.0	0.8	249.3
鱼	22.2	4.0	0.7	—	23.3
鸡蛋	0.1	0.01	0.01	—	0.2
糖	27.0	—	—	27.0	101.2
盐	11.9	—	—	—	—
总计	2273.2	182.85	43.98	7277.58	4363.3

　　工人的饮食支出在日常总支出中占比较大,大多数工人为30%—60%之间,如科斯特罗马省谢列达地区工人饮食支出的平均占比为37%,单身工人因收入较低,其饮食支出占比较高,约40%。以莫斯科为例,880年,莫斯科省罗姆纳棉纺厂和织布厂五口之家的收入和支出分别为33卢布74戈比与23卢布56戈比,饮食支出占总收入的69.8%。[①]

　　以乌拉尔地区工人为例,19世纪80年代饮食支出仍是工人主要的支出形式。1887年,彼尔姆省卡梅什县卡梅尼斯克工厂工人的饮食支出占所有支出的62.9%。80年代初期工厂工人的饮食支出占比均超60%,1903年,伊热夫斯克军工厂的饮食支出占比详见

---

① *Условие быта рабочих в дореволюционной России (по данным бюджетных обследований)*//Под общей редакцией Н. К. , Дружинина, М. , Соцэкгиз, 1958. С. 100; Крузе Э. Э. , *Положение рабочего класса России в 1900-1914 гг.* Л. , Наука, 1976. С. 218-219.

表 2-22。

表 2-22 1903 年乌拉尔地区伊热夫斯克军工厂的工人年均饮食支出①

工人类型	支出(卢布)		
	总计	饮食支出	
		绝对数	占比(%)
单身及未婚工人	48.30	31.50	65.2
家庭月收入低于 11.99 卢布	74.53	40.50	54.3
家庭月收入为 12—19.99 卢布	134.45	79.30	59.0
家庭月收入为 20—30 卢布	204.93	129.30	63.1
总计	462.21	280.60	60.7

值得一提的是,工人的饮酒花费较大,节假日的酒产品消费更高,如巴思哈节工人们很少吃东西,主要喝酒,月工资为 10—15 卢布的工人,购买伏特加的花费就达 5—6 卢布,主要用于招待客人。据统计,科斯特罗马省谢列达地区成年男子每年购买伏特加的花费为 3—67 卢布,但饮酒支出多少取决于家庭收入。单身工人购买伏特加的支出很高,成家男工每月必须给家中寄钱,买酒支出较少。

四、工人的居住条件

在探究工人居住条件之前,首先分析下俄国各类工厂所在的

---

① Гаврилов Д. В. *Рабочие Урала в период домонополистического капитализма 1861-1900.* М. , Наука, 1985. С. 263.

城市类型:第一种为传统的建筑方式,大型建筑群为城市的中心,其余建筑都围绕该中心展开,工厂位于城市周边,如莫斯科等大城市;第二种为含有工厂建筑群的城市,此类城市多沿河而建,如伊万诺沃和叶伊斯克等;第三种类型的城市市中心有大工厂,工人大多居住在郊区,如雅罗斯拉夫尔等;第四种类型为"工厂镇",工厂在城市生活中发挥重要作用。在以上类型城市中,工厂镇别具一格。即便工厂所在的城市类型不同,但工人的居住条件却有相似之处。

工人的居住条件是衡量俄国工人生活水平的重要指标之一,工人的住宅类型可分为如下几种:一是工人直接居住的工厂生产车间;二是工厂集体宿舍、工厂主提供的房屋和住宅;三是工人自己租赁的房屋;四是工人自己的房屋。以伏尔加河流域为例,工人大多不与家庭成员居住在一起,他们或在工厂内居住,或在附近租赁廉价房屋,休假日才回到家中,只有工资较高的工人才有自己的住宅。

1861年农奴制改革初期,进城务工的农民无处安身,只能在车间席地而睡。伏尔加河流域上游诸省工厂工人夏季就睡在室外的简易窝棚中。随着生产规模的逐步扩大,工人数量不断增加,很多工厂主开始考虑为工人建立集体宿舍,最初的集体宿舍十分简陋,工人们睡在大通铺之上,床板上仅有草垫,因床铺有限,工人们只能侧身休息。

后来由于工厂内女工的数量增加,很多工厂内出现了家庭宿舍,但家庭宿舍的数量很少,在很多工厂即便是一家人也分开居住,主要是节省开支。但部分工厂在建立之初就做好了划分,如设立男工宿舍、女工宿舍和家庭宿舍。大多数工厂主为节省开支,多年不改善集体宿舍环境,居住条件非常恶劣。

19世纪八九十年代,在工人的不断要求下,集体宿舍的居住环境明显改善,宿舍旁边还配备厨房、洗手池和厕所等公共设施。雅罗斯拉夫尔省的部分工厂还为一些工人家庭设置了单独的宿舍,但需额外缴纳费用。大多数工厂的床位都不足,工人们轮番休息;通铺还改造成了高低床铺,年轻职工和体重较轻工人在上铺居住,还有些人睡在地板上。

居住在集体宿舍的工人必须遵循工厂的规章制度,工人可免费使用工厂宿舍、餐厅和厨房,但必须遵循如下要求:一是每名工人只能占用一个床位,必须保持床位的清洁;二是必须遵守相应的生活秩序,保持宿舍的安静,不打扰其他人休息;三是冬季和夏季回宿舍的时间分别不得晚于22点和23点;四是熟人和亲属在工长的许可下可以在宿舍内居住,但不允许未打招呼直接入住,违反上述规章需缴纳罚款。

虽然工厂主对集体宿舍的生活秩序进行了严格规定,但大多数工人都不遵循工厂规章。很多工人在宿舍吸烟、向女厨师脸上扔面包、在床上喝酒、床铺弄得较脏、去他人厨房拿面包等。冬季集体宿舍内工人数量较多,居住较为拥挤;夏季很多工人到野外居住,自己搭建临时窝棚,集体宿舍内工人数量相对较少。

从19世纪末开始,大工厂工人很少睡在车间,但小工厂的面包师、皮鞋匠、糊盒工、木工等多数仍然在机器旁席地而卧。1897

年,俄国40%的产业工人住在工厂集体宿舍。[①] 工厂主为缓和矛盾,也开始改善宿舍的设施,部分工厂宿舍还供暖,将电灯和自来水引入宿舍内,有些工厂甚至还设立室内厕所,但一般而言只有少数工厂或富裕的工人才能享受该条件。大多数集体宿舍仍以通铺为主,整层楼为通铺或隔成不同房间。已婚工人将自己的床位用幔子隔开,房间的角落分给已婚工人或单身工人,工人用薄木板再隔成更小的隔间。[②]

科斯特罗马省的工人中,不与家庭成员居住在一起的较多,占比超过七成,这能证明该省工人与农村的联系紧密,因此对工厂附近廉价房屋的需求量较大,休假日他们才回到自己家中。对于工资较高的工人,他们修建自己的房屋,伊万诺沃区域的状况也类似。弗拉基米尔省一半以上的工人是被迫离开家外出务工,35%的工人不在家里居住,因此对工厂集体宿舍的需求较高,住宅问题十分尖锐。

1897年,60%的工人租房或住私宅,但租房的工人生活条件并不好。[③] 1897—1918年,绝大部分冶金、采矿和石油工人住在工厂的集体宿舍中,但大多数工业区中居住在集体宿舍的工人占比降低。具体而言,北部和西北部地区、中部工业区、中部黑土区、伏尔

---

① Кирьянов Ю. И. *Жизненный уровень рабочих России (конец XIX-начало XX в.)*. М. , Наука, 1979. С. 227.

② Кирьянов Ю. И. *Жизненный уровень рабочих России (конец XIX-началоXXв.)*. М. , Наука, 1979. С. 220. ; Бородкин Л. *Не рублем единым: Трудовые стимулы рабочих-текстильщиков дореволюционной России*. М. , РОССПЭН, 2010. С. 163.

③ Кирьянов Ю. И. *Жизненный уровень рабочих России (конец XIX-началоXXв.)*. М. , Наука, 1979. С. 227.

加河中下游地区、白俄罗斯和乌拉尔地区居住在集体宿舍的工人，占比分别由 22% 下降至 14%、48% 下降至 30.5%、38.8% 下降至 23.9%、33.8% 下降至 22.4%、25.8% 下降至 17.1%、31.4% 下降至 27.3%。[1]

以弗拉基米尔省为例，19 世纪 90 年代人口普查时，工厂工人数量为 11.6 万名，42.2% 的工人居住在工厂主提供的房屋，17.7% 的工人居住在自己的房屋，40.1% 的工人居住在出租屋。总之，83.8% 的工人居住地在工厂 1 俄里（约 1.06 公里）范围之内，10.5% 的工人的住所距工厂 1—3 俄里。[2]

雅罗斯拉夫尔省大雅罗斯拉夫尔手工工场共有正式工人 7500 名，在集体宿舍内居住的人员数量为 8000 人（含临时工和工人家属在内），如果不考虑居住在集体宿舍内的工人家属，在宿舍内居住的正式工人数量达 4100 人，超过工人半数。[3]

以俄国大型工厂镇伊万诺沃-沃兹涅谢尼斯克为例，居住在工厂宿舍内的工人占比为 8.5%，大部分工人都居住在自有房屋或出租屋内，其占比分别为 38.5% 和 50.5%。因经济水平差异，工人们居住的地点各异，雅罗斯拉夫尔省 50% 的纺织工人居住在工厂中，有自己住宅的工人占比仅为 22.5%。[4]

---

[1] 张广翔：《19 世纪末—20 世纪初俄国工人的生活水平》，《史学集刊》，2014 年第 5 期，第 98 页。

[2] Кирьянов Ю. И. *Жизненный уровень рабочих России（конец XIX - начало XX в.）*. М., Наука, 1979. С. 137.

[3] *Ярославская Большая мануфактура.* М., Тип. И. Д. Худякова, 1896. С. 26.

[4] Дробижев В. З. и др. *Рабочий класс советской России в первый год диктатуры пролетариата.* М., Моск. ун-та, 1974. С. 107, 109.

许多工厂为高水平的工人提供专门住宅,此类住宅与集体宿舍一样是免费的,但是设施明显好于集体宿舍。如 20 世纪初在谢列达的巴甫洛夫工厂中,工匠、纺纱师与工长都可获得专门住宅。

19 世纪末,除居住和饮食条件有所改善外,政府为缓解国内矛盾,亦为抗击传染病,开始改善工厂的医疗条件。1866 年,莫斯科爆发霍乱,为防止传染病在工厂中大肆蔓延,沙皇亚历山大二世颁布诏令,命令大工厂修建医院,但因诸多因素的掣肘,此诏令并未实施。19 世纪 80 年代末,仅有四成的工厂设有医疗点,专门为工人提供医疗服务。19 世纪末,很多大工厂都设有医疗机构,如加列林工厂专门成立医疗站,共有数十张床位,配备专业医生和护士。19 世纪八九十年代,伊万诺沃、弗拉基米尔和科斯特罗马等省份的诸多大型工厂都设立医疗点,专门为工人提供医疗服务,免费发放药物。以伊万诺沃市为例,它是俄国著名的工业区,因工人数量众多,为预防霍乱,当地政府加大医疗投入,医疗设施不断完善。当地企业主还拨专款改善工厂的医疗设施,年均资助额达 6 万卢布。①

大雅罗斯拉夫尔手工工场医院的规模最大。1911 年,医院共有 150 张床位,设有 4 名专业医生,还配备助产护士,专门帮助待产孕妇。1898 年,科斯特罗马省政府颁布决议,规定工人数量达 500 名的工厂应配备一名专职医生,每周必须赴工厂巡诊 1 次;工人数量为 500—1000 名的工厂,医生每周赴工厂巡诊 2 次;工人数量为

---

① Посвященко Ю. В. *Особенности повседневной жизни рабочих текстильщиков верхнего Поволжья во второй половине XIX - начале XX вв.* М. , Контент-пресс, 2011. С. 173.

1000—1500 名的工厂,医生每周赴工厂巡诊 3 次;工人数量达 2000 名的工厂,医生每周赴工厂巡诊 4 次;工人数量超 2000 名的工厂,医生须每天坐班。[①]

19 世纪下半叶,随着社会经济的发展,工人的生活状况虽然也发生了变化,但工资低、劳动时间长、饮食和居住条件差仍然是常态,为此工人们通过各种方式不断改变自己的社会地位。在此背景下,俄国工厂立法逐步完善。

第三节　工厂立法

在分析俄国工厂立法的具体内容之前,简单分析下立法出台的背景:一是工人不满情绪日增或工人运动兴起;二是政府为缓解国内矛盾和稳定国内局势,决定让步给工人部分权利;三是西欧诸国改善劳资关系的立法也影响了俄国;四是俄国法律系统逐步完善也是工厂立法出台的重要推力。俄国工厂立法历经两个阶段:以 1861 年农奴制改革为临界点,此前为工厂立法出台的尝试阶段,此后是工厂立法的正式出台阶段。

一、1861 年农奴制改革前的工厂立法

19 世纪初,因工人中世袭工人和领有工人占多数,所以政府并

---

① Посвященко Ю. В. *Особенности повседневной жизни рабочих текстильщиков вернего Поволжья во второй половине XIX – начале XX вв.* М. , Контент-пресс, 2011. С. 176.

不关注工人问题,随着资本主义生产关系的普及,自由雇佣工人的数量增加,加上工人不满情绪日增,1835 年俄国政府颁布《关于规范工厂主与劳动工人之间关系的条例》。

　　1835 年之前,俄国政府就开始考虑工人问题,其主要表现如下:首先,1811 年,政府承认自由雇佣劳动力的重要性,试图将工人纳入特殊等级,为此内务部还制定《成立特殊自由工人等级规章》,虽然国务会议对该规章进行了研究,但最终并未以法律形式出台。该方案的主要内容如下:"自由工人等级应该由具有人身自由的工匠组成(方案第一条款),黑工不能纳入此等级。自由工人具有某些特权(其家庭免除赋税、城市差役等,第 10—12 条款),但同时他们也应完全依附于工厂主,只有在其工厂主许可时才能被颁发护照。在护照中应注明他们以前从事何种工作、擅长何种技能和个人表现等信息(第 15—17 条款)。"①因该方案遭到贵族和工人的反对,最终不了了之。

　　19 世纪 30 年代,自由雇佣工人的需求量大增,但农民外出务工涉及范围面较广,政府权衡利弊,决定深入讨论工人问题。1832 年,莫斯科省省长、大公戈里钦建议手工工场委员会莫斯科分部讨论自由工人问题,决定采取相关措施调节工厂主和工人间关系。经过讨论,最终出台了调节工厂主与工人关系的方案,也称为"戈里钦方案"。方案主要内容有七项:一是护照期满之前工厂主无权要求农民返乡;二是工厂主雇佣工人时应该制定相应的工作手册,

---

① Туган-Барановский М. И. Изображанное. *Русская фабрика в прошлом и настоящем: Историко-экономическое исследование*. Т. 1. *Историческое развитие русской фабрики в XIX веке*. М. , Кооперативное издательство Московский рабочий, 1922. С. 132.

并为本厂工作的农民颁发相关证明;三是如果工厂主不遵循以上条款,警察将介入,一切后果由其自行承担;四是工厂主制定统一的工作规章,工厂管理者尽量做到公平,尽量缓和劳资关系;五是每个工厂都应在墙上挂着《工人工作规章》;六是没有工厂主许可,工人不得随意跳槽;七是本方案共七条。

"戈里钦方案"出台后,莫斯科和彼得堡工厂主都进行了讨论,大多持反对意见,虽然该方案最终没有以法律形式出台,但在俄国工厂立法领域具有里程碑的意义,调整工厂主和工人之间关系的规章此后不久就正式出台。

1835 年,在"戈里钦方案"的基础上,俄国政府正式出台《关于规范工厂主与劳动工人之间关系的条例》,该条例共有十条,其主要内容如下:一是工厂主有权雇佣所有等级居民,但工人在工厂内工作的期限不得超过护照上规定的期限;二是合同期满之前,工人无权辞职或要求工厂主增加工资,在护照期满之前工厂主也无权要求工人提前返乡;三是合同期满之前因工人未执行义务或具有其他不良行为,工厂主有权辞退工人,但需提前 2 周通知工人;四是工人到工厂工作之时双方签署相应的书面协议,并且颁发特殊的核算证明,按照证明核算工资;五是工厂主制定工人工作规章,所有工人都必须遵守;六是工厂主与工人之间产生分歧时,依照规章和核算证明解决分歧。

1835 年《关于规范工厂主与劳动工人之间关系的条例》首先在莫斯科和彼得堡推行,然后在俄国大部分省份推广。与"戈里钦方案"相比,该规章更加照顾工厂主的利益,主要表现如下:一是工人失去在合同期满前离开工厂的权利,工厂主无须对工人承担任何义务,可以以任意理由随时辞退工人;二是工厂主不遵循规章没有任何的惩罚措施,其权益不会受到任何损失。虽然该法令主要保护工厂主的利益,但这是俄国工厂立法领域迈出的第一步,意义十分重大。

俄国关于雇佣童工的法律出台得很早,1844年,莫斯科德米特罗夫斯克县城一家棉纺织厂工人发生大规模暴动,最后政府用武力才镇压下来,其起因就是童工问题。此后经调查,1844年,莫斯科棉纱厂内工作着2000多名儿童,他们的工作时间与成年工人相差无几,为此政府于1845年颁布法令禁止未满12岁儿童在工厂内工作,但此法令并未被纳入俄国后来的法律汇编之中,就好像被遗忘了一样。

1848年,随着欧洲资产阶级革命的到来,政府认为工人是不安定因素,在捍卫工厂主利益的同时,也决定缓和二者矛盾。1849年,莫斯科省省长扎克列夫斯基伯爵制定了解决劳资关系的新方案,其主要内容如下:一是工厂主录用工人时,工人必须提交由当地政府官员或相关机构出具的证明;二是工人证明上应该标记出工人工资、家庭成员的主要信息,并由乡政府官员签字;三是工人工资应该是货币工资,不能以实物抵偿工资;四是俄国工人在工厂内工作时如若不服从管理或违反生产规章,可交给警察局处理;五是禁止工人去酒馆和饭店等公共场所;六是警察局应该将违反工作条例离开城市的工人送回农村。因该方案遭到政府高层和工厂主的反对,影响力十分有限。虽然扎克列夫斯基的方案"流产",但他利用手中职权为莫斯科工人确定了工人核算证明模板。

扎克列夫斯基十分注重规范工人生活,他做出了如下规定:一是居住在工厂内的工人,节假日外出的期限不能超过工厂规定的期限;二是禁止工人的亲属和同乡在工厂内过夜;三是工人不得替他人保存财物和货币;四是工人工作和就餐时不得吸烟,禁止赌博,犯错将送警察局;五是周末和节假日工人必须去教堂做礼拜,从事其他活动将被处以高额罚款。

与其他方案相比,扎克列夫斯基的方案限制了工厂主的权利,主要表现如下:一是禁止工厂主私自雇佣工人;二是在政府颁发给农民护照之前,工厂主应先支付给工人 10 银卢布的工资;三是工厂主必须改善工人的伙食,如果伙食很差,工人可派遣代表到相关机构反映问题,违反规定的工厂主将被处以罚款;四是禁止工厂主无故克扣工人工资;五是工厂主必须发放货币工资;六是工厂主应颁发给工人"扎克列夫斯基核算证明",并盖上印章。

与之前的很多规章相比,扎克列夫斯基的方案具有很强的法律效力,19 世纪 80 年代俄国工厂立法的很多内容都参考该方案。1854 年,俄国财政大臣将该方案提交国务会议讨论,因克里米亚战争爆发,该方案被搁置。19 世纪六七十年代,俄国政府关注的重点为农奴制改革及其后期的一系列改革,工厂立法未得到关注。

二、19 世纪下半叶至 20 世纪初的工厂立法

19 世纪下半叶,随着工商业的快速发展,工厂主与工人之间的矛盾不断突出,俄国财政大臣本格颁布法律调整劳资关系,规定了工厂的劳动条件,以及工人工时。工厂法律颁布后,工人的工时明显缩短,对妇女和儿童权益的保护程度也普遍提高。

19 世纪 60 年代为俄国工厂立法的新阶段。1859 年,俄国政府

就打算采取措施禁止儿童在工厂内工作。1859 年，彼得堡成立特殊委员会，专门调查辖区内工厂中未成年人的雇佣状况，并专门制定相应方案。

与之前扎克列夫斯基的方案相比，特殊委员会的法案更加关注工人的利益，主要内容如下：一是工厂主应提前采取措施预防工厂内危险事件的发生；二是工厂主应为工人提供医疗服务；三是工厂的宿舍应该整洁、干净，男工宿舍的温度为 13—15 摄氏度，妇女和儿童应单独居住；四是禁止 12 岁以下儿童在工厂内居住；五是未成年人的日工作时间不得超过 14 小时；六是禁止 16 岁以下未成年人夜间工作等。大多数彼得堡工厂主都赞成该规章，所以得以推行。但莫斯科工厂主十分反对该规章，反应十分激烈。

俄国大棉纺织工厂主赫卢多夫兄弟反对禁止未成年人夜间工作的内容，他指出这意味着禁止成年人工作，失去工厂工作的未成年人，不但不能给予父母任何物质帮助，反而会整天游手好闲，威胁社会治安。图拉省工厂主也反对限制未满 12 岁未成年人工作的内容。他们指出，此方案的实施一方面对工厂的发展非常不利，另一方面对未成年人也没有好处，工人家庭生活困难，需要童工工作贴补家用。

委员会最后一位负责人是什塔克里别尔，他专门制定了《什塔克里别尔规章》，并呼吁进行工厂立法，该规章的主要内容如下：一是禁止未满 12 岁未成年人在工厂内工作；二是 12—18 岁工人每天的工作时间不得超过 10 小时，且夜间不能工作；三是政府任命监察人员对工厂进行严格的监督；四是为解决工厂主与工人间的矛盾，成立特别工业法庭，法庭由工厂主与工人组成；五是年满 21

岁、无不良记录的工人都具有选举权,被选举工人在当地工作的年限应在 5 年以上,且知书达理,无不良记录;六是对罢工工人的处理方式为主犯拘留 3 周至 3 个月,其他人拘留 7 天至 3 周。该规章受自由主义思想影响较大,最终在各方的压力下夭折。

虽然《什塔克里别尔规章》夭折,但并不是毫无效果,其中的一些内容就被广泛推广,其中影响最大的是禁止未满 12 岁未成年人到工厂务工和限制未成年人工时的条款。很多地区甚至将该条款付诸实施。1870 年,彼得堡副省长伊格纳季耶夫成立委员会,制定关于雇佣工人的新方案,方案中明确规定禁止雇佣未满 12 岁未成年人,12—14 岁未成年人的日工作时长不能超过 8 小时,14—17 岁未成年人日间和晚间的工时上限分别为 10 小时和 4 小时。1872 年该方案被提交给内务部,但最终石沉大海。社会各界仍反对该方案,但当时俄国童工的工作十分繁重。据统计,大多数工厂都使用童工,有些童工的年龄甚至低于 10 岁。有时童工夜间也需工作,其日工作时长达 17 小时之久。高强度的工作对儿童的健康十分不利,有些孩子患上"工厂病"。

在多方的努力下,1882 年,俄国政府颁布《有关在工厂和手工工场雇佣童工的法令》,法令规定:禁止工厂和手工作坊雇佣未满 12 岁的儿童;12—15 岁未成年人的日工作时间不得超过 8 小时,禁止未成年人夜间、周末和节假日工作;工厂主有义务为厂内未成年工人普及初级教育,政府监察员负责监督法律实施状况;等等。虽然莫斯科工厂主极力反对此法令,但它的颁布标志着俄国迈出保护童工权益的第一步。

彼得堡工厂主完全拥护此童工劳动保护法,他们提出,不但应完全禁止 12 岁以下儿童在工厂内工作,12—14 岁未成年人每天只能工作 6 小时,周六的工作时长不应是 7 小时,而是 5 小时……还应完全禁止妇女和 18 岁以下未成年人夜间工作,每周的工作时间不得超过 70 小时,等等。

上述法令颁布后,俄国工厂主划分为两个派别,即彼得堡派和莫斯科派。彼得堡工厂主赞成不使用童工,甚至强调成年男子的工作也应标准化;莫斯科工厂主反对政府干预工人与工厂主之间关系,主张劳动自由。究其原因如下:一是中部工业区工人数量众多,不必担心工人数量不足,所以工人工资较低,而彼得堡工人多来自其他省份,工人工资明显高于莫斯科等中部工业区省份;二是彼得堡工厂的生产技术明显高于莫斯科,机器普及率也较高,大部分工厂只在白天工作。

即便如此,部分地区工人的日工作时间仍居高不下。1884 年,一部分工厂中工人的工作时间仍很长,如罗戈日工厂中工人日工作时间竟达到 16—18 小时。工人的睡觉、休息和就餐等的时间共 6—8 小时。不但成年男女工人从事如此高强度的工作,不满 10 岁的儿童也需按此标准工作,罗戈日工厂中还有不满 3 岁的儿童与自己的母亲一同工作的状况。

1884 年 12 月,俄国政府再次颁布有关工厂内未成年人教育、工人工时和工厂监管方面的法律,本格在取得内务部同意后开始制定工厂劳动规章,规章中明令禁止 12 岁以下未成年人夜间工作。1884 年 12 月 19 日,财政部在取得内务部同意后制定《工厂监督规章》和《工厂主管理规章》。至此,俄国工厂法律进一步完善。1885 年 6 月 3 日出台的《有关禁止工厂和作坊中的成年人和妇女夜晚工作的法令》也极具代表性,该法律禁止妇女和未满 17 岁未成年人夜间在棉纺织工厂、亚麻厂和毛纺织厂内工作。从 1887 年 10 月 1 日起,《工厂监督规章》正式生效,该规章还用来调节工厂主与工人间关系。

上述法律与规章出台的意义十分重大,详细界定了工厂主与工人间的法律关系,工厂机构的监管也十分奏效,在诸多工厂工作的妇女和儿童不再从事夜间工作。1882 年法律并没有对工厂主的利益进行限制,1885 年和 1886 年工厂法律开始触及工厂主利益,调节劳资关系的法律制度不断完善。

1885 年 6 月 3 日出台的《有关禁止工厂和作坊中的成年人和妇女夜晚工作的法令》就明显触及工厂主利益,关于禁止夜间工作的力度明显高于之前的各类法律。以上这些法律的出发点是改善工人的生活和工作条件,对工厂进行严格的监督。1882 年和 1885 年法律只涉及妇女和儿童的工作时间问题,并未触及劳动法的核心——雇佣条件及工人与工厂主的相互关系问题。1886 年 6 月 3 日颁布的《关于监督工厂工业、工厂主与工人的相互关系,增加工厂检查机构职员数量的规定》涉及了这些问题。该规定由两个部分组成,即《适用于所有工业企业的普通雇佣规定》和特殊的《监督工厂工业的规定与工厂主、工人先后关系的规定》。①

上述规定中最具效力的条款如下:一是月工资发放的次数不得少于一次;二是禁止以优惠券、粮食、商品等物品代替工资;三是禁止以克扣工资来偿还工人债务;四是禁止工厂管理者肆意克扣

---

① Иванова Н. А. Желтова В. Л. *Сословно-классовая структура России в конце XIX-начале XX в.* М. , РОССПЭН, 2004. С. 494.

工资并放贷;五是禁止克扣工人工资以补贴夜间费用,如厂房照明和生产设备使用费等;六是如果工人出现无礼行为,或工人行为危害工厂主人身及财产安全,那么工厂主可以终止劳动合同;七是如果工厂主不支付工资、殴打和辱骂工人,违反合同中规定的为工人提供饮食和住宿的条款,或工作可能损害工人健康,工人有权要求废除合同;八是工人暴动以刑事镇压为主,对相关人员的惩罚方式为主犯处以 4—8 个月监禁,其他参与者处以 2—4 个月监禁,如果威胁到未参加罢工工人的权益,以及损坏工厂财产,那么主犯将处以 8 个月至 1 年 4 个月的监禁,其他参与者则处以 4—8 个月的监禁,如在雇佣期限结束之前拒绝履行合同义务,那么过错方将被处以一个月以下的监禁,损害生产工具应处以 3 个月至 1 年的监禁;等等。本格在位期间致力于改善劳资关系,以期降低工人罢工的数量,但其卸任后,诸多改革措施都被废止,即便如此,工厂法律仍在不断完善。

1890 年 4 月 20 日,俄国政府颁布了《有关改变工厂和手工作坊内童工、青少年及妇女工作决议》的法令,取消了过去具有暂行特点的两个法令,即 1882 年 1 月 1 日出台的法令和 1885 年 6 月 3 日出台的法令。尽管新法令也禁止未满 12 岁的儿童参加工作,但允许在该决议颁布前已在工厂、作坊内工作的儿童继续工作。

19 世纪 90 年代末,在工人运动的影响下,俄国工厂立法日渐完善。1897 年 6 月 2 日,俄国政府出台《有关工厂工业部门中工作时间的法律》,法律规定从 1898 年 1 月 1 日起开始,私人工厂、矿业工厂、采金工业、铁路,以及隶属于皇室和政府机关的工厂工人每昼夜的工作时间不能超过 11 个小时,节日前夕的日工时不能超过

5 个小时,星期六工时不能超过 10 个小时。夜间工作时间为每班 10 小时。①

20 世纪初,随着国内危机的日渐凸显,政府为缓和国内矛盾出台了很多工厂法律。1903 年 7 月 2 日,俄国政府颁布《工厂对遭遇不幸事故工人的补偿办法》,该法令于 1904 年 1 月 1 日正式实施,明确规定了工人在遭遇不幸事故时的补偿办法,即在完全丧失劳动力的情况下,补偿工人 2/3 的工资——补偿给家属。

1903 年 7 月 10 日颁布了俄国历史上第一个承认工人代表的法令,即《有关工业企业负责人机构的法令》②,该法令与 1886 年 6 月 3 日颁布的法令类似,其目的仍是维护工厂秩序。此后俄国政府又颁布多部针对国有企业工人的法律,如 1904 年 6 月 9 日颁布的《有关军工部门火炮工厂自由雇佣的技工、工人和职员酬金的规定》,1905 年 6 月 6 日颁布的《有关内阁和皇室采矿工业工人的规定》,1905 年 12 月 19 日颁布的《有关国家印刷业工人的规定》,1906 年 3 月 6 日颁布的《有关枢密院印刷业和海运部门工人的规定》,1906 年 4 月 18 日颁布的《有关国有企业港口贸易工人和职员的规定》。③

1912 年 6 月 23 日,沙皇尼古拉二世签署了有关社会保险的规定,由《关于设立工人保险事务管理机构的规定》《关于工人生病时

① Поткина И. В. *Правовое регулирование предпринимательской деятельности в России XIX-первая четверть XX в.* М. , Изд-во НОРМА, 2009. C. 118.

② Иванова Н. А. Желтова В. Л. *Сословно-классовая структура России в конце XIX-начале XX в.* М. , РОССПЭН, 2004. C. 497.

③ Иванова Н. А. Желтова В. Л. *Сословно-классовая структура России в конце XIX-начале XX в.* М. , РОССПЭН, 2004. C. 498.

保障的规定》《关于设立工人保险事务委员会的规定》和《关于工人意外伤害保险的规定》组成。虽然这些规定在形式上是独立的,但实际上是一个整体。① 因此,随着资本主义生产关系的普及和工人运动的蓬勃发展,工厂立法日渐完善。20 世纪初,俄国还成立了保护工人权益的组织——工会。

三、工会

1903 年,俄国政府出台法律承认工会,但在此之前工会就已秘密成立。19 世纪末 20 世纪初,俄国成立了第一批秘密的工人工会,规模最大的是莫斯科印刷工人工会,即莫斯科印刷工人联盟。20 世纪初,随着工人运动的规模不断扩大,成立了诸多类似机构,如罢工委员会、工厂委员会和选举委员会等。彼得堡印刷工人联盟也于此时成立,它就是俄国工会的早期形式。1905 年 4 月,彼得堡印刷工人工会成立;8 月,已有 2000 工人在此工会登记;年末,成员数量达 3700 名。1905 年 10 月,莫斯科印刷工人工会成立;11月,其成员达 4000 人;1907 年 5 月达 8000 名。② 1905 年末,华沙、基辅、里加、下诺夫哥罗德、哈尔科夫、尼古拉耶夫和敖德萨等地也陆续成立印刷工人工会。③

---

① Иванова Н. А. Желтова В. Л. *Сословно-классовая структура России в конце XIX-начале XX в.* М. , РОССПЭН, 2004. C. 498.

② Иванова Н. А. Желтова В. Л. *Сословно-классовая структура России в конце XIX-начале XX в.* М. , РОССПЭН, 2004. C. 488.

③ Иванова Н. А. Желтова В. Л. *Сословно-классовая структура России в конце XIX-начале XX в.* М. , РОССПЭН, 2004. C. 488.

1906 年 4 月,全俄统一金属工人工会成立,其成员主要为莫斯科和彼得堡的冶金工人。彼得堡金属工人工会共有 7 个地方分会,1907 年其成员已超过 1 万人;同期莫斯科金属工人工会的成员达 5740 名,共有 12 个分会,其成员主要分布于伊万诺沃-沃兹涅先斯克、科洛姆纳、图拉和特维尔等地[①]。此外,基辅、叶卡捷琳诺斯拉夫、卢甘斯克、巴库、阿斯特拉罕、萨拉托夫、萨马拉和其他一些工业中心也陆续成立金属工人工会[②]。

早期工会的执行机构是中央委员会,该机构专门负责协调本行业各地所有工会的行动。1905 年,彼得堡、莫斯科和哈尔科夫成立第一批中央委员会,1907 年,其数量已达 61 个。据统计,1907 年,俄国 353 个居民点共有 1192 个加工工业、交通和建筑工人工会,工会成员共有 33.3 万名。20 世纪初,工会几乎覆盖了俄国所有省份,89 个省中有 81 个省成立工会,主要集中于波兰、中部工业区、彼得堡、北部地区、南部地区和西部地区。这些地区工会数量的占比分别为 32.6%、23.5%、17%、12% 和 5%。彼得堡、莫斯科、华沙、哈尔科夫和叶卡捷琳诺斯拉夫工会中的工人数量分别为 5.4 万、5.2 万、2.9 万、1.8 万和 1.0 万人。[③]

上述工会中组织层次最高的是印刷工人工会,随后是冶金工

---

① Кац А. *Союз текстильщиков СССР//Профессиональные союзы СССР в прошлом и настоящем. 1905−1917−1927 гг.* М., Жизнь и знание, 1927. С. 112.

② Кац А. *Союз текстильщиков СССР//Профессиональные союзы СССР в прошлом и настоящем. 1905−1917−1927 гг.* М., Жизнь и знание, 1927. С. 113.

③ Розенталь И. С. *О количестве, численности и составе профсоюзовО количестве, численности и составе профсоюзов в царской России//История СССР*, 1984. No 1. С. 22. 60−62.

人工会、皮革工人工会、纺织工人工会、木材加工工人工会、食品工人工会,层次最低的是化工工人、建筑工人、矿工和造纸工人等的工会,其中冶金工人工会和纺织工人工会会员占总工会成员的50%左右。[1]

　　1861年农奴制改革之后,俄国工业化进程开启,同时农民获得了人身自由,为工业提供了大量劳动力,至此俄国领有工人彻底退出了历史舞台。随着现代化进程的开启,俄国传统的等级制度出现了分化,工人阶级逐渐作为一支新兴的力量登上了历史舞台。俄国工人的受压迫程度较深,在19世纪末马列主义形成之后,俄国工人阶级成为俄国革命的先锋力量,在其领导下,俄国爆发了十月革命。

---

[1] Розенталь И. С. *Профессиональные союзы рабочих России: Численность, состав, политическая ориентация (1905-февраль 1917 г.)*. М., Моск. гос. ист.-арх. ин-т, 1987. С. 24-25.

第三章
市民

　　1861年农奴制改革之前,俄国市民等级的主体是荣誉市民、商人、小市民和手工业者四种,他们在从事工商业活动时享有一定的特权;农奴制改革后,工商业者逐渐失去了部分特权,市民等级大致可分为两部分,即城市资产阶级和城市无产阶级。荣誉市民、大商人和部分大贵族为资产阶级代表,贫困小市民和工人阶级是无产阶级代表,因上文已对工人等级状况进行分析,此章不再阐释。

第一节　市民等级的形成和数量概述

　　从17世纪开始,市民逐渐分化为不同的等级,《1649年会典》将工商业者和其他城市与农村居民进行了严格划分,此时的工商业者须世代居住在城市之中,缴纳各种赋税,还须担负起保卫城市

的职能,政府赋予他们从事工商业的权利。18 世纪,市民等级基本
形成,1832 年《俄罗斯帝国法律全书》确定了他们的权利和义务,市
民等级正式形成。在所有社会等级中,市民等级具有重要意义,其
数量和构成也值得深究。从城市诞生之日起,市民就已产生,但其
真正作为一个等级登上历史舞台却历时数百年。

一、市民等级的形成

最早的城市居民是手工业者,部分居民因收入微薄,只能从事
非农业活动来增加收入,包括捕鱼、狩猎、养蜂、制盐、制皮和纺织
业。基辅罗斯时期就有大量居民从事手工业和贸易,工商业活动
成为居民收入的重要来源,但该部门并未成为独立行业,手工业者
的作用并不突出。从莫斯科公国时期开始,贸易成为俄国居民生
活不可分割的一部分。

莫斯科公国时期,城市数量有限,居民较少,且城市间相距较
远,严格来讲,很多城市只能称为居民点。这些城市多为军事据点
和行政中心,军事和行政意义远远大于社会和经济意义。伊凡三
世时,共有 63 个城市;伊凡四世时达 68 个;1610 年时为 138 个。
随着疆域的扩大,俄国城市数量急剧增加,17 世纪中叶已有城市
226 个,城市居民 10.7 万户,共约 53.7 万人。[1] 莫斯科市居民有 10
万—20 万人,诺夫哥罗德和普斯科夫等较大城市居民为 3 万人左
右,其他大部分城市居民则不超过 1 万人,很多城市只是由几百名
士兵组成的小居民点。17 世纪中叶,一般规模的俄国城市拥有 430

---

[1] *Пайпср России при старом режиме.* М., Независимая газета, 1993. С. 264.

户居民,户均 5 人。17 世纪中叶,纳税人只占俄国城市居民总数的
31.7%,公职人员占 60.1%,贵族农民占 8.2%。① 因此,此时城市
工商业者人数较少,尚未形成特征明显的市民等级。

彼得一世改革后俄国市民等级开始形成。因连年战争,国家
财政吃紧,为增加财政收入,彼得一世开始整顿城镇人口,壮大市
民等级。彼得一世改革奠定了俄国市民等级划分的基础。② 18 世
纪初,工商业精英等级逐渐从工商业者中分出,呢绒工厂主数量最
多。城市上层居民也开始组建同业公会,1719 年成立商人同业公
会。同业公会以等级和泛等级原则为基础,吸纳城市所有富裕者,
既是城市上层居民的联合体,又是商人等级机构。1723 年俄国政
府为开拓税源、扶持商人等级,允许资产达 500 卢布的农民或平民
知识分子进入商人等级③;1747 年颁布法律,规定经营工商业且拥
有 300—500 卢布资产的宫廷农民、修道院农民和贵族农民均可加
入商人等级。④

1721 年,政府将除贵族、官吏、僧侣、军人、外国人和农民之外
的所有城市居民列入市民等级,市民等级分成"正规市民"和"下流
人";1722 年,公会人员从正规市民中分出;1742 年,"下流人"更名
为三等商人,一等、二等、三等商人和公会人员的等级性质没有很

① *Пайпср России при старом режиме.* М. , Независимая газета, 1993. C. 264-265.

② Шацилло М. К. *Социальный состав буржузации в России в конце XIX века.* М. , Ин-т рос. истории РАН, 2004. C. 13.

③ *Предпринимательство и предприниматели в России от истоков до начала XX века.* М. , РОССПЭН, 1997. C. 38.

④ Шацилло М. К. *Социальный состав буржузации в России в конце XIX века.* М. , Ин-т рос. истории РАН, 2004. C. 14.

大差别,均须缴纳人头税、服兵役、担任国家公职,不能免于体罚。

　　叶卡特琳娜二世时期,俄国市民等级发展步入新阶段。1775年3月17日法令规定,资产低于500卢布的市民为小市民;资产超过500卢布的小商贩可进入商人等级。[①] 富裕的城市居民为商人,家境稍差的为市民或手工业者,城市工商业等级初步形成。

　　18世纪末至19世纪30年代,市民等级的法律身份和权利义务逐渐确立,其内部分化也日益明显,最终形成荣誉市民、商人、小市民和手工业者四个等级。基于此,彼得一世改革和叶卡特琳娜二世改革奠定了俄国市民等级的基础。前者将城市人口从全国人口中分离,后者将工商业居民从城市人口中分离。19世纪初期,城市人口的法律地位及其内部结构最终确立。因此,俄国市民等级在政府主导下逐渐成为重要的纳税等级。

二、市民数量的变化

　　19世纪上半叶,随着城市工商业的快速发展,城市人口数量逐年增加。1811—1863年,欧俄地区城市居民增加334万人。[②] 虽然城市居民数量逐年增加,但在全国居民的总量中占比很低,具体数据详见表3-1。就城市规模而言,19世纪上半叶,大城市的数量很少,1811年俄国人口超5万人的城市仅有5个,1863年,其数量增

---

① Шацилло М. К. *Социальный состав буржузации в России в конце XIX века*. М. , Ин-т рос. истории РАН, 2004. С. 15.

② Рашин А. Г. *Население России за 100 лет (1813 – 1913 гг.)*. Статистические очерки. М. , Государственное статистическое издательство, 1956. С. 86.

加至 14 个,此时人口超 10 万的城市仅有彼得堡、莫斯科和敖德萨。① 19 世纪上半叶在中部工业区出现很多"非农业中心"(伊万诺沃、巴甫洛夫、沃尔斯马和基姆等),它们是具有经济功能的城市,但法律上还属于村镇。1861 年农奴制改革之后才获得城市地位。

具体而言,1811—1863 年欧俄地区(不包含波兰)城市人口数量增加了 3340 万人,抑或增长了 120.8%,其中 1825—1840 年,城市人口增长最为显著,增长率达 40.2%。相关数据详见表 3-1。

表 3-1　1811—1863 年欧俄地区城市居民数量一览表②

年份	城市居民数量	
	千人	与 1811 年相比的增长率(%)
1811	2765	—
1825	3329	20.4
1840	4666	68.8
1856	5684	105.6
1863	6105	120.8

19 世纪上半叶,俄国大城市的数量不多,此时大多数城市都具有农业特征。据统计,19 世纪上半叶,欧俄地区 595 个城市中只有 6 个城市完全从事贸易和工业活动,虽然居民已从农民转为市民,

① Рашин А. Г. *Население России за 100 лет (1813 - 1913 гг.). Статистические очерки.* М., Государственное статистическое издательство, 1956. C. 86, 108.

② РашинА. Г. *Население Россииза 100 лет (1813 - 1913 гг.). Статистическиеочерки.* М., Государственное статистическое издательство, 1956. C. 86.

203

不再拥有份地,但很大一部分市民还从事农耕。此外,城市居民的
密度低于农村,19 世纪 50 年代,单位房屋内居民的数量为 6—9
人。弗拉基米尔、奔萨、沃罗涅日、彼尔姆、喀山、萨拉托夫、奥廖
尔、雅罗斯拉夫尔省单位房屋内居民的数量分别为 7 人、8 人、6 人、
9 人、7 人、9 人、8 人和 9 人。首都居民的密度较高,彼得堡和莫斯
科单位房屋内居住居民的数量分别为 42 人和 22 人。

　　18 世纪上半叶至 19 世纪下半叶,俄国市民等级的构成详见表
3-2。

表 3-2　18 世纪上半叶至 19 世纪下半叶俄国市民等级的构成①

(单位:千人)

年份	荣誉市民	商人	小市民	手工业者	总计
1724	—	50.0	133.1	1.9	185.0
1744	—	57.2	142.1	12.7	212.0
1762	—	72.8	141.9	13.7	228.4
1782	—	87.0	249.2	—	336.2
1895	—	117.8	464.4	—	582.2
1811	—	122.9	653.6	—	776.5
1815	—	81.4	616.7	—	698.1
1824	—	52.0	877.6	—	929.6
1825	—	77.5	1033.0	—	1110.5

---

① [俄]米罗诺夫:《俄国社会史:个性、民主家庭、公民社会及法制国家的形成》,张广
　翔等译,山东大学出版社 2006 年版,第 103 页。

续表

年份	荣誉市民	商人	小市民	手工业者	总计
1836	—	119.3	1259.4	—	1378.7
1840	2.4	136.4	1454.0	—	1592.8
1850	7.2	175.5	1704.4	—	1887.1
1858	10.9	204.8	1705.9	145.6	2067.2
1863	17.8	235.7	1955.0	133.1	2341.6

　　俄国城市居民中农民的数量很多,大城市中农民的占比最高。19 世纪下半叶,俄国城市化进程不断加快,但俄国仍是农业国,农业居民占主导。1801 年俄国居民数量为 3750 万人[1],19 世纪末 20 世纪初俄国居民数量已达 1.6 亿,与 18 世纪相比增加近 5 倍。具体而言,俄国城市居民人口由 1811 年的 4378.5 万增加至 1863 年 6996 万人,增幅 59.8%;1863—1913 年由 6996 万增加至 1.6 亿,增长 9004 万人,增幅 128.7%。[2]

　　1863—1914 年,欧俄地区城市人口的数量增加了 3 倍多,且最后十年间城市人口的绝对数增长量最大。1863—1897 年,城市人口增加了近 600 万,而 1897—1914 年欧俄城市人口增加了 650 多万人。总体而言,1811 年,欧俄地区城市人口的总量为 276.5 万,而截至 1913 年,欧俄地区城市人口的总量为 1859.7 万人,城市人口增加了 1583.2 万人,增长了 5.73 倍。因数据有限,只能以欧俄

[1] Рубакин Н. А. *Россия в цифрах.* СПб. , Вестник Знания, 1912. С. 29.
[2] Рашин А. Г. *Население России за 100 лет (1813 - 1913 гг.).* Статистические очерки. М. , Государственное статистическое издательство, 1956. С. 25.

地区为例进行探究,1811—1913 年欧俄地区大城市人口的规模详
见表 3-3。

表 3-3 1811—1913 年欧俄地区大城市人口的变动一览表①

城市名称	居民数量(千人)					增长倍数		
	1811 年	1840 年	1863 年	1897 年	1914 年	1811—1863 年增长	1863—1914 年增长	1811—1914 年增长
敖德萨	11.0	60.1	119.0	403.8	499.5	9.8	3.2	44.4
罗斯托夫	4.0	12.6	29.3	119.5	172.3	6.3	4.9	42.1
萨马拉	4.4	13.7	34.1	90.0	143.8	6.8	3.2	31.7
辛菲罗波尔	2.5	12.9	17.1	49.4	69.6	5.8	3.1	26.8
察里津	3.8	4.4	8.4	55.2	100.8	1.2	11.0	25.5
尼古拉耶夫	4.2	28.7	64.6	92.0	103.5	14.4	0.6	23.6
叶卡捷琳诺斯拉夫	8.6	8.5	19.9	112.8	211.1	1.3	9.6	23.6
哈尔科夫	10.4	29.4	52.0	174.0	244.7	4.0	3.7	22.5
基辅	23.3	47.4	68.4	247.7	520.5	1.9	6.6	21.3
彼尔姆	3.1	12.0	19.2	45.2	68.1	5.2	2.5	21.0
奥伦堡	5.4	14.6	27.6	72.4	100.1	4.1	2.6	17.5
里加	32.0	60.0	77.5	282.2	558.0	1.4	6.2	16.4

① Рашин А. Г. *Население России за 100 лет (1813 – 1913 гг.)*. Статистические
очерки. М. , Государственное статистическое издательство, 1956. С. 89-90.

续表

城市名称	居民数量（千人）					增长倍数		
	1811 年	1840 年	1863 年	1897 年	1914 年	1811—1863 年增长	1863—1914 年增长	1811—1914 年增长
卡缅涅茨-波多利斯基	3.6	14.7	20.7	35.9	49.9	4.8	1.4	12.9
维亚特卡	4.2	11.0	14.7	25.0	47.0	2.5	2.2	10.2
新切尔卡斯克	6.7	17.6	18.1	52.0	69.1	1.7	2.8	9.3
乌法	9.2	16.5	16.5	49.3	99.9	0.8	5.1	9.9
赫尔松	9.0	22.6	40.1	59.1	96.2	3.5	1.4	9.7
日托米尔	8.2	16.7	38.4	65.9	86.4	3.7	1.3	9.5
明斯克	11.2	23.6	30.1	90.9	116.7	1.7	2.9	9.4
别尔季切夫	7.4	35.6	53.2	53.4	75.3	6.2	0.4	9.2
莫吉廖夫	5.8	17.9	48.2	43.1	54.2	7.3	0.1	8.3
塔甘罗格	7.4	22.5	42.4	51.4	68.4	4.7	0.6	8.2
萨拉托夫	26.7	42.2	84.4	137.1	235.3	2.2	1.8	7.8
切尔尼戈夫	4.5	11.1	10.6	27.7	36.3	1.4	2.4	7.1
下诺夫哥罗德	14.4	31.9	41.5	90.1	111.6	1.9	1.7	6.8
科斯特罗马	10.1	13.5	21.4	41.4	68.7	1.1	2.2	5.86

续表

城市名称	居民数量(千人)					增长倍数		
	1811 年	1840 年	1863 年	1897 年	1914 年	1811—1863 年增长	1863—1914 年增长	1811—1914 年增长
莫斯科	270.2	349.1	462.5	1038.6	1762.7	0.7	2.8	5.5
维捷布斯克	16.9	17.9	27.9	65.9	108.2	0.7	2.9	5.4
波尔塔瓦	10.1	16.0	31.3	53.7	65.1	2.1	1.1	5.4
梁赞	7.8	19.0	22.3	46.1	49.4	1.9	1.2	5.3
彼得堡	335.6	470.2	539.5	1264.9	2118.5	0.6	2.9	5.3
斯摩棱斯克	12.4	11.0	23.1	47.0	74.1	0.9	2.2	5.0
弗拉基米尔	5.7	12.0	14.7	28.5	32.7	1.6	1.2	4.7
格罗德诺	10.5	16.6	26.2	46.9	59.2	1.5	1.3	4.6
雷瓦尔	17.6	24.0	29.4	64.6	96.1	0.7	2.3	4.5
奔萨	14.8	19.5	27.3	60.0	78.9	0.8	1.9	4.3
雅罗斯拉夫尔	23.8	34.9	27.7	71.6	111.5	0.2	3.0	3.7
诺夫哥罗德	6.3	16.8	17.7	25.7	28.2	1.8	0.6	3.5
沃洛格达	9.6	13.1	19.0	27.7	41.3	1.0	1.2	3.3
沃罗涅日	22.1	43.8	40.9	80.6	93.7	0.9	1.3	3.2
坦波夫	16.8	16.8	36.0	48.0	71.2	1.1	1.0	3.2
米塔瓦	10.8	20.3	22.8	35.1	45.6	1.1	1.0	3.2

城市名称	居民数量(千人)					增长倍数		
	1811 年	1840 年	1863 年	1897 年	1914 年	1811—1863 年增长	1863—1914 年增长	1811—1914 年增长
辛比尔斯克	13.3	17.7	24.9	41.7	55.2	0.9	1.2	3.2
阿斯特拉罕	37.8	45.9	42.8	112.9	154.5	0.1	2.6	3.1
奥廖尔	24.6	32.6	35.0	69.7	96.2	0.4	1.7	2.9
库尔斯克	23.5	30.5	28.6	75.7	87.8	0.2	2.1	2.7
普斯科夫	9.3	10.3	16.8	30.5	34.1	0.8	1.0	2.7
特维尔	17.5	17.1	28.5	53.5	63.9	0.6	1.2	2.6
维尔诺	56.3	54.5	69.5	154.5	203.8	0.2	1.9	2.6
喀山	53.9	41.3	63.1	130.0	194.2	0.2	2.1	2.6
彼得罗扎沃茨克	4.7	5.1	11.4	12.5	16.4	1.4	0.4	2.5
阿尔汉格尔斯克	11.0	9.6	20.2	20.9	36.9	0.8	0.8	2.4
图拉	52.1	51.7	56.7	114.7	139.7	0.1	1.5	1.7
卡卢加	23.1	35.0	34.7	49.5	56.3	0.5	0.6	1.4

注:此处所指 1914 年为 1914 年 1 月 1 日

虽然城市居民数量迅速增加,但俄国农村居民仍占主导,1914

年俄国农村居民的占比为 82.7%。[①] 此时,俄国农业居民的占比明显高于其他国家,1915 年,荷兰、丹麦、法国、美国、德国、挪威和英国农村居民的占比分别为 63.1%、61.8%、58.8%、58.5%、43.9%、28.0%和 22.0%。[②]

城市数量增加是居民人数增加的前提。19 世纪,随着工商业的发展,欧俄地区诞生了许多大城市。一战前彼得堡、莫斯科、基辅、里加、哈尔科夫和喀山等城市的人口数量分别为 211.8 万、176.3 万、52.0 万 55.8 万、24.5 万和 19.4 万人。在城市人口数量增加后,大城市中农村居民的比重开始降低,1897 年,彼得堡城市居民的比重为 67.3%,莫斯科、华沙和巴库城市居民比重分别为 46.7%、43.8%和 20.6%。1915 年,彼得堡、莫斯科和巴库的城市居民比重分别达 74.5%、51.1%和 27.2%,中亚各地城市居民的比重已超过 20%。1811—1914 年,俄国大城市居民数量增加 8.8 倍。[③] 即便如此,俄国农村居民仍占主导。

19 世纪下半叶,随着社会经济的发展,所有城市的居民数量都有所增加,但大城市增速最快,究其原因有二:一是城市工商业快速发展,城市居民的数量增加;二是 1861 年农奴制改革之后,农民获得人身自由,迫于生计纷纷到城市务工,大城市成为他们的首

---

① Ленин В. И. *Полн. собр. соч.* Т. 3. М. , Издательство политической литературы, 1958. С. 502.

② Дубровский С. М. *Сельское хозяйство и крестьянство России в период Империализма.* М. , Наука, 1975. С. 38.

③ Рашин А. Г. *Население России за 100 лет (1811 - 1913 гг.).* Статистические очерки. М. , Государственное статистическое издательство, 1956. С. 94; Рубакин Н. А. Россия в цифрах. СПб. , Вестник Знания, 1912. С. 99.

选。基于此,20 世纪初俄国人口超过 10 万的大城市几乎都集中于
欧俄地区,具体数据详见表 3-4。

表 3-4　1914 年俄国居民超过 10 万的城市一览表①

城市名称	居民数量(千人)	城市名称	居民数量(千人)
彼得堡	2118. 5	阿斯特拉罕	151. 5
莫斯科	1762. 7	伊万诺沃-沃兹涅先斯克	147. 4
里加	558. 0	萨马拉	143. 8
基辅	520. 5	图拉	139. 7
敖德萨	499. 6	奥姆斯克	134. 8
梯弗里斯	307. 3	基什尼奥夫	128. 2
塔什干	271. 9	明斯克	16. 7
哈尔科夫	244. 7	托木斯克	114. 7
萨拉托夫	235. 7	下诺夫哥罗德	111. 6
巴库	232. 2	雅罗斯拉夫尔	111. 2
叶卡捷琳诺斯拉夫	211. 1	维捷布斯克	108. 2
维尔诺	203. 8	尼古拉耶夫	103. 5
喀山	194. 2	叶卡捷琳诺达尔	102. 2
罗斯托夫	172. 3	察里津	100. 8
		奥伦堡	100. 1

---

① Рашин А. Г. *Население России за 100 лет (1811 − 1913 гг.).* Статистические
очерки. М. , Государственное статистическое издательство, 1956. С. 110.

值得一提的是,俄国城市人口集中程度较高。1911 年,俄国的
10 个大城市中(不包括波兰和芬兰地区)集中了 550 万人口,占所
有城市人口的 25%。[1] 1914 年,俄国只有 29 个城市人口超过了 10
万,这 29 个城市的总人口大约占全部城市人口总量的 40%。[2] 19
世纪末 20 世纪初,城市居民增长速度非常快。如果说 1897—1910
年,城市人口平均增长速度为 3%(增加到 560 万人),那么 1911—
1913 年,增长速度增至 6%,仅仅 3 年之间就增加了 300 万左右。
关于俄国城市人口在总人口中的比重,俄国学术界存在分歧,A.
Г. 拉申和 Л. M. 伊万诺夫认为,到 1914 年,俄国城市人口所占比例
达到了 15.3%,[3]而 A. Л. 瓦尹什杰恩则认为达到了 18.4%。[4]

19 世纪末 20 世纪初,俄国诸多大城市人口增加的主要原因是
外来务工人员大量涌入。以彼得堡为例,1910 年,其 1905.6 万人
口中,农民的数量为 1310.5 万,占比为 68.8%,农民和小市民占彼
得堡总人口的 84.2%。[5] 一般而言,农民可以纳入市民等级,他们
可成为小商人和手工业者,过渡至市民等级也相对容易。俄国城

① 其中彼得堡人口 191.14 万,莫斯科有 150.55 万,敖德萨 49.81 万,基辅 44.68 万,
里加 99.79 万,哈尔科夫 22.37 万,巴库 22.21 万,萨拉托夫 20.23 万,塔什干
19.35 万,梯弗里斯 19.18 万。

② Иванов Л. М. *О сословно-классовой структуре городов капиталистической
России*//Проблемы социально-экономической истории России. М. , Наука,
1971. C. 314.

③ Шацилло М. К, *Социальный состав буржузации в России в конце XIX Века*. М. ,
Ин-т рос. истории РАН, 2004. C. 175.

④ Вайнштейн А. Л. *Народное богатство и народно хозяйственное накопление
предреволюционной России*. М. , Госстатиздат, 1960. C. 453.

⑤ Рашин А. Г. *Население России за 100 лет (1811 - 1913 гг.)*. Статистические
очерки. М. , Государственное статистическое издательство, 1956. C. 128.

市居民涵盖范围较广,除传统的贵族和工人等级之外,还有诸多其他居民,其中数量最多的是商人和市民等级。大商人和荣誉市民为市民等级中的上层,小市民和手工业者为市民等级中的下层,在社会经济发展过程中都发挥其特有的作用,下文就对具体的城市居民进行分析。

第二节　商人

商人是第二个拥有特权的市民等级,仅次于荣誉市民,该等级形成于18世纪至19世纪初,政府每年根据商人们申报的资产数额和之前的等级证明决定是否保留其等级称号。19世纪四五十年代,商人的数量大幅增加,成为俄国市民等级的重要组成部分,但因软弱性和妥协性,并未成为社会变革的中坚力量。

一、商人等级的构成

莫斯科公国时期,根据收入差异,将工商业者分为三个等级,即一等、二等和三等居民,1721年,彼得一世将工商业者分为正式市民和非正式市民两部分,正式市民为一等、二等商人和行会手工业者,其余的居民为非正式市民。18世纪20年代后期,俄国政府将所有城市等级都统称为商人。1724—1775年,按照财产多寡,将市民等级分为一、二、三等商人,一等和二等商人为大商人、中等商人和手工工场主,三等商人为小商人、行会手工业者、雇佣工人和菜园主。

1775 年，俄国法律对市民等级重新分类，分为商人、小市民和行会手工业者，即将小市民和行会手工业者从商人等级中分离。政府又根据商人注册资本的多少将其分为三个级别，即第一等级基尔德、第二等级基尔德和第三等级基尔德商人，其最低注册资本分别为 10 000 卢布、1000 卢布和 500 卢布，资本低于 500 卢布的市民被称为小市民和行会手工业者。1785 年，叶卡特琳娜二世颁布的城市条例出台后，城市内出现了一个新的等级，即名望市民（1832 年被取缔，后称为荣誉市民），主要包括大商人和银行家。18 世纪下半叶，虽然政府为扶持贵族大肆打压商人等级，但商人逐渐成为市民中的特权等级，免除了人头税、不需服兵役、不受工商业者管理。市民纳入商人等级的条件也较为宽松，只要注册资本达到上述标准并缴纳注册资本 1% 的商人税即可成为商人，也可享受上述权利。商人无力缴纳税款后则自动转为小市民，但欠缴税款仍须偿还。1863 年，俄国政府法律规定各等级居民都可成为商人，但具有最低注册资本限制。

18 世纪至 19 世纪初，俄国商人等级形成。就财产状况而言，商人分为第一等级、第二等级、第三等级基尔德商人，第一、二等级基尔德商人多为大商人，第三等级基尔德商人以小商人为主，不同等级基尔德商人拥有不同的商业权利。第一等级基尔德商人有权从事批发、零售贸易和对外贸易，有权拥有仓库（含粮仓）和商店，且数量不限；在登记辖区内的所有城市和农村，可建立轻工业、重工业手工工场和手工作坊。第二等级基尔德商人取得许可证后，有权在其所属县城从事贸易活动；可无限量地建立轻重工业手工工场和手工作坊,但每笔交易的总金额不得超过 1.5 万卢布。① 取得第一、二等级基尔德证明的商人有权在其所在县市内经营商店。第一等级基尔德商人可以经营股份公司和集团,从事银行业务和寄售贸易;第二等级基尔德商人可以经营经纪人事务所。18—19世纪欧俄地区市民等级中商人的占比详见表 3-5。

表 3-5　18—19 世纪欧俄地区市民等级的占比②(单位:%)

年份	荣誉市民	商人				小市民	行会手工业者	总计
		第一等级	第二等级	第三等级	商人总量			
1724*	—	9.0	18.0	—	27.0	72.0**	1.0	100
1744*	—	9.0	18.0	—	27.0	67.0**	6.0	100
1764*	—	7.2	24.7	—	31.9	62.1**	6.0	100
1775	—	—	—	—	19.0	810	—	100
1782	—	—	—	—	26.0	74.0	—	100
1795	—	—	—	—	20.0	80.0	—	100
1811	—	0.5	1.0	14.5	16.0	84.0	—	100
1815	—	—	—	—	12.0	88.0	—	100
1824	—	—	—	—	5.6	94.4	—	100
1825	—	—	—	—	7.0	93.0	—	100
1835	—	0.2	0.5	1.9	8.6	91.4	—	100

① Иванова Н. А. , Желтова В. П. *Сословно-классовая структура России в конце XIX- начале XX века.* М. , Наука, 2004. С. 83.

② [俄]米罗诺夫:《俄国社会史:个性、民主家庭、公民社会及法制国家的形成(上)》,张广翔等译,山东大学出版社 2006 年版,第 104 页。

| 年份 | 荣誉市民 | 商人 | | | | 小市民 | 行会手工业者 | 总计 |
		第一等级	第二等级	第三等级	商人总量			
1840	0.2	0.1	0.4	8.7	9.2	90.6	—	100
1850	0.4	0.1	0.4	6.5	7.0	93.0		100***
1858	0.5	0.2	0.5	9.0	9.7	83.0	7.0	100***
1863	0.8	—	—		10.0	83.5	6.0	100***
1870	1.0	—	—		7.0	92.0	—	100
1897	3.0	—	—		2.0	91.0***	4.0（1883年）	100

注：*包括西伯利亚地区；**也有认为将其划入第三等级基尔德商人；***因许多荣誉市民同时为第一和第二等级基尔德商人，所以部分数据的比例超过100%

二、商人等级的起源与发展

古罗斯时期，农业较为落后，商人的社会地位很高，在社会生活中占据重要地位。俄语中"商业"一词词根来源于鞑靼语，意为"牲畜"或者"财产"，在此基础上发展出"商人""贸易伙伴"和"集团"之意。"股份"一词也来源于鞑靼语，意思与"皮箱""柜子""袋子"类似。

罗斯商业较为发达，对外交往中商人的作用不容小觑。基辅罗斯早期与其他国家的交往主要借助"瓦良格商路"，该商路始于北欧的斯堪的纳维亚半岛，最终到达拜占庭的首都君士坦丁堡。9世纪开始，罗斯商人已到达拜占庭首都君士坦丁堡，出售蜂蜜、鱼、毛皮和蜂蜡等货物,同时也在拜占庭其他城市经商。11—12 世纪,罗斯商人可到拜占庭帝国境内各城市经商,拜占庭人也常到基辅罗斯出售货物,贸易对政治的依存度开始降低,罗斯人不但在君士坦丁堡定居,在当地还有自己的商业街。

基辅罗斯分裂后,商人的地位较高,诺夫哥罗德公国时期更是如此。因手工业和贸易繁荣,商人作用十分巨大,诺夫哥罗德公国实施共和制度。14 世纪,波罗的海地区最大的贸易体为汉萨同盟,14 世纪下半叶,汉萨同盟垄断了波罗的海地区的贸易,并在伦敦等欧洲诸多大城市和诺夫哥罗德等地建立商站,诺夫哥罗德公国与汉萨同盟的贸易往来十分密切,诺夫哥罗德商人也因此垄断了基辅罗斯与西欧和北欧国家间的贸易。因商业发达,所以商人的地位较高。诺夫哥罗德商人可进入哥特兰,以及立沃尼亚地区的雷瓦尔、里加和杰尔普特等城市。在和汉萨同盟与斯摩棱斯克等城市签订的条约中,诺夫哥罗德商人拥有其他地区商人没有的在汉萨同盟其他城市从事贸易的权利。

莫斯科公国时期,商人是最大的资本家。商人年均贸易流通资金达数万卢布。与西欧不同的是,莫斯科公国的商人并未进行任何形式的资本积累,未将生产控制在手中。商人认为其主要目的是采购商品、管理市场、出售手工业者产品、维持小生产者的依附地位,并未考虑雇佣工人和从事生产。

16 世纪,莫斯科公国时期的商品货币关系继续发展,劳动分工更加细化,商品生产规模不断扩张,国内市场进一步繁荣,商人实力大增。大商人拥有雄厚的资金,年均贸易流通资金达 2 万—10 万卢布,折合成 19 世纪末的货币,价值为数百万卢布。大商人也成立了两个行会组织，即呢绒和家具行会，它们具有等级组织特征，还具有一定的政治影响力。大商人是莫斯科公国最具影响力的政治等级之一，他们拥有诸多特权。在提及商人的政治和经济影响时，同时代人指出："商人掌控了全部国内贸易，他们是唯利是图和极其危险的……所有大城市的贸易都由几个大商人掌控，沙皇也赋予他们很多特权。因其唯利是图的本性，他们垄断了大部分贸易，普通商人虽然知道也可从中获利，但是仍仇视大商人。为巩固自身特权及积累财富，商人们辛勤工作。"[1]因此，莫斯科公国时期商人在贸易中发挥重要作用，在工业中小生产者则占据主导地位。

16 世纪末，很多俄国商人拥有了雄厚的资本，而且与西欧商人一样成立了商业工会，如客商帮和呢绒商帮等。据统计，1649 年，俄国共有客商 13 人、客商帮 158 个、呢绒商帮 116 个，客商的资本可达 2 万—10 万卢布。[2]

18 世纪之前，俄国商人主要从事贸易，并未投资手工业，这也是后期该等级逐步衰落的原因。17 世纪，随着工商业发展，手工工场开始出现，其主要形式是商人手工工场，商人通过各种方式染指生产，但其规模逊色于世袭手工工场和官办手工工场。

值得一提的是，16 世纪商人的政治地位很高。伊凡四世召开的缙绅会议中工商业者数量仍很多。1566 年 6 月 28 日，缙绅会议

---

[1] Туган-Барановский М. И. *Русская фабрика в прошлом и настоящем: Историко-экономическое исследование. Т. 1. Историческое развитие русской фабрики в XIX веке.* М. , Кооперативное издательство Московский рабочий, 1922. С. 11.

[2] 赵克毅：《十七至十八世纪俄国商人的地位与作用》，《河南师大学报（社会科学版）》，1983 年第 4 期，第 78 页。

于莫斯科召开,会议共持续 5 天,沙皇亲自主持会议。与会者人数370 多名,涉及各等级,如教会人员、波雅尔、王公、服役人员、客商和其他商人。具体成员如下:一是教会神职人员,包括大主教、主教、修道士大司祭、修道院院长和长老等,共计 32 人;二是波雅尔贵族,包括御前侍臣、宫廷书记官和其他高级官员,他们都是波雅尔杜马成员,共计 30 人,还有 33 位衙门负责人和书记官;三是服役贵族,其人数最多,其中有爵位者 95 人,普通服役贵族和波雅尔子弟共 99 人,还有数名贵族代表;四是工商业等级代表,共计 75 人,地位最高的是 12 名客商,其次为 41 名莫斯科商人和 22 名斯摩棱斯克商人。此次缙绅会议与会者涵盖俄国社会的主要等级,且吸收了市民等级,已具备等级会议特征。由此可知,缙绅会议中商人的数量仅次于贵族,此时他们的政治地位仍很高。

17 世纪初,缙绅会议的与会者为高级僧侣、波雅尔贵族、商人、市民和地方贵族代表等。与伊凡四世时期缙绅会议不同的是,市民代表由选举产生,商人数量也逐渐减少,但市民数量增加,所以此时商人的地位仍不容小觑。1648 年 9 月 1 日,缙绅会议在莫斯科正式召开,其主要议题是制定新法典,与会人员达 350 人。与会者中 316 人在法典上签字,具体等级和人员数量如下:高级僧侣代表 14 人,波雅尔、首都(莫斯科)贵族、衙门司书和外省贵族 155 人,客商 3 人,莫斯科同业公会代表 12 名,射击军代表 15 人,市民 79 人,不明身份者 21 人,等等。农民代表并未涵盖在内,市民和商人等级的影响明显加强。

三、18 世纪的俄国商人

17 世纪俄国商人的权力仍很大，《1649 年会典》对其他等级居民经商进行了诸多限制，这些法律条款都是保护商人利益的体现。如法律中规定，农民可带自己的货物到城市中销售，但不能租赁店铺，只能在集市上出售。1690 年俄国政府颁布敕令，将贵族从商人行会中清除，农民、农村手工业者和贵族都不允许从事贸易，商人的经济地位进一步提高，商人控制了国内市场，借机积累了大量资本。

18 世纪之前，商人控制着国内贸易，此时俄国国内市场日趋专业化。北部粮食贸易主要集中于沃洛格达，毛皮贸易主要集中于索利维切戈茨克和伊尔比特；西北部地区主要从事亚麻和大麻制品贸易，以诺夫哥罗德最为发达；伏尔加河流域主要从事动物产品贸易，市场主要集中于喀山、雅罗斯拉夫尔和察里津；中部地区主要从事金属制品贸易，主要集中于图拉和季赫维尼。17 世纪，莫斯科是全俄贸易的中心，各地商品都运至此处销售，莫斯科共有 120 家专业店铺，主要销售丝织品、毛皮、毛线、呢绒、金属制品、粮食、油脂和啤酒等。

17 世纪，以莫斯科为例，当地已有众多市场、商店和集市，居民和商人聚集于各贸易点，贸易已十分频繁。城内不但有店铺和货栈，还有简易窝棚和露天市场。因此，城内不但固定贸易点较多，行商的数量也众多。据统计，1626 年，仅中国城就有 826 个交易机构，分属于 307 个所有者。一般而言，每个贸易点有 2—3 个工商业院落,店铺宽 2 俄丈①,长 2.5 俄丈。据统计,1701 年俄国共有 6894 个工商业院落,2664 个贸易点。② 马卡里耶夫展销会定期举办之后,商人的财富进一步增加。

18 世纪初,商人财富进一步增加,他们不但从事贸易,还开始进军工业。彼得一世时期建立起众多手工工场,很多手工工场的规模已十分巨大。如谢斯得罗列茨克军事手工工场中,工人达 683 人,508 户农民被划拨给图拉的国有军工厂。莫斯科国有帆布厂工人达 1162 人。彼得一世时期大部分手工工场主多属于商人等级。俄国第一家呢绒手工工场由商人谢尔科夫与杜布罗夫斯基创办于 1689 年;第一家私人亚麻手工工场由商人安德烈·杜尔克和岑巴里希科夫建立。雅罗斯拉夫尔商人扎特拉佩兹是彼得一世时期大工厂主之一,拥有上百家制布厂。阿法纳西·戈尼恰罗夫也是当时拥有大型亚麻厂与造纸厂的著名商人。此外,沃尔科夫(拥有科洛缅诺奇工厂)、菲拉托夫(拥有亚麻厂)、科尔尼洛夫(拥有造纸厂)、斯科别里尼科夫(拥有皮革厂)、巴甫洛夫与尼基福洛夫(拥有头巾厂)、巴尼菲洛夫(拥有头巾厂)、巴布什金(拥有呢绒厂)、索博里尼卡(拥有呢绒厂)、尼基特·沃洛金(拥有纺织厂)、库兹涅措夫(拥有织布厂)与基里洛夫(拥有烟丝厂)等商人都远近驰名。

1729 年大商人谢戈里尼的莫斯科呢绒厂工人达 730 人,机器 130 台,塔梅斯亚麻厂工人与车床分别为 841 人与 443 台,雅罗斯拉夫尔塔梅斯与扎特拉佩兹尼工厂工人与车床分别为 180 人与

---

① 俄罗斯传统长度单位,1 俄丈约 2.13 米。

② Кулишер И. М. *История русского народного хозяйства*. Челябинск. , СОЦИУМ, 2008. C. 480–481.

172 台,莫斯科米留京饰品手工工场工人为 280 人,1728 年莫斯科
叶夫列伊诺夫丝织手工工场工人约为 1500 人。[1]

彼得一世之后的沙皇大多限制商人等级的权利,扶持贵族发
展工商业。1773 年,俄国 1/5 的手工工场已属贵族所有,他们控制
着俄国流通商业领域 1/3 的资金。虽然商人的地位受到冲击,但
他们仍把持国内市场,通过控制产品价格赚取高额利润。18 世纪,
大商人垄断了国际贸易。18 世纪下半叶,3700 名莫斯科商人中,93
人专门从事对外贸易;1761—1765 年,他们掌控的资本数额为
117.6 万卢布。[2] 其中最著名的商人有茹拉列夫兄弟、苏洛夫西科
夫、康加科夫、巴塔舍夫和多尔果兄弟等。

18 世纪下半叶,按照商人注册资本的多少将其划分为三个等
级,但资本数额逐年提高,具体标准详见表 3-6。

表 3-6　18 世纪下半叶俄国商人的注册资本数额及对应等级[3]

(单位:卢布)

年份	第一等级基尔德	第二等级基尔德	第三等级基尔德
1775	10 000	1000	500

[1] Туган-Барановский М. И. *Русская фабрика в прошлом и настоящем: Историко-экономическое исследование. Т. 1. Историческое развитие русской фабрики в XIX веке.* М. , Кооперативное издательство Московский рабочий, 1922. С. 16.

[2] 赵克毅:《十七至十八世纪俄国商人的地位与作用》,《河南师大学报(社会科学版)》,1983 年第 4 期,第 82 页。

[3] [苏]雅科夫柴可夫斯基:《封建农奴制时期俄国的商业资本》,敖文初译,科学出版社 1956 年版,第 99 页;赵克毅:《十七至十八世纪俄国商人的地位与作用》,《河南师大学报(社会科学版)》,1983 年第 4 期,第 79 页。

年份	第一等级基尔德	第二等级基尔德	第三等级基尔德
1785	10 000	5000	1000
1794	16 000	8000	2000

17世纪中叶之前,商人和工商业者的差异不大,《1649年会典》颁布后,商人与其他社会等级的区别逐渐显现,他们被赋予经商的特权,但须固定在城市公社之内,除缴纳税款外,还须承担其他相关的国家义务。18世纪初,商人可自由从事商业活动,还可建立手工工场,积极性大幅提高。18世纪下半叶,俄国商人等级的社会地位逐渐确立。

叶卡特琳娜二世时期,俄国商人的法律地位最终确立。女皇继位之初,为了推动经济发展、解决国家财政困难,赋予商人诸多特权,提高他们的社会声望。1785年4月,叶卡特琳娜二世颁布《俄罗斯帝国城市权利和利益诏书》,诏书确定城市自治机关由城市联合会、市杜马、六人杜马(又称六头杜马)和市政局组成,其中城市联合会三年召开一次会议,凡缴纳税款达50卢布以上、年满25周岁的城市居民都有资格成为城市联合会成员。城市联合会会议选举市长和法官等官员,但召开会议必须得到省长批准。市杜马由市长和市议员组成,每三年举行一次会议,执行机构为六人杜马,成员包括市长和6名等级代表,均由选举产生。城市最高等级自治组织是城市会议,由城市常住居民组成,成员包括领地管家、市议会议员、等级法庭庭长、市民等级代表和市民代表,会议选举等级自治组织。公共城市杜马由城市首脑和各等级代表组成。一些大城市还成立商人协会，由大商人组成。城市的司法机关是市政局，隶属于省长和市长。

诏书中对商人特权的规定如下：一是商人有成立等级法庭的权利；二是商人的权利得到保护，商人的特权只能依法剥夺，商人遭到其他等级侮辱时，有权得到补偿，即便是贵族也须受到惩罚；三是第一等级基尔德商人可乘坐两匹马拉的四轮轿式马车，第二等级基尔德商人可乘坐两匹马拉的四轮马车，第三基尔德商人只能乘坐一匹马拉的轻便马车；四是商人的住房可以私有，可经营城郊小酒馆、货栈，成立手工工场；五是免除商人的体罚。

俄国政府允许小生产者、手工业者和农民无须纳税就可在集市上销售商品，一定程度上推动了地方集市贸易的发展。18 世纪中叶，集市的最主要交易人是第二等级基尔德商人。18 世纪末，集市最主要的交易人已是第三等级基尔德商人和市民，甚至部分城市还为农民颁发贸易许可证。据统计，1766 年，俄国第三等级基尔德商人和从事贸易的农民（以下称"贸易农"）的数量已达 1.3 万人。[①]

18 世纪，俄国最大的贸易商是进口货物供货商和国际贸易代理商，大商人控制了国内外贸易。里加港有专门从事纺织品贸易的商人，他们在码头建立仓库，主要囤积的货物为丝织、毛织和棉纺织产品，包括头巾、带子等，以及金属饰品、高价银器、胸针和刀子等，其商品畅销国内市场；也有部分商人从事化学品贸易，主要

---

① Яковцевский В. Н. *Купеческий капитал в феодально-крепостнической России.* М. , Изд-во Акад. наук СССР, 1953. С. 50 - 54; Миронов Б. Н. *Внутренний рынок России во второй половине XVIII-первой половине XIX в.* Л. , Наука, 1981. С. 184.

交易商品为染料、松香、白矾和水银等。产品销售专业化推动了运输专门化,卡马河上游有专营盐的商队,他们有专门的船只运盐;丘索瓦亚河有运铁商队,有专门船只运铁;维亚特和卡马河还有专门的运木材船只;苏拉河有专业运粮船和仓库;上沃洛乔克运河很多船只向彼得堡运输货物,18世纪因拉多加湖船只税提高,该运河货流量大增。

　　18世纪下半叶,各地贸易的专业化趋势加强。18世纪末扎兰斯克63名商人专门从事牲口贸易,74人从事纺织品贸易,26人专门从事蜂蜜和蜂蜡贸易,40名商人从事皮革和油脂贸易。[①] 卡卢加凭借交通运输之便迅速发展为大型商业城市,主要与彼得堡、里加和阿尔汉格尔斯克等港口进行贸易,其货物如下:一是大麻纤维、大麻油、蜂蜜和油脂等;二是帆布和其他亚麻产品;三是粮食;四是中国商品和俄国北方货物;五是萨拉托夫和阿斯特拉罕鱼类产品。

四、19世纪的俄国商人

　　19世纪初,农民可从事工商业之后,他们控制零售贸易和手工业,不用支付基尔德商人税费,也不承担商人等级的任何赋税,商人的利润受到了冲击。此外,国家为扶持贵族,允许贵族建厂并发展工业,商人的地位迅速下降。即便如此,在工商业发展过程中商人的地位仍不容小觑。

　　1832年,《俄罗斯帝国法律全书》第九卷《等级法》将所有市民

---

① Милов Л. В. *По следам шедших эпох: статьи и заетки.* М. , Наука, 2006. С. 441

分成"一般市民"和"特殊市民"两类。"一般市民"包括出生或定居在城市的居民,他们在城市拥有住房或其他不动产;同业公会成员或行会成员;以及在城市行政机构中任职的公职人员。因此,"一般市民"囊括了城市所有常住者。"特殊市民"主要指城市中产阶级,包括荣誉市民、商人、城镇居民、西部和波罗的海东部沿海城市的居民和工人等。19世纪60年代,内务部出台法律,明确规定"一般市民"享有充分的权利,"特殊市民"仅享有部分特权。商人在经济生活中发挥重要作用,虽被纳入特殊市民行列,但政治地位并无太大改善。

19世纪上半叶,商人拥有雄厚的资本,他们是从事贸易的主力,固定贸易的贸易额大增,单位店铺的年均流动资金由1750年的220银卢布增加至1850年的4000银卢布。[1] 1825年,彼得堡地段较好商铺的年均贸易额为2800银卢布,1847年和1856年分别为3100银卢布和3500银卢布。1847年和1856年固定零售贸易点的年均贸易额分别为2.2亿和2.8亿银卢布,1859年高达3.3亿银卢布。[2]

1861年农奴制改革前,俄国国内贸易的主要形式为展销会。掌控国内市场的首先是商人,然后是贵族、贸易农和手工业市民,此外,国外商人在国内市场上的作用也不容忽视。1825年,莫斯科有2000多名农民在家中和店铺内从事贸易;1845年,莫斯科市从

① Рындзюнский П. Г. *Городское гражданство дореформенной России.* М. , Изд-во Акад. наук СССР, 1958. С. 24-25.

② Миронов Б. Н. *Внутренний рынок России во второй половине XVIII - первой половине XIX в.* Л. , Наука, 1981. С. 67.

事贸易的主要居民为贸易农、商人和市民,其数量分别为 5563 人、3930 人和 3101 人,占比分别为 44.17%、31.2%和 24.6%。①

18 世纪末至 19 世纪中叶,就贸易的人员构成而言,几乎俄国所有社会等级都参与贸易,以商人和农民的人数最多。

1827—1852 年,第一基尔德和第二基尔德商人的数量增加 60%,第三基尔德商人的数量增加 80%,仅 1830—1852 年贸易农数量增加 90%。据统计,1852 年第一基尔德、第二基尔德、第三基尔德商人和贸易农数量分别为 931 人、2527 人、4.4 万人和 7450 人。因此,俄国商人等级中第三基尔德商人和农民的数量最多。② 第一基尔德和第二基尔德商人因资金雄厚,他们主要从事对外贸易和投资大工业。

从 19 世纪 30 年代开始,工厂主开始派人参加展销会,直接销售自己的商品,该操作对零售商人的冲击很大。据统计,乌克兰各地展销会中就有 200 多家棉纺厂派人参加,他们的店铺数量超过 150 个。③

从 19 世纪初,农民开始积极参与贸易,贵族也非常支持农民经商,鼓励他们与商人竞争。19 世纪上半叶,俄国政府颁布一系列法令,允许农民参加各种贸易活动,甚至可以经销国外商品。1824 年法令允许国有农民、宫廷农民和贵族农民从事贸易和建立工厂,

① Хромов П. А. *Экономика России периода промышленного капитализам.* М. , Изд-во ВПШ и АОН при ЦК КПСС, 1963. С. 160.

② *Очерки экономической истории Росии первой половины XIX века.* М. , Изд-во социально-экономической литературы, 1959. С. 258.

③ *Очерки экономической истории Росии первой половины XIX века.* М. , Изд-во социально-экономической литературы, 1959. С. 259.

并且不收取任何税费,只需提供相关证明即可。

农民从事贸易活动后,一部分人凭借辛苦劳动跻身于富人行列。随着贸易农数量增加,商人们的不满情绪日增。他们纷纷提交请愿书,指出农民从事贸易和工业无需纳税,利润很高,已严重威胁商人们的利益。

19 世纪下半叶,商人仍是城市特权等级。19 世纪四五十年代,商人的数量明显增加。1857 年俄国政府颁布的工商业法令中规定,只有俄国国民方可成为商人,加入商人同业公会,包括国家公职人员、贵族、神职人员和下层官吏等都可加入商人同业公会。1851 年 5 月 28 日,尼古拉一世签署了《有关商人同业公会的法令》,外国商人获得加入同业公会的权利,此后外国商人逐渐可纳入商人等级。1861 年农奴制改革初期,俄国政府颁布《有关贸易和其他小手工业权利税的法令》,大商人仍享有诸多特权,市民和农民的贸易活动仍受诸多限制。

此时,俄国商人仍分为第一、第二和第三基尔德商人,他们的权利差异仍然较大。

值得一提的是,在贸易农逐年增加的同时,商人的税额逐年增加,1880 年 10 月,政府将商人纳税额增加了 2 倍,第一基尔德商人的税额从 265 卢布涨到 600 卢布,第二基尔德商人的税额从 25—60 卢布增加至 30—100 卢布。1885 年 1 月,亚历山大三世颁布了《工商企业附加税规定》,要求股份公司每年缴纳纯利润的 3% 作为税金,其他商人企业则实行分摊税。1885 年 5 月,又将税率提高至

5%,此外,商人和城市居民还须缴纳城市不动产税。[1]

在多种因素的共同作用下,商人的工商业垄断权逐渐丧失,但要进入该等级仍需满足一定的条件。一是缴税条件,第一基尔德商人有权经营 1 级商业企业、1—3 级工业企业或轮船公司,但每年需缴纳 500 卢布以上的工业税;第二基尔德商人可经营 2 级商业企业、4—5 级工业企业或轮船公司,每年需缴纳 50—500 卢布的工业税。二是欲获得商人地位者,伤病时也需要向国库缴纳税款,第一基尔德为 50 卢布,第二基尔德为 20 卢布。三是取得商人证明并按时缴纳税款的居民可获得商人称号,其家庭成员亦可登记在商人证明上,但贵族和荣誉市民除外。四是退出商人等级的居民可自由选择生活方式,按照自己的意愿重新成为商人或小市民等级,也可成为农民等级。

虽然商人在工商业领域的垄断权逐渐丧失,但大商人仍拥有诸多权利,一是商人可永久免除体罚,即便退出该等级也可免除体罚;二是活动范围较为自由。19 世纪末,俄国法令规定商人、贵族、僧侣、荣誉市民和平民知识分子可获得长期护照;20 世纪初,商人可在警察局和商人管理局的专门机构领取护照,可自由在国内从事工商业活动,但犹太商人没有该项权利,只有获得第一基尔德证明五年以上的犹太商人可自由在居住地以外从事工商业活动。

随着商人财富的增加、大城市社会管理机构中商人地位的提升,彼得堡、莫斯科和敖德萨的商人机构设立商人会议,如荣誉市民会议、选举会议、管理局会议。在省长或市长的指示下,商人会

---

① Иванова Н. А, Желтова В. П. *Сословно-классовая структура России в конце XIX-начале XX века.* М. : Наука, 2004. С. 83.

议一般三年召开一次,特殊情况下可召开紧急会议,只要获得内务大臣许可即可。满足如下条件的商人享有选举权:一是年满 21 岁;二是破产商人和犯罪者仍然拥有选举权;三是城市中拥有不动产、年收入超 100 卢布以上;四是在城市中登记 2 年以上。

大商人等级的经济地位毋庸置疑。1899 年,彼得堡基尔德行会中第一基尔德商人中的 55 人在彼得堡常驻,其他商人分布于俄国 26 个城市;在维尔诺和里加居住人数共 5 人;在华沙、博布鲁伊斯克、科夫诺和莫斯科居住人数为 4 人。此时,约 24% 的商人获得"世袭荣誉市民"称号。20 世纪初,大资产阶级的影响力增强,以 1904 年为例,年收入超过 1000 万卢布的企业和自然人共 40.4 万个,他们的资产占俄国固定资产总额的 48%。[1]

19 世纪下半叶,随着工商业发展,商人人数快速增加,1897 年俄国商人人数为 28.1 万,占居民总人数的 0.2%。商人主要集中在工商业发展水平较高的地区,莫斯科、彼得堡、赫尔松和基辅商人分别为 2.3 万、2.0 万、1.2 万和 1.2 万名。20 世纪初,受经济危机影响,大城市中商人人数明显减少,在城市总人口中的比重也相应下降。如 1902 年莫斯科商人减少 1000 人,商人总数降为 1.9 万人。1910 年,彼得堡商人及其家庭成员共计 1.4 万人。[2]

值得一提的是,19 世纪末 20 世纪初很多知名企业主晋升至世袭贵族,其中食品加工、矿物产品加工和木材加工业企业主占比最多,他们甚至还获得了官阶,如巴赫杰尔、古巴尼、科什、彼得罗夫、

---

① Дякин В. С. *Самодержавие, Буржузация и дворянство в 1907–1911 гг.* Л. , Наука, 1978. С. 7.

② Боханов А. Н. *Деловая Элита России 1914 г.* М. , ИРИ, 1994. С. 22.

波利亚科夫、波拉卓拉夫、拉达戈纳基、鲁卡维舍尼科维、萨巴日尼科夫、希曼斯、撒勒达特尼科夫、萨拉达夫尼科夫、捷列舍尼卡、哈利达涅卡、切特维力科夫等等。这些人被称为"新贵族",他们控制了俄国工商业,积极参与银行和保险事务。

19 世纪下半叶,很多知名企业主也获得了荣誉称号,被称为"商绅"和"实业咨议"。但只有第一基尔德商人,且在行会中工作12 年以上者方可获得这类称号。在商业和贸易领域做出杰出贡献的第一基尔德商人,即便工作年限不足 12 年,也可获得商绅称号。一般在复活节和新年之前获授荣誉称号。据统计,1894—1913 年,共有 369 人获得了此类荣誉称号。1894 年、1895 年、1896 年、1897年和 1898 年分别有 12 人、10 人、26 人、12 人和 25 人获得了此类称号。①

若按照地理区域划分,俄国有名企业主大多分布于四个地区,即彼得堡、俄国中部工业区其他城市、西南部地区和波兰地区,彼得堡多为银行寡头,中部工业区主要为工业巨头,西南部和波兰地区主要为制糖企业主。这些人在一定程度上可称为大资产阶级。

总体而言,俄国商人阶级可纳入资产阶级范畴,但他们的政治影响力较弱,因此俄国历史发展轨迹与西方截然不同。法国资产阶级先尝试和君主联盟,目的是破坏贵族特权,后期又开始反对君主专制;英国资产阶级反对国王专制,最终通过限制王权确立了君主立宪制度;荷兰人通过资产阶级革命将外国人赶出国门,建立了世界上第一个资本主义国家;西班牙、意大利和罗马的资产阶级虽

---

① Шацилло М. К. *Социальный состав буржуазации в России в конце XIX века*. М. , Ин-т рос. истории РАН, 2004. С. 139.

然没有成功发动资产阶级革命,但都割断了与封建贵族的联系,影响力不断扩大。俄国资产阶级力量有限,并未像其他国家的资产阶级一样执掌国家政权,但也与其他国家资产阶级一样,分化成大资产阶级和中小资产阶级,而大商人是大资产阶级的代表。

第三节　其他市民

除商人和工人外,俄国市民等级还包括荣誉市民、小市民和手工业者,后两者同为社会的最底层,一部分从事工商业,另一部分也同外来居民一样在工厂或者手工作坊内务工。在所有市民中,荣誉市民为上层,他们享有各种特权,其生活状况也稍好。

一、荣誉市民

19 世纪 30 年代,俄国城市等级内部形成了特权等级和纳税等级。荣誉市民和部分商人属于前一等级。无特权的纳税等级主要是小市民和手工业者,随着资本主义经济的发展,小商贩、小工业主、低级职员、工人和仆人也进入纳税等级。

1826 年,俄国财政部部长坎克林就试图建立荣誉市民等级。经过长时间的讨论,1832 年 4 月 10 日,《有关建立荣誉公民等级的法令》出台。法律规定,荣誉市民是一个特殊的等级,不仅从人头税、兵役和肉刑中解放出来,还有选举权和被选举权。荣誉市民等级的形成,一方面是叶卡特琳娜二世时期有关城市居民结构的法律的延续,另一方面也是 19 世纪 30 年代俄国社会等级变化的结果。

以上法令确认了授予商人世袭荣誉市民称号的基本标准,随后,1833 年 12 月 27 日法令、1836 年 5 月 27 日法令、1837 年 5 月 10 日法令、1839 年 5 月 28 日和 10 月 16 日法令、1845 年 7 月 22 日法令、1855 年 6 月 28 日法令和 1865 年 2 月 11 日法令都沿用该标准。起初,在同业公会中工作 10 年以上且无差错的一等商人,以及工作 20 年以上的二等商人便能获得荣誉市民称号。1861 年农奴制改革后,政府逐步提高荣誉市民评定标准。只有连续工作 20 年以上且无差错的一等商人才可申请成为荣誉市民。

19 世纪,很多知名的商人都进入了荣誉市民的行列,如莫罗佐夫、克列斯托夫尼科夫、切特韦利科夫、维什尼亚科夫等。1864 年 3 月 5 日法令规定二等商人也可获得荣誉市民称号,但他们须在西部省份全款购买价值 1.5 万卢布以上地产。① 整体而言,19 世纪下半叶,各等级获得荣誉市民称号的难度明显提高。

荣誉市民在俄国市民等级中地位最高,荣誉市民分为世袭荣誉市民和终身荣誉市民,世袭荣誉市民的称号可以继承。19 世纪初荣誉市民来源主要分为三种。一是俄国大学毕业生、艺术家,以及取得相应证书的市民,均可申请成为终身荣誉市民;取得博士和硕士学位或从事艺术工作 10 年以上者,也可获得世袭荣誉市民称号;获得终身荣誉市民称号的外国人也可被授予世袭荣誉市民称号,但须拥有俄国国籍;在科学、艺术、工商和工场手工业领域取得突出成就的犹太人也可获得荣誉市民称号。二是终身贵族和世袭荣誉市民的子女可纳入荣誉市民等级。三是被授予荣誉市民称号

① Иванова Н. А, Желтова В. П. *Сословно-классовая структура России в конце XIX- начале XX века.* М. , РОССПЭН, 2004. С. 78.

的商人,即获得一级基尔德称号 10 年或二级基尔德 20 年的商人可申请成为荣誉市民。

19 世纪下半叶至 20 世纪初,因僧侣和商人地位提高、终身贵族出身的国家文职人员增加,加上贵族获得官衔与勋章数量的增加、受教育水平提升,荣誉市民人数逐渐增加。除终身贵族和基督教信徒的子女外,军官、官员和僧侣的子女,圣安娜勋章和圣斯坦夫斯拉夫勋章获得者的子女,东正教和亚美尼亚-格利高列教神职人员的子女,东正教堂服务人员(执事、诵经士)的子女,大学或中等院校毕业生的子女,连续担任伊斯兰教区负责人 20 年以上的穆斯林的子女,均有权成为世袭荣誉市民。东正教和亚美尼亚-格利高列教教堂服务人员的子女,在伊斯兰教区相关机构连续工作 20 年的高级官员的子女,贵族和世袭荣誉市民的养子女,均可获得终身荣誉市民称号。此外,东正教和亚美尼亚-格利高列教堂服务人员遗孀,以及卡尔梅克·阿斯特拉罕和斯塔夫罗波尔省没有官衔的教士遗孀亦可获得终身荣誉市民称号。

荣誉市民的基本权利是免除人头税、不服兵役、不受体罚。1861 年农奴制改革后荣誉市民的地位下降,虽然原有部分特权被取缔,但其他部分特权仍在,如在政府机构中任职,获荣誉市民的商人可自由迁移,同时保留原等级的部分权利,但须缴纳法定税款。设立荣誉市民等级的作用有三:一是维持城市中商人等级的稳定性;二是提高受教育者的社会地位,包含非贵族出身的其他等级居民地位;三是等级特权和荣誉称号具有较大吸引力,有助于维系国家稳定。

19 世纪下半叶,荣誉市民仍是市民中的"贵族"。他们有权在

所有城市中担任商人可担任的社会职务,在各领域也拥有一定的
特权。如俄国矿物法令规定,世袭荣誉市民同贵族和商人一样,有
权开采西伯利亚地区的国家金矿。① 就数量而言,19 世纪末 20 世
纪初彼得堡和莫斯科荣誉市民的数量最多,分别为 2.7 万和 2.6 万
人,其次是比萨拉比亚、基辅和赫尔松,其数量分别为 1.8 万、1.1
万和 1.1 万。② 市民中荣誉市民的数量并不多,而小市民才是城市
等级的主体。

二、小市民

18 世纪下半叶,按照财富多少,俄国市民划分为六个类别:一
是真正的城镇居民,他们在城市中拥有房屋、土地或者其他财产;
二是基尔德商人;三是荣誉市民,包括资产超过 5.0 万卢布的商
人、资产高于 10 万卢布的大银行家,以及知名知识分子,如建筑
师、画家和艺术家等;四是外国商人和非本城商人;五是注册工匠;
六是其他没有不动产的城镇居民,包括小手工业者、裁缝和帮佣
等。彼得一世和叶卡特琳娜二世改革奠定了俄国市民等级的形成
基础,前者将城市人口从全国人口中分离,后者将工商业居民从城
市人口中分离。19 世纪初,城市居民的法律地位及其内部结构最
终确立,市民等级逐渐成为俄国社会重要的纳税等级。18 世纪,俄
国城市居民(仅包括男性居民)的数量详见表 3-7。

---

① Иванова Н. А, Желтова В. П. *Сословное общество российской империи (XVIII-
начало XX века)*. М. , Новый хронограф, 2010. С. 412.

② Иванова Н. А. Желтова В. Л. *Сословно-классовая структура России в конце XIX-
начале XXв.* М. , РОССПЭН, 2004. С. 310.

表 3-7　18 世纪俄国城市男性居民的数量①(单位:千人)

年份	商人	小市民和行会手工业者	行会手工业者	总计
1724	50.0	133.1	1.9	185.0
1744	57.2	142.1	12.7	212.0
1762	72.8	141.9	13.7	228.4
1782	87.0	249.2	—	336.2
1795	117.8	464.4	—	582.2

　　19 世纪初,俄国城市的数量已达 634 个,城市居民的数量大
增,莫斯科和彼得堡的居民数量分别为 20.0 万和 33.0 万人。不同
规模的城市数量详见表 3-8。

表 3-8　19 世纪初俄国各类居民数量的城市数量②

居民数量	城市数量
低于 1000 人	129
1000—1999 人	145
2000—4999 人	234
5000—9999 人	89
10 000—29 999	30
30 000—70 000	5
城市数量总计	632

---

① [俄]鲍里斯·尼古拉耶维奇·米罗诺夫:《俄国社会史:个性、民主家庭、公民社会
　 及法制国家的形成(上)》,张广翔等译,山东大学出版社 2006 年版,第 103 页。
② Хромов П. А. *Экономика России периода промышленного капитализам*. М. , Изд-
　 во ВПШ и АОН при ЦК КПСС, 1963. С. 160.

18 世纪至 19 世纪初,除了荣誉市民和大商人,小市民和手工业者的数量最多。小市民称号是终身的且可以继承,农民、异族人、农民出身的商人、终身贵族的子女和没落的贵族均可加入小市民等级,俄国市民等级中各等级占比详见表 3-9。

表 3-9　19 世纪上半叶俄国各类城市居民的占比[①](单位:%)

等级	1811 年	1840 年	1850 年
贵族和官吏	4. 2	5. 0	5. 5
僧侣	2. 0	1. 1	1. 4
荣誉市民	—	0. 1	0. 2
商人	7. 4	4. 5	4. 5
小市民	35. 1	46. 8	49. 9
农民	37. 6	42. 5	20. 2
军人	6. 5	—	14. 1
异族人	—	—	—
外国公民	—	—	0. 7

小市民和农民一样是纳税等级。就政治地位而言,小市民与农民类似,同属纳税等级,承担国家赋税。小市民须支付人头税,且金额几乎逐年增加,如 1794 年为 2 卢布 50 戈比,1812 年增至 12 卢布,1839 年至 19 世纪 50 年代末一直为 2 卢布 38 戈比。除人头

[①] ［俄］利·瓦·科什曼:《19 世纪的俄国:城市化与社会生活》,张广翔、邓沛勇译,社会科学文献出版社 2018 年版,第 129 页。

税外,小市民还须缴纳其他赋税,如 1837 年,每名彼得堡市民的道路和其他设施修缮费为 8 卢布 30 戈比,地方赋税和公共赋税金额为 3 卢布 48 戈比。此外,富裕市民须向国库额外支付 25 卢布税款。

除货币赋税外,小市民还须承担实物差役费,如用于修建和维护道路、维修城市基础设施、战时为军队提供车辆运送物资等。对小市民而言,兵役最为繁重,此外,城市有士兵驻扎时,小市民也须承担差役相关费用。

19 世纪 40 年代中期,莫斯科小市民主要从事贸易、马车运输业、服务业,以及到工厂内务工。部分市民还建立手工工场和手工作坊,俄国法律将建立工商业机构的小市民称为商业市民,他们可建立小型家庭手工工场,但雇佣人数不能超过 8 人。19 世纪初,俄国居民从事工商业活动的状况详见表 3-10。

表 3-10　小市民和农民从事手工业的行业种类及其规模①(单位:家)

产业	1809		1812		1814		1832	
	小市民	农民	小市民	农民	小市民	农民	小市民	农民
呢绒厂	—	12	—	—	2	—	1	4
制丝厂	6	79	5	56	5	70	6	22
亚麻厂	—	10	—	27	2	34	—	27
造纸厂	1	79	1	46	10	171	17	95
染色厂	—	—	2	3	4	—	8	98
总计	7	180	8	132	23	275	32	246

---

① [俄]利·瓦·科什曼:《19 世纪的俄国:城市化与社会生活》,张广翔、邓沛勇译,社会科学文献出版社 2018 年版,第 157 页。

　　一般而言,大多数小市民的手工作坊比较简陋。据统计,一半以上(54.2%)莫斯科小市民手工作坊的工人数量为1—5人;拥有6—16名工人的手工作坊占比只有1/3左右(31.4%);只有主人一人工作的手工作坊占比为9.5%;拥有500—100名工人的企业仅占比0.1%。

　　因赋税较高,大部分小市民都处于贫困状态。据统计,19世纪40年代莫斯科约有3/4的小市民没有自己的房屋,1/4的小市民不能独立支付国家赋税,只能支付一半赋税。小市民为解决温饱不得已发展副业维持生计——主要是从事农业生产。19世纪50年代末60年代初,伏尔加河流域20省从事农业活动的小市民状况详见表3-11。

表3-11　19世纪50年代末60年代初伏尔加河流域20省小市民从事农业活动的状况[①]

农业活动类别	城市数量	
	数量(个)	占比(%)
粮食种植	62	26.7
果园、蔬菜栽培	38	16.3
农耕(没有指出领域)	59	25.4
其他行业	73	31.4

　　小市民等级由各城市工商业区的市民组成,与商人等级不同

[①] ［俄］利·瓦·科什曼:《19世纪的俄国:城市化与社会生活》,张广翔、邓沛勇译,社会科学文献出版社2018年版,第166页。

的是,小市民没有权利进入更高等级。小市民等级可在城市机构中任职,在人口较少的城市,小市民等级可成立城市自治机构,选举会长、会长助理和甲长。莫斯科(1862)、敖德萨(1863)、彼得堡(1864)先后成立了小市民管理机构,机构由选举会议、会长、小市民管理局、会长助理和甲长负责日常事务。19世纪末,小市民等级获得建立小市民管理局的权力。小市民管理局的主要工作是信息调度、等级监管、个人登记、居留证发放、分摊赋税和差役等社会和经济事务。小市民管理局的成员,如小市民会长及其助手由选举产生,任期为3年。[1]

如果说商人等级是城市上层,那么小市民等级则是城市的主要居民。19世纪下半叶,商人共有3个管理局,小市民管理局则有294个,704个居民点设有小市民会长。[2]

19世纪末,小市民人数最多的地区是西部和西南部各省。赫尔松、基辅、沃伦、华沙、明斯克、波多利斯克、比萨拉比亚和彼得罗夫斯克省的小市民数量分别为75.0万、67.2万、64.0万、63.8万、50.7万、49.3万、45.6万和44.1万人。彼得堡和莫斯科境内小市民的数量仅为34.5万和33.7万人。[3]

---

[1] Иванова Н. А, Желтова В. П. *Сословно-классовая структура России в конце XIX-начале XX в.* М. , Новый хронограф, 2010. С. 97.

[2] Иванова Н. А. , Желтова В. П. *Сословное общество российской империи (XVIII-начало XX века).* М. , Новый хронограф, 2010. С. 446.

[3] Иванова Н. А. Желтова В. Л. *Сословно-классовая структура России в конце XIX-начале XX в.* М. , Новый хронограф, 2010. С. 310.

三、手工业者

15 世纪,从事工商业的居民主要包括如下几类:一是专门从事城市手工业和贸易的城市居民;二是农村中部分无土地或份地较少的农民;三是城市中部分公职人员和为补贴家用也从事工商业的军人,俄国南部地区,如哥萨克军区,有专门从事工商业的军人,他们可成立手工作坊和进行贸易。莫斯科公国时期因城市居民数量较少,商人成为沟通生产者(大多为农村手工业者)和消费者的桥梁,但此时的经济支柱为农业,工商业规模不大。

因地理位置和交通等因素制约,各城市工商业居民的数量差异较大。据统计,15—17 世纪莫斯科和诺夫哥罗德的手工业居民超 2000 人,其他城市的手工业者数量较少,图拉和科洛姆纳等城市手工业者的数量仅为数百人。城市手工业者从业类别和规模如下:一是贩卖粮食、鱼、酒和从事餐饮业,部分城市中此类居民数量占工商业居民总量的 1/5 左右;二是大城市中从事纺织业,这类手工业者数量众多,主要生产呢绒、麻布、皮革、丝织品和鞋袜等,部分城市中此类居民的占比为 1/4—1/3;三是生产家庭生活必需品,如五金产品和陶瓷器皿等;四是部分手工业者也锻造金属、生产军备(武器和马具等);五是少量手工业者还生产奢侈品。17 世纪初,俄国手工业都采用原始的生产方式,以手工作坊为主,并不具备西欧的手工工场。即便如此,随着生产力的发展和社会分工的细化,手工业快速发展,生产专业化程度加强,出现如生产麻布的勒斯科沃村、生产五金产品的巴甫洛沃村、生产手套和皮袄的穆拉什基诺村。因战争频繁,金属制品的需求量大增,全国形成诸多冶金中心,如扎翁涅日、加利奇和索利加里奇等地,图拉成为专门的武器制造中心,莫斯科则成为最大的五金器材生产中心。诺夫哥罗德和雅罗斯拉夫尔等地成为皮革生产中心,北方各省主要从事造船业和木材加工业,普斯科夫和诺夫哥罗德等城市还是著名的麻纺织中心。

随着工商业发展,手工工场开始出现,其主要形式如下:一是商人手工工场,商人通过各种方式染指生产;二是世袭手工工场,大封建主在自己领地上建立手工工场,主要从事冶铁、纺织和酿酒等行业;三是官办手工工场,为应对频繁战争,政府扶持相关行业的发展,以金属冶炼和武器制造手工工场最具代表性;四是外商创办的手工工场,因俄国资金有限,但具有广阔的市场,外商开始到俄国建立手工工场。

国有手工工场建立的最初目的是为宫廷生产纺织品,后期专门为军队生产各种武器,如枪支、弹药和冷兵器等,其工人多为国有农民。贵族手工工场也被称为世袭手工工场,主要从事纺织、冶铁、皮革和酿酒等行业。17世纪,莫洛佐夫和米洛斯拉夫手工工场的规模最大,他们用自己的农奴进行生产。商人手工工场大多使用雇佣劳动力生产,因自由劳动力数量有限,所以此类手工工场的规模相对较小。1666年商人谢梅尼·加夫里洛夫在奥洛涅茨地区创办冶铁手工工场,还在图拉、乌斯秋日纳、季赫维尼和大乌斯秋格等地建立金属加工手工工场。1690年,杰米多夫家族开始在乌拉尔地区建立手工工场,专门冶炼金属。此外,部分富有农民创办制盐、皮革加工、陶瓷和纺织手工工场。17世纪末至18世纪初,俄

国已有 30 多家大型手工工场,单位手工工场的工人数量达数百人
以上①,工商业已初具规模。

17 世纪,很多国有手工工场的规模已不容小觑,如部分生产兵
器的手工工场工人数量为 100—300 名。卡达什夫村纺织手工工场
有两层的石制厂房,织布机的数量超过 100 台。荷兰人安德
烈·维尼乌斯在图拉省建立了 8 家冶铁手工工场,随后还在其他
地区建立手工工场。② 值得一提的是,虽然此时手工工场规模不断
扩大,但主要是为军队服务,如生产冷兵器、子弹和枪支等。此外,
外国人创办手工工场也是为政府服务,其产品并不在市场上出售,
只供应给俄国政府。虽然手工工场的数量逐渐增加,但小作坊的
数量众多,手工业者逐渐成为独立的社会群体。

手工业者具有自己的行会,其行会分为长期行会和临时行会
两种类型。所有小市民均可凭工匠、手工艺匠人的帮手或学徒身
份进入行会。

19 世纪下半叶,俄国大城市成立手工业者管理机构,管理机构
由全体手工业者大会、行会大会和手工业者管理局组成。全体手
工业者大会主要负责研究城市手工业者行会内部重要事务,并以
全体手工业者的名义起草相关决议。③ 手工业者管理局实行共同
管理方法,其成员包括手工业行会领导人和各行会会长。行会大
会由行会管理局负责召开,会上选举行会会长和副会长,任期为

① Ковнир В. Н. *История экономики России*. М. , Логос, 2005. С. 92.

② Конотопов М. В. , Сметанин С. И. *История экономики Росссии*. М. , Логос, 2004. С. 35.

③ Иванова Н. А, Желтова В. П. *Сословное общество российской империи (XVIII-начало XX века)*. М. , Новый хронограф, 2010. с. 102.

三年。

20 世纪初,虽然俄国大工业蓬勃发展,但手工业长期存在。1910 年,俄国 214 个城市中存在 10.3 万个手工业作坊;其中,彼得堡、莫斯科、基辅、敖德萨、罗兹和第比利斯手工作坊的数量都超过 2000 家;里加、维尔诺、罗斯托夫等 10 个城市手工业作坊的数量为 1000—2000 家;喀山、奥伦堡、图拉、叶卡捷琳诺斯拉夫和巴库手工业作坊的数量为 800—1000 家;叶卡捷琳诺斯拉夫、下诺夫哥罗德、库尔斯克、弗拉季高加索、塔什干等城市手工作坊的数量为 500—800 家;沃洛格达、维亚特卡、乌法、彼尔姆、萨马拉、科斯特罗马、托木斯克、赤塔、巴尔瑙尔等 63 个城市手工作坊的数量为 200—500 家;雅罗斯拉夫尔、宾杰里、纳曼干、伊尔库茨克、雅库茨克等 113 个城市手工作坊的数量少于 200 家。上述手工业作坊中,51.8%的手工作坊是拥有 1 名技工帮手的小作坊,48.2%拥有 2—25 名工人。值得一提的是,西南部、中部黑土地区、波兰和西伯利亚等地小型手工业作坊主的占比很高(超过 60%)。①

俄国不存在西欧自由手工业等级。在西欧,商业资产阶级作用十分巨大,在前资本主义工业时期,西欧行会、手工业伴随城市经济发展已有较大发展,而俄国自由手工业等级先天不足。俄国缺少中小工业资产阶级和中小工业生产模式,西方小资产阶级具有社会润滑剂作用,与下层劳动者联系紧密,可以缓解社会矛盾,但在俄国此等级作用有限。

知识分子也是市民等级的重要组成部分。西欧小资产阶级形

---

① Рубакин Н. А. *Россия в цифрах, Страна, Народ, Сословия, Классы.* СПб. , Вестник Знания, 1912. С. 531.

成有近百年,西方特有精神演变致使该等级在形成之初就具有清晰定位。在强大集权压力下,俄国知识分子并未获得政治地位,因而形成独特世界观。俄国知识分子的文化特征与西欧差异较大,由于俄国知识分子长期受专制思想和东正教教义影响,他们对资产阶级文化核心——"自由"的理解十分牵强。他们独特的世界观肇端于彼得一世时期,经过数个世纪发展后形成了独特文化特征。在俄国民族精神和文化形成过程中,知识分子处于从属地位。

第四章
农民

农民是小生产者，主要以家庭劳动为主，到目前为止还没有一种思想能详细解释为什么旧俄时期的社会等级模式是从农民开始。俄国的人口主体是农民，因此，农民的法律地位在许多方面深刻地影响了整个社会的面貌。在俄罗斯整个历史中，城市居民和农村是紧密联系在一起的，城市中保存着农村的习惯。俄国的等级制度限制了农民的个人权利、经济活动和人身自由，即便1861年农奴制改革后，这种状况也一直存在。

第一节　农民等级的形成

关于俄国农民等级问题，不仅俄罗斯史学界历来非常关注俄国农民的权利、地位、财产、社会成份和农民运动等问题,①西方学者也相继进行了深入讨论。② 而关于俄国农民等级形成问题,史学界同样给予了广泛关注,总的来说有两种观点:一是 19 世纪最后 25 年形成说,二是 19 世纪 60 年代形成说。而近些年,随着大量相关新史料和著作的涌现,后者逐渐成为主流,大部分研究者们认为,俄国农民等级的形成经历了一个漫长的过程,农民长期受到压迫,在现实和法律上都没有地位,而 1861 年农奴制改革后,无论在法律上还是在现实中,农民才真正具备了一些等级特征,但依然属

---

① Пахман С. В. *Оычное граданское право в России.* СПб. , тип. 2 – го Отд-ния Собственной е. и. в. Канцелярии. 1877. Т. 1; Победоносцев К. П. *Крус гражданского права.* М. , Статут, 2002. Т. 1; 1879. Т. 2; Семенов Н. П. *Освобождение крестьян вцарствование имп. Александра II.* СПб. , издание Меркурия Елеазаровича Комарова. 1889. Т. 1; Бржеский Н. *Недоимочность и круговая порука сельских обществ.* СПб. , 1897. Вайнштейн А. Л. *Обложение и платежи крестьянства в довоенное и революционное время.* Москва. , Кн. скл. "Экономист" Н. К. Ф. , 1924. ; Зайончковский П. А. *Подготовка и принятие закона 24 ноября 1866 г. о государственных крестьянах*//История СССР. 1958. № 4.

② Пушкарев И. Г. *Очерки истории крестьянского самоуправления в России.* Прага. , Винничук. 1924; Он же. *Самоуправление и свобода в России.* Франкфурт-на-Майнне, 1985; Wayne S. Vucinich (ed.). *The peasants in nineteenth century Russia.* Stanford: Stanford University Press, 1968; Lazar Volin L. *A century of Russian agriculture: from Alexander II to Khrushchev.* Cambridge: Harvard University Press, 1970; Skerpan A. *National economy and peasant' s liberation.* Hamden, 1974; George Yaney. *The urge to mobilize: Agrarian reform in Russia, 1861–1930.* Urbana: University of Illinois Press, 1982; Dorothy Atkinson. *The end of the Russisn land commune, 1905–1930.* Stanford: Stanford University Press, 1983; *Teodor Shanin Russia as a "developing society".* Houndmills: MacmillanPress, 1985; Мэсси Д. *Правительство и крестьянин в России, 1861–1906: Предпосылки столыпинских реформ.* Урбана, 1987; Willianm T. Shinn. *The decline of the Russian peasant household.* New York: Praeger, 1987; Christine D. Worobec. *Peasaht Russia: Family and community in the post-Emancipation Period.* Princeton: Princeton UniversityPress, 1991.

于被压迫的等级。

　　与其他等级相比,俄国农民等级的形成非常缓慢,《1649 年会典》以及相关法令将农民世代固定在农村公社里,农民在失去迁徙自由的同时还要交纳赋税并承担各种实物税,国家对农民的经济剥削不断加深。1785 年,叶卡特琳娜二世曾想给予农民人身自由权、财产私有权、自治权等一些等级权利,但最终未能实施。直到1832 年,农民的权利和义务才在法律上确定下来。1861 年,农奴制度被废除后,各类农民才逐渐走向统一,成为自由的农村居民等级。

一、农民等级的演化

　　俄国农民等级并非偶然出现和形成,它的形式与政府推行的兵役制度和人头税政策有很大关系,而这最早可追溯至彼得一世时期。①

　　1700—1721 年,俄国进行了旷日持久的北方战争,补充兵源、维持战争经费支出就成了彼得一世急需解决的问题。为了解决兵源问题,他将目光转向了人数最多的农民,开始推行新兵服役制度;为了解决战争军费问题,他用人头税替代了早期实行的土地税。为了达到这一目的,彼得一世对全国成年男性进行了人口普查,但贵族和僧侣却被排除在兵役义务之外。② 1727 年末,俄国共

---

① Леонтьев А. А. Крестьянское право. *Систематическое изложение особенностей законодательства о крестьянах.* СПб. , кн. маг. "Законоведение", 1909. С. 30-31.

② Иванова Н. А. Желтова В. П. , *Сословное обшество российской империи (XVIII-начало XX века).* М. , Новый хронограф, 2010. С. 550.

有 5 637 449 名纳税人,其中 96.8%为农民,其余 3.2%为小官吏和
工商业者。① 1724 年 6 月 26 日,彼得一世宣布正式开始征收人头
税,②并对征收数额做出了规定。按照规定,任何年龄段的男子都
要交纳人头税;每年征收的人头税税额是每人 74 戈比;政府每年
必须征收 400 万卢布的赋税来供养军队和舰队;③农民可以用相应
的实物代替货币税;同时还确定了征收的程序。

　　为了预防拒绝缴税,配合征兵和缴税,彼得一世提前设置了防
止农民逃跑的法律。④ 为了保障农民的支付能力,规定农民可以到
所属贵族的管辖范围之外寻找工作。农民可以在自己所在县内工
作,也可以到不超过 30 俄里的其他县里工作,但是需要出示自己
所属贵族、管家和教堂僧侣的放行证明,以及土地委员会的相应文
件,且离开的时间不能超过 3 年,家人还要留在原村庄居住。这些
举措的实施,实际上是使用身份证制度把农民更加牢固地束缚在
土地及其居住的地点上。⑤ 人头税持续了 150 年,它作为一项重要

① Анисимов Е. В. *Податная реформа Петра I. Введение подушной подати в
России. 1719—1728.* Л. , Наука, 1982. C. 105.

② Захаров В. Н. , Петров Ю. А. , Шацилло М. К. *История налогов в России. XIX—
начало XX века.* М. , РОССПЭН, 2006. C. 89—93.

③ Под ред Чистякова О. И. ; Отв. ред. тома Маньков А. Г. *Российское
законодательство X—XX вв.* Т. 4. М. , Юрид. лит, 1986. C. 212.

④ Иванова Н. А. Желтова В. П. , *Сословное общество российской империи (XVIII—
начало XX века).* М. , Новый хронограф, 2010. C. 551.

⑤ Ананьич Б. В. *Из истории законодательства о крестьянах (вторая половина XX
в.)//Вопросы истории России. XIX—начало XX в.* Л. , Изд-во ЛГУ, 1983. C. 34;
Мэтьюз. М. *Ограничение свободы проживания и передвижения в России//*Вопр.
истории. 1994. № 4. C. 22; Чернуха В. Г. *Паспорт в Российской империи:
наблюдения над законодательством//*Исторические записки. 2001. № 4. C. 91—93.

的征收制度,限制了农民的一系列权利,也造成了纳税等级和特权等级的分离。除此之外,农民等级还要承担沉重的军事差役、地方赋役等。

一直到 19 世纪上半期,根据权利和义务的不同,农民主要分为农奴农民和自由农民两种类型,这在 1832 年《俄罗斯帝国法律全书》和 1857 年出台的法令中得到确认。具体来说,到 19 世纪上半叶,俄国农民主要分为国有农民、贵族农民、宫廷农民、皇室农民、教会农民、领有农民六种类型。这些都是没有特权的纳税居民,不能自由更换住所和自由流动,无权选择职业,其社会地位、住所和主人都不会改变,身份世袭,是统一的、受奴役的农业居民。

二、农奴制改革前俄国农民的主要类型

在 1861 年农奴制改革以前,俄国农民大体上可分为三类:国有农民、贵族农民和皇室农民。他们在人口数量、分布地区、社会地位、服役标准和民族构成上均不相同。我们以国有农民和贵族农民为例来说明这一问题。

(一)国有农民

顾名思义,国有农民是指依附于国家的农村居民,产生于 18 世纪初,该类型的农民人口众多,地位特殊,在国家中发挥着重要作用。根据 1858 年第十次人口调查结果,国有农民中男性人口占总农业人口的 45.2%,在法律地位上比贵族农民和皇室农民享有更大的自由。

1719—1724 年间,彼得一世相继颁布了一系列法令,一些农民

开始向国家交纳赋税并承担代役租,国有农民开始形成。1724 年 6
月 26 日,"国有农民"一词首次出现在征收人头税的身份证中。独
院小贵族(在乌克兰南部边境,小军职人员的后代)及其农民,俄国
东南部服军役者(包括龙骑兵、哥萨克、步兵等),黑土地带和北方
沿海的农民,西伯利亚的耕种人,塔塔尔人和伏尔加河沿岸、乌拉
尔周边地区交纳实物税的农民,都属于国有农民。之后,政府在国
有农民中普及了代役税,新登记的国有农民迁到村庄中,①不再依
附于占有者或被合并在俄国领土的自由人。

1832 年《俄罗斯帝国法律全书》规定,国有农民包括所有村社
的自由居民、居住在国有土地上的农民,退伍士兵若有意向,也可
成为国有居民。法律也规定了国有农民的权利:被纳入国有农民
者,能在军马场、国家武器厂、矿山工厂、纺织厂等工厂中工作,也
可以到个别企业工作。居住在国有土地上的国有农民只要支付人
头税,而其他国有农民还需要支付代役税。在东正教神职人员不
足时,(行为和教育程度相符的)国有农民可充当白衣修道士。
1827 年 11 月 23 日出台的法令还规定,国有农民在城市(除首都之
外)和村镇有购房权。而在从事贸易方面,政府并未颁布持续性法
令,一方面,国家担心农民与商人之间进行竞争,另一方面国家又
担心农民不能支付长期居住地的税赋。② 因此,农民从事企业活动
也受到了限制。

---

① Иванова Н. А. Желтова В. П. , *Сословное общество российской империи (XVIII−*
начало XX века). М. , Новый хронограф, 2010. С. 557.

② Иванова Н. А. Желтова В. П. , *Сословное общество российской империи (XVIII−*
начало XX века). М. , Новый хронограф, 2010. С. 563.

在国有农民管理上,政府出台了一系列关于村社和农民管理条例,将每一个国有居民居住的村庄变成村社,设置了米尔大会和选举会议。会议由农户户主组成,须 2/3 以上的人出席方可。村长、征税人、村社商店的看护人等皆通过会议选举,每 10 户选举 1 名甲长,每月更换。[①] 有关国有农民管理方式的立法,促进了国有农民等级形成。

(二)贵族农民

在等级制社会中,贵族农民没有独立的住所,他们与农奴制捆绑在一起,是贵族剥削的主要对象。贵族农民被固定在土地上,承担着沉重的赋税。其劳动成果在交纳赋税后所剩无几,更有甚者无法交清税款,反抗和逃跑是他们面对沉重负担时不得不做出的选择。贵族不仅能对农奴农民的行动加以限制,还可追捕逃跑的贵族农民。贵族农民在俄国的处境最为悲惨,一直以来遭受贵族、国家和村社的三重奴役,直到 1861 年改革。贵族和农民的关系,既是自发形成的,也具有自动调节性,同时也需要国家借助立法途径进行干涉。政府规定,由贵族负责征收农民的税款,这直接减少了贵族农民和国家行政当局的直接接触,贵族成为两者之间的中间人。

尽管在 19 世纪初,俄国政府已经禁止出售无地农民,但贵族随意买卖贵族农民、随意将他们进行抵押的状况仍然存在,法令成为了一纸空文。贵族农民由于没有任何生产资料,因此根本无法

---

① Иванова Н. А. Желтова В. П. , *Сословное обшество российской империи (XVIII - начало XX века)*. М. , Новый хронограф, 2010. С. 565.

摆脱贵族奴役；贵族可以不经法庭审讯，自行将农民流放至西伯利亚，让农民服苦役或服兵役；贵族可随意占有其财产；贵族可使用树条和棍棒等工具惩罚贵族农民，但不能将其致残、致死；贵族还可将贵族农民交由省级行政机构进行支配管理①。俄国政府还制定大量法令，要求贵族农民必须绝对服从对其直接管辖的占有者，不服从者要接受惩罚。贵族农民的财产可以被继承。俄国法律规定，孩子的贵族农民身份取决于父亲，婚姻不能改变贵族农民的社会地位，自由民出身的妇女嫁给贵族农民之后，也只能屈从于贵族，但是不会因此失去"自身自由的社会地位"。贵族农民没有任何独立的村社生活，所有的管理权、行政权都集中在贵族手中。

农奴制和等级法权之间存在着显著的不同。等级法权反映出农奴制具有私人特征。在国家面前，贵族农民的所有义务和私人权利都要借助贵族来达成；贵族农民受制于贵族，需要对贵族效忠。只有部分法律对有关农奴制的条文进行了调整。在这些法律中农民的地位基本上都呈现出"不公正"的特点，他们被剥夺了财产权和其他个人权利。此外，贵族农民在法律上还要受到贵族的支配，对他们来说毫无公共权力可言。村社组织只负责征收国家赋税、督促贵族农民承担赋役。其他事务或遵循传统或按照贵族的意志，而不是经过法律的批准。由此看来，贵族对其所属农民拥有极大的自主权，也表明贵族农民是一个没有权利的等级。

---

① Иванова Н. А. Желтова В. П., *Сословное общество российской империи（XVIII － начало XX века）*. М., Новый хронограф, 2010. С. 572.

(三)1861 年改革后农民等级的状况

直到 1861 年 2 月 19 日,亚历山大二世签署了《解放农奴宣言》,农民获得了自由权利,但不同等级的农民在立法中获得的权利也存在差异。这种差异一直持续到 19 世纪最后 25 年,各种类型的农民才获得了统一的法律地位。20 世纪初,俄国试图通过立法一方面保留和巩固农民等级的特殊性,另一方面也在逐步消除农民与其他等级的区别,但这一进程相当缓慢。

农民等级身份的登记和身份证制度。登记制度是农民等级建立的基础。农民的等级身份可以被子女继承,每个等级的纳税人以及被流放者皆可成为农民,但前提是必须在村社或者乡进行登记。1893 年以前出台的法令只允许纳税等级即农民和小市民在农村登记。除此之外,想要成为农民等级,必须经过村社或乡代表大会的同意。对于加入新村社的农民来说,从原来的村社中脱离出来要经过非常复杂的程序。退出村社的人将与之前获得的份地永久分离,还要支付 50% 的赎金;要缴清欠下的国家税款,土地和村社的杂税;次年 1 月 1 日不仅要缴纳自己的赋税,还要支付整个家庭的税款;要请求与其父母分离;需要提供保证照料家中年幼者和无劳动能力者的证明;最后要提供接收迁移的判决书。[1] 在满足了上述所有条件,同时获得村社大会同意之后,农民才有希望得到乡长颁发的离职证。

身份证制度也是农民等级形成的标识之一。早在 1857 年,政

---

[1] Иванова Н. А. Желтова В. П., *Сословное общество российской империи (XVIII – начало XX века)*. М., Новый хронограф, 2010. С. 579.

府规定从事一些交易活动的农民可以迁徙,而没有身份证的农民,只可以到距离登记所在地不超过 30 俄里的地方。其他农民只能携带颁发的身份证或贵族发放的允许其短期离开(1—6 个月)的普通证明。农奴制改革后,政府对农民身份证的管理方式出现了某些变化,农民可以得到为期半年、一年、二年和三年的身份证件。[①]

身份证制度的存在限制了农民的流动,但并不是所有的农民都需要身份证。根据规定,有固定居住地的农民并非都需要身份证,那些无特权等级的农民则必须有身份证。政府意识到合理改变身份证体系的重要性,于是在 1886—1889 年和 1892—1893 年分别设立了 2 个专门研究农民身份证问题的委员会。1906 年 10 月 5 日颁布的法令规定,农村居民可以和其他等级的人一样自由地选择居住地。他们的固定居住地可以不是登记所在地,他们的工作和不动产地点也可以被作为常住地点。身份登记和身份证制度都是为了保证农民履行纳税、服兵役和其他基本义务而确立的。

赋税制度。和其他等级相比,农民承担的赋税更多、更重。最初农民只承担从彼得一世开始实行的人头税,由于 19 世纪下半期到 20 世纪初俄国进行了赋税改革,在消除等级差别的情况下,农民不得不承担各种沉重的税收,包括直接税和间接税,这加剧了他们的贫困,人头税直到 1907 年才被全部废除。[②] 除人头税外,还有

① Иванова Н. А. Желтова В. П. , *Сословно-классовая структура России в конце XIX– начале XX века.* М. , Новый хронограф, 2010. С. 118.

② Ушаков Н. М. *Власть и крестьяне России напутях модернизации (XIX–XX века): проблемы историографии.* Астрахань. , Изд-во Астрах. гос. пед. ун-та, 2001. С. 65.

土地赎金,这是农民等级所特有的赋税。根据 1861 年 2 月 19 日出台的法令,农民只有向贵族支付赎金后,才能拥有对土地的使用权,而赎金的金额是土地收入的 2 倍甚至还多。

此外,连环保和新兵差役制度也是农民等级形成的重要标志,同时更是限制农民的重要方式。连环保是政府针对拖欠税款者采取的一种强制手段,同时也是税收制度的重要组成部分。[①] 对农民而言,连环保制度是一种非常沉重的奴役制压迫,所有农民都要遭受其摧残,对贫农等级来说尤为悲惨。[②] 此外,连环保还与身份限制密切相关,这限制了农民外出打工。

1861 年改革后,贵族农民和国有农民的个人权利相同。根据 1861 年 2 月 19 日出台的法令,贵族不能再控制农民:贵族无权买卖农民、欺骗农民、抵押农民、把农民当赠品、干涉农民的家庭生活等。农民成为独立的个体,可以不经过贵族同意就结婚,可以自己或通过代理人为自己辩护。这个代理人既可以是自己村社的农民,也可以是证人或担保人。农民之间的争端可以诉诸法庭,农民与贵族间的争端也可以通过法庭解决。但在遭受体罚方面,农民和其他等级之间还存在一些区别。

1861 年改革后,农民获得了一些权利:可以转化为其他等级人员,可以受雇应征入伍、服兵役,可以将自己的孩子送去学校读书,凭借临时暂离证明可以去教育、科研和土地测量部门服役,还可以

---

① Симонова М. С. *Отмена круговой поруки*. Б. М. Исторические записки. 1969. С. 160.

② Симонова М. С. *Отмена круговой поруки*. Б. М. Исторические записки. 1969. С. 174.

依法免除相应的赋税。① 此外,法令还允许农民签署合同、保证书和承包合同等。作为合同生效和责任承担的保障,农民不仅可以提供抵押,还可以提供自己村社的担保。1857 年颁布的工商法和工厂法规定,所有农民都有权将自己的劳动产品进行交易,不需要商业证明,也不需要纳税,能够建立并经营工厂、各种商业作坊、手工业作坊等;可以在行会登记,在村社中从事手工业,还可以在农村或城市中出售自己生产的商品;农民等级也可以进入同业公会、商人或其他等级当中。② 此外,还进一步扩大了农民的经商权利。

在土地问题上,国有农民可以保留已有的份地,但在土地较少的地区不能超过 8 俄亩,在土地较多的地区不能超过 15 俄亩。如果使用土地和森林资源,需要交纳代役税和林业赋税(因为土地仍归国家所有)。土地面积和固定的赋役被称为"所有权登记",对贵族农民来说应该用公文确定下来。③ 在村民大会上,2/3 的村社成员同意之后可将村社土地划分给农户,获得土地的农户需要承担相应的代役税。此外,他们可以按个人意愿赎买,无须贵族同意,也可以不通过借款购买。1867 年 5 月 16 日出台的法令确定 8 个省份的国有农民拥有土地所有权。④

① Иванова Н. А. Желтова В. П., *Сословное общество российской империи (XVIII-начало XX века)*. М., Новый хронограф, 2010. С. 601.

② Иванова Н. А. Желтова В. П., *Сословное общество российской империи (XVIII-начало XX века)*. М., Новый хронограф, 2010. С. 601.

③ Иванова Н. А. Желтова В. П., *Сословное общество российской империи (XVIII-начало XX века)*. М., Новый хронограф, 2010. С. 605.

④ Иванова Н. А. Желтова В. П., *Сословное общество российской империи (XVIII-начало XX века)*. М., Новый хронограф, 2010. С. 606.

在《赎买交易总章程》确定之后,农民的临时义务被取消。根据赎买合同,贵族卖掉土地,而农民获得了庄园、耕地和农用地等。农民临时义务的期限仍不明确,这取决于村社与贵族的协议。关于购买份地作为私有财产的"赎买合同"应由贵族和整个村社签署。调停官的报告表明,每一个贵族要获得土地的所有权,都需要和整个村社进行协商。因此,如果份地的所有权属于村社,那么每户使用的土地也归每户农民所有。

俄国村社土地所有制和土地使用制的历史不足百年,无论是份地重新分配,还是按户确定地块的形式,都受到一定条件的制约。1861年改革时,村社土地所有制的保留反映出了历史继承性。村社与俄国的现实情况相适应,它的产生与存在具有重要的政治意义。村社土地所有制与其他形式的土地私有制在本质上是不同的。在各种情况下,土地都属于农村村社。经过农民土地的道路和桥梁受到村社的限制。村社可以购买土地的方式将其收归己有,这些土地便成了社会财产并且可以用于盈利项目。村社权利主要体现在土地上,包括耕地、林地、草地、牧场,还有水资源等。

村社土地所有制的特点是满足农民日常生活的份地权。在村社土地所有制下,份地所有权的客体是村社。农村村社可以被看作一个法人。在完成赎买交易之后,份地通常供村社使用;而签署赎买合同之后,份地则成为整个村社的私有财产。村民大会是反映村社成员集体意志的地方。关于赎买合同的签订问题,在村民大会上要有2/3以上的农民同意才能通过审议。大会决议解决新成员加入村社和老成员退出村社的问题,选举代表保护村社土地、开采村社地下矿藏、买卖村社土地等。在颁布赎买规定的最初9

年里,村社无权把作为私有财产的土地划归公有。9 年之后,在还清赎买贷款之前,村社可以把购买的土地收归公有。在还清赎买贷款之前,村社所获得的土地不能用于贷款的抵押,也不能用作担保。①

村社成员的份地使用权利是受限制的。定期的土地重新分配实质上限制了农民对土地的所有权。此外,在颁布赎买规章的最初 10 年内,农民无权收回、继承或把土地抵押给不属于村社的人,但是转让或出售给同一村社的人不受限制。农民在得到村民大会的许可后,才能把自己的份地转交给旁人,这同时意味着旧成员退出村社、新的成员加入村社。在村社成员死后,其土地只能由本村社的人来继承;②如果村社成员死后无人继承财产,那么财产将划归村社。每一个农户都需要向村社和国家纳税、支付赎买金额和承担相应的义务。户主不单独拥有土地的所有权,根据习惯法土地所有权属于整个村社。③

1886 年 3 月 18 日,政府颁布了法令,规范了村社中的家庭划分和土地使用标准。法令涉及一系列有关划分土地的条款,尤其是为了完成家庭划分,需要有 2/3 的人在村民大会上表示赞同。1906 年 10 月 5 日出台的法令取消了这些规则。据此,家庭划分不

① Иванова Н. А. Желтова В. П. , *Сословное обшество российской империи (XVIII –начало XX века)* . М. , Новый хронограф, 2010. C. 610.

② Иванова Н. А. Желтова В. П. , *Сословно-классовая структура России в конце XIX –начале XX века*. М. , Наука, 2004. C. 143.

③ Зырянов П. Н. *Обычное гражданское право в пореформенной общине//Ежегодник по аграрной истории*. Вып. VI: Проблемы истории русской общины. Вологда, [б. и.] . 1976. C. 94–95.

归村社核准,而由划分者自主解决。所有有关划分的争论都由乡法庭处理。

总体而言,在1861年改革推行的过程中,村社土地所有制带有阶级特征,从所有农户的归属特征来看,他们只拥有土地的部分权利。随着时间的推移,在赎买的过程中,农民对份地的权利发生变化,属于部分土地占有制。改革后,部分土地占有制和村社土地使用制共同发展。早在1801年12月12日,亚历山大一世时颁布的法令就承认了所有等级人士包括国有农民,有权购买非居住领地。不过,该法令并不适用于贵族农民。尼古拉一世时根据1848年3月3日颁布的法令,规定贵族农民有权购买土地,不过交易需要得到贵族的许可。有关农民的总法令规定,村社可以把土地作为私有财产,不依附于份地;按意愿支配土地;在农户间划分土地,使每块土地都成为部分私有财产,或把这块土地留作所有农户共同占有之地;在米尔村社的许可下,每个农户都有权将作为私有财产的土地转让给他人;每个农户都可以要求把土地划分或部分占有。

总体而言,俄国农民等级的形成经过了一个漫长且缓慢的过程,1861年的农奴制改革是分水岭。在这之后,农民的等级特征逐渐显现,农民获得了相应的人身和财产自由权。但俄国农民依然是一个备受压迫的等级:沉重的赋役、农奴制的压迫、朝令夕改的法令等使农民遭到了比其他等级更多的苦难,农民不间断的反抗运动就是最好的证明。

第二节　1861 年农奴制改革

产生于 16 世纪的农奴制度是俄国封建专制制度的重要组成部分,经过了几个世纪的发展后,尤其是进入 19 世纪后,其落后性和腐朽性暴露得愈发明显,渐渐成为阻碍社会发展的因素,要求农奴制改革的呼声从未间断,农民起义常有发生,终于在 19 世纪 60 年代达到高峰。从 19 世纪上半期起,俄国专制制度开始显现危机。以赫尔岑、别林斯基、车尔尼雪夫斯基等为代表的革命民主主义者猛烈抨击沙皇专制制度和农奴制度,揭露俄国社会的黑暗。与此同时,商品经济已经渗透到农村,对劳动力的需求日渐增加,而农民依然被束缚在村社之中,而且被剥削得愈发严重。不甘被奴役的农民的反抗情绪日渐加重,农民运动蓬勃发展。而俄国在克里米亚战争的失败成为压倒俄国农奴制度的最后一根稻草。为挽救统治危机,亚历山大二世毅然决然推行农奴制改革,此举深深地影响了俄国的历史进程。

一、农奴制改革的原因

农奴制改革的重要原因是俄国资本主义的发展。到 19 世纪 60 年代,随着欧洲资本主义的发展,城市人口普遍增加,国内外市场对商品粮的需求量增长,极大地刺激了贵族的生产。但是,俄国粮食的生产远不能满足国内外市场的需要。为了提高粮食产量,越来越多的贵族开始采用机器,改良耕作制度和使用雇佣劳动力。

不过,在俄国当时的历史条件下,绝大部分贵族采用的是增加劳役租和提高代役租的办法,增加自己的经济收入。在土壤肥沃的黑土区,贵族主要靠缩减农民份地和扩大耕地面积来增加经济收入,同时增加农民的劳役租,延长劳役日时间。在工业较发达的非黑土区,贵族开始用代役租取代劳役租,且额度日渐提高,重压之下,农民不得不背井离乡,到城市或手工工场从事手工业或者商业活动。这些农民在一定程度上脱离了农村,脱离了土地,成为自由劳动者。这种状况破坏了贵族经济所赖以存在和发展的必要条件,尤其是农奴对贵族的人身依附关系,进一步加剧了农业危机,加速了农村的阶级分化。

其次是克里米亚战争的失败与改革舆论的兴起。1853—1856年俄国在克里米亚战争中的失败严重暴露了俄国农奴制落后的问题。1856年,战争还在继续,而俄军武器库存快要耗尽。原来储存的50万支枪,只剩下了9万支,1.5万门大炮只剩下253门,国内生产的火药甚至不能满足军队一半的弹药需求。整个战争期间,俄国征召了约100万人,调动了15万马匹,这已经超出农奴制经济的负担。① 为了打仗,政府不得不提高军费开支。除此之外,伤寒和霍乱带来的死亡人数已经超过了战场上的死亡人数。1855年夏,由于遇上干旱,俄国一些省份的粮食歉收。靠近战区的南部省份,农民生产生活更加艰难,不仅军队要从这里通行,还要参与运输军用物资。有的军队在农田里放养战马,掠夺农民的饲料和家禽。农民生产生活不堪其扰。

---

① Б Н. Пономарев. Б Н. История СССР. *С древнеших времени до наших дней*. Т. 4. М. , Наука, 1967. С. 561.

战争期间,俄国农民怨声载道,反农奴制运动此起彼伏。当政府组建民兵队伍时,在农民当中流传"战后所有民兵将摆脱农奴制"的谣言。这使得大批农民涌入城市,要求参加民兵。在乌克兰地区,涌入城市的农奴被军队拒之门外,甚至被赶了回去,农民们坚持参军,引发了巨大的骚乱。而在基辅和切尔尼戈夫地区,农民拒绝执行贵族的徭役政策,宣称自己是"自由的哥萨克人"。政府以"安抚顽固者"为名,派出了军队,与农民发生了武装冲突。

在农奴制压迫下,农民的思想意识里,同外国侵略者和阶级敌人斗争与保卫祖国和实现社会解放的思想早已融合在了一起。农民的这种行为吓坏了贵族,即使是思想保守的社会活动家,也开始听到有必要改变政治路线以防止农民革命的声音。著名历史学家 M. П. 波戈金教授敦促政府:"米拉波(法国大革命活动家)式的人物对我们而言不可怕,但是普加乔夫式的人物才是最可怕的……没有人愿意成为马志尼(意大利复兴运动民主共和派领袖,革命组织"青年意大利"的创建人),但帕斯捷潘·拉辛(农民战争的领袖,顿河哥萨克)的振臂一呼,是最能威胁我们的地方。"①

不仅自由主义者呼吁政府通过自上而下的改革废除农奴制,(如 K. Д. 卡韦林教授写道:我们可以更聪明地解决该问题,意味着将我们从无谓的屠杀中拯救出来,让俄国社会回归平静,可以获得 500 年内和平、没有跳跃式的发展②)甚至一些官员也加入批评俄

---

① Погодин. М. П. *Историко-политические письма и записки в продолжении Крымской войны.* М. , В. М. Фриш. 1874. С. 262.

② *Рукописный отдел Государственной библиотеки им.* В. И. Ленина, ф. 231 (Погодин), II, п. 13, л. 41. Письмо Кавелина от 3 апреля 1856 г.

国社会政策的行列之中了。库尔兰省省长 П. А. 瓦卢耶夫在其题为"俄国杜马"的宣传报告中指出:所有麻烦的根源在于,政府只知道到处耀武扬威,掩盖了社会的矛盾和最真实的一面,看看克里米亚战争,上层在享受,而下层已经腐烂。① 对农奴制的不满使人开始谴责已经逝世的尼古拉一世,如诗人兼外交官的 Ф. И. 丘特切夫就指出:正是这个愚蠢的人,造成了今天这种绝望的局面,在他统治的 30 年间,俄国什么都错过了,什么都没有发展,而且还在最不该发动战争的时候进行了战争。人们期待着随着旧沙皇的离世,专制制度和农奴制度也应该随之改变。思想比较开明的 А. В. 尼基坚科在日记中写道:"必须承认,俄国历史上最漫长而惨淡的一页已经走完,是时候翻开新的一页了,阻碍俄国社会前进、阻碍社会自由的包袱已经从我们的肩膀上脱落了。"②

　　由于严苛的书刊审查制度,俄国的社会舆论环境非常糟糕,"社会舆论一直完全依附于专制制度",在"锁口"政策下,舆论没有形成什么力量。所有这一切随着尼古拉一世治的终结以及俄国在克里米亚战争中的失败而发生了改变,为舆论打开了闸门,所有社会等级都对现状不满——国家经济发展落后,财政赤字激增,国家一贫如洗,国内农民暴动不断,国内掀起一股批评政府政策的浪潮。各种针砭时弊的手抄本、改革方案、地下文学纷纷出现在公众视野之中。仿佛整个俄国思想界都因塞瓦斯托波尔惨败而猛然醒悟过来,继尼古拉一世实施锁口政策之后,言论开始变成了一股社会力量,开始呼吁对社会进行改革。

---

① *Русская старина*, 1891, май. C. 352, 354.
② Никитенно. А. В. *Записки и дневник*, Т. I. СПб., Гослитиздат, 1955, C. 449.

　　再次是阶级分化严重，内部时局动荡。在改革之前，俄国贵族阶级发生了分化，中小贵族陷于破产。1835 至 1851 年间，拥有不足 20 个农奴的贵族庄园减少了 9000 多个，到 19 世纪中叶，俄国无地产的贵族已达数万人。值得注意的是，从贵族中分化出一批采用资本主义方式改造和经营自己庄园的资产阶级化贵族。他们为数不多，但是，他们是农村中新的生产关系的代表者。

　　到改革之前，农民与贵族之间的冲突加剧，农民运动呈现高涨趋势。据统计，1826—1834 年间，农民暴动 145 次，1845—1854 年为 348 次。1853—1856 年克里米亚战争以后，农民运动更加高涨了。1858 年农民暴动 86 次，1859 年 90 次，1860 年 108 次。普加乔夫给俄国统治者带来的恐惧仍历历在目。以谋害主人为目的的农民犯罪及犯罪率上升是社会不稳定的另一个指标，以梁赞省为例，1801—1820 年间只有 1 起类似案件，1821—1830 年间增加了 6 起，而到了 1851—1860 年，增加了 20 起。[1] 造成这种状况的原因有很多，其中主要包括农民份地减少、农民赋税增加、贵族虐待农民、自然灾害严重等，激化了本就严重的阶级矛盾。农民逃跑、杀害贵族、控告贵族、逃税等事件频发。另外，农民运动波及的范围也越来越广，不仅贵族农村频发，国有农村和采邑农村等也不断发生起义和骚乱，不仅俄国人参与起义，一些外国人也积极参与其中。改革之前，尤其是边疆地区的农民也加入反农奴制的阵营之中，如爱沙尼亚、立陶宛、拉脱维亚地区和波罗的海沿岸等的农民运动声势

---

[1] И. Д. Ковальченко. И. Д. *Крестьяне и крепостное хозяйство Рязанской и Тамбовской губерний в первой половине XIX века.* М. , Изд-во Моск. ун-та, 1959. C. 241.

特别大,农民纷纷起来反抗封建贵族的压迫,反抗政府行政机关的蛮横。

随着资本主义的发展、农业危机的加深和农村阶级的分化,阶级斗争越来越尖锐,农奴制危机使统治阶级不能照旧统治下去了。特别是资产阶级化的贵族,希望迅速改变农奴制度。代表他们利益的自由派公开揭露政府的种种弊病,批评政府的对内对外政策,谈论农奴制改革的必要性。自由派甚至致函政府,上书沙皇,制订改革方案,在各种集会上发表演说,阐明自己的政治观点。莫斯科政论家麦列贡诺夫在其评论中写道:"我们需要自由,自由!只有自由才是我们所祈求的。"法学家契切林主张逐渐消灭农奴制度,实行信仰、言论和出版自由,改革司法机关。个别高级官吏也对沙皇政府表示不满。克里米亚战争失败后,库尔兰省省长卢瓦耶夫公开斥责政府的欺骗行为和官僚主义,他向自由派高呼:"智慧需要自由!"

所以,为了缓和阶级矛盾,增强国家实力,巩固统治,维护统治阶级利益和重振俄国大国国威,亚历山大二世不得不实行改革。

二、农奴制改革的内容

俄国农奴制改革草案制定基本可分为三个阶段。第一阶段是舆论准备阶段,主要是动员贵族理解改革及其利害关系,其目的是稳定贵族,使他们让出一定权利,平息农民运动,意思是虽然废除农奴制,但保证不会伤害贵族的根本利益。第二阶段是成立改革机构以制定改革草案阶段。1857年亚历山大二世成立秘密委员会,亲自担任秘密委员会主席,讨论农奴制改革方案。委员会成员包括沙皇近臣、宫廷大臣和国务会议人员,这些人员都是大贵族和贵族代表,是旧制度的捍卫者,此时虽未制定改革草案,但已在个别地区尝试农奴制改革。1858 年 12 月亚历山大亲自主持农民事务委员会会议,通过新的改革方案,其内容如下:农民获得人身自由,可加入自由农村等级;行政上,农民组成农村公社,选举管理机构;贵族应同村社联系,而不是同农民个人联系等。第三阶段是国务会议对改革草案的讨论和审批阶段。1861 年 1 月国务会议讨论农奴制改革草案,经过讨论,1861 年 2 月最终公布农奴制改革方案。针对农奴制改革草案,不同等级都捍卫自己的利益。贵族希望通过农奴制改革把贵族庄园改革为资本主义性质的庄园,希望继续使用廉价劳动力,获取大量赎金以发展资本主义工商业;资产阶级自由派主张解放农民,让农民获得相应份额的土地,农民需支付贵族赎金,可兼顾贵族的利益;革命民主主义者代表广大农民的利益,坚决反对农奴制度,主张彻底废除农奴制度,推翻沙皇专制统治。农民虽然是反农奴制的中坚力量,但因其组织涣散,没有形成统一的组织来捍卫自己利益,力量有限。

1861 年农奴制改革法令包括 19 份法令文件,最重要的法令为《1861 年 2 月 19 日宣言》《关于脱离农奴依附关系的农民的一般法令》《关于脱离农奴依附关系的农民赎回宅旁地和政府协助农民获得土地的法令》《关于省和县处理农民事务的机构法令》《关于安顿脱离农奴依附关系的家奴法令》,还包括一系列解决各地区土地关系的地方法律和补充条例,等等。其中《1861 年 2 月 19 日宣言》是农奴制改革的一号文件,宣言宣布废除农奴制度,其主要内容如下。宣言颁布之日起,农民获得自由乡村居民的全部权利,如同意履行相关义务、保留土地所有权的农民可在贵族庄园内居住;为保障农民正常生活,贵族需提供给农民一定量的土地供其经营,农民在履行相关义务后即可使用份地,此类农民称为临时义务农;同时农民有权赎买其宅旁地,贵族同意后农民可赎回长期使用的份地并归为私有等内容。《1861 年 2 月 19 日宣言》的核心为贵族土地所有制和贵族的各类特权神圣不可侵犯,农民即便获得了人身自由,仍不能完全摆脱被奴役地位。

《关于脱离农奴依附关系的农民的总法令》(以下简称总法令)是 1861 年农奴制改革中最重要的法令,该法令中详细规定农奴解放的内容,法令涉及内容十分繁杂,究其主要内容包括以下 3 个方面:政治上,俄国农奴获得人身自由;经济上,农民以赎买的方式分到耕地(叫作"份地"),但农民只有耕地使用权;组织上,获得解放的农民仍归所居住地区的村社管理。

在人身权方面,总法令规定:脱离了农奴依附身份的农民享有与其他自由的农村居民同等的权利,诸如自由买卖,依法开办和经营工厂以及重工业、商业和手工业作坊,可加入行会、同业公会,有权起诉、出庭作证、参加选举、受教育和服兵役,等等。农民结婚和处理自己的家庭事务不必取得贵族的同意。根据这些规定,农民获得了"人"的权利。他们不再像牲畜那样可以任人买卖、抵押或赠予了。在财产权方面,总法令规定:"每个农民可以遵照自由农村居民有关法规,获得不动产和动产为私产,可以将其转卖、抵押和作一般处理。"不动产有两种:一种是宅旁地,农民可以赎买;另一种是耕地及其他土地(牧场、森林等),贵族在保留对这些土地所有权的情况下,将之作为份地分给农民使用。在农村社会管理的权利上,总法令规定,在农村建立一系列管理机构,如村社、乡理事会、乡法院,并设立村长、征税官等,特别是设立袒护贵族的调停官,使贵族对农民的压迫更合法化了。贵族除了借助沙皇政府的武力来镇压农民的反抗,又能借调停官和管理农民机构的人来规劝农民,让农民安分守己,好好履行他们对贵族所承担的义务。

关于农民所承担义务问题,总法令规定,农民使用份地必须给贵族服劳役或缴纳代役租,代役租的标准,各地差异较大,通常金额为 8—12 卢布。俄国法律规定,彼得堡周边地区代役租金额为 12 卢布,其他地区为 8—9 卢布;每年服劳役天数约为 30—40 日,农民自备农具和牲畜;夏季劳动时间为 12 小时,冬季为 9 小时。具体而言,凡距离彼得堡不超过 25 俄里的领地内,代役租为 12 卢布,彼得堡其余所有领地,莫斯科、雅罗斯拉夫尔和弗拉基米尔等地代役租为 10 卢布,维亚特卡、维捷布斯克、莫吉廖夫、奥洛涅茨、喀山、普斯科夫和坦波夫省代役租为 8 卢布,余下各省代役租为 9 卢布。[①] 根据 1863 年 2 月 19 日颁布的规章,国有、宫廷和份地农民按照确定的程序赎买自己的土地,他们须在两年内支付赎金,经过法律确认后,可获得土地所有权。

关于土地的赎买,总法令规定,农民可以赎买宅园和田间份地,但是在赎买过程中要考虑到贵族的利益。同时这种赎买是有条件的赎买,没有欠缴税款的农民才有权利赎买土地,赎买份地必须按照"自愿协议"原则,而赎买的数量由农民所缴的代役租决定。总而言之,农民虽然能够自由赎买土地,但必须根据协议,或者按

---

① 李桂英:《亚历山大二世 1861 年农民改革研究》,吉林大学 2008 年博士学位论文,第 122—123 页。

照贵族的意志来,法令从不考虑农民自己的诉求和愿望。

关于土地赎买和赎金,农民同贵族协商后,在贵族同意后可将宅旁地和份地赎归私有,赎买期限不定;赎金金额不按照地价计算,而是按照代役租计算,政府规定,按照代役租年利率的6%计算赎金数额,农民为获得土地需缴纳的赎金远超过土地实际价格。一般情况下,赎金超过土地实际价格的50%,农民要在49年内将贷款本息一同归还给国家。农民在赎买土地时须同贵族签署契约,在签订契约前农民还须为贵族义务劳动,此时的农民称为临时义务农。1881年改革后沙皇才颁布法令取消临时义务农。

除西伯利亚和比萨拉比亚外,对于所有的贵族农民,依照总规章和赎买土地规章,国家作为中间人提供给农民购买土地所需赎金,但要在49年内还清,每年支付相应的利息和赎金。赎买规章对于贵族和国家有利,而对农民不利。以莫斯科省博龙尼茨县城为例,该县居民最高份地数量为3俄亩,最高代役租金额为10卢布。如农民赎买2俄亩土地,所需缴纳的代役租为7卢布50戈比,如果贷款赎买土地,农民获得每亩份地的价格为60卢布50戈比。此时莫斯科省土地的平均价格为38卢布/俄亩,如果49年偿还完毕,最后还款总额为294卢布。据统计,1854—1858年间俄国农民所使用的土地全部价值为5.4亿卢布,而农民赎买土地所缴纳赎金为8.7亿卢布,至1905年农民共缴纳20亿卢布的赎金。①

赎金缴纳完毕后农民得到已赎买的土地和宅旁地,农民的临时义务看似终止,但赎买规章中并没有确定农民承担临时义务的

---

① 李桂英:《亚历山大二世1861年农民改革研究》,吉林大学2008年博士学位论文,第125页。

期限,此期限由贵族和农民共同确定。赎买规章第 35 条允许贵族
单方面终止临时义务关系,或在农民缴纳完赎金或承担相应义务
后土地转到农民名下。此后俄国政府颁布关于过渡期的规章,农
民支付给贵族相应的赎金就可加速贵族和农民间的义务关系的终
止,二者关系也日趋简化。

　　根据总法令,俄国在贵族农村、采邑农村、国有农村和边疆地
区相继废除了农奴制度。除此之外,还有很多举措,诸如政治上,
建立地方自治机构(地方自治局)。1864 年颁布《省、县、地方机构
法令》,根据这个法令,俄国大部分地区设立了自治会议及其行政
机关。司法领域,废除旧的等级审判制度,建立陪审制度和律师制
度,实行公开审判。教育领域,鼓励办学,扩大大学自主权,允许引
进西书书籍。思想领域,客观上使西方资产阶级思想进一步传入
俄国,越来越多的俄国人看到了差距,纷纷要求改革。经济领域,
发展工商业,扩大国内市场,提供资金,借鉴西方技术等。

三、农奴制改革的意义

　　和城市相比,改革后俄国的农村依然处于落后状态,但相比于
改革前,俄国农村发生巨大变化,改革改变了农民的生活方式,农
业生产在艰难中缓慢前进;农民摆脱了人身依附关系,流动性增
强,外出打工人员增多是最好的证明;农民开始接受教育,识字的
农民数量在增加;家庭关系也在发生着变革。农奴制改革为俄国
资本主义经济发展提供了大量劳动力,也被史学家们认为是俄国
近代化的开端,俄国自此进入了资本主义阶段。但改革毕竟是不
彻底的,保留了大量的封建残余,是对农民的一场掠夺。

　　这是一次违背执政初衷的改革。亚历山大二世执政伊始，决定继续尼古拉一世时期的政策，但在签订《巴黎和约》、结束克里米亚战争后，他敏锐地察觉到了俄国社会的变化，遂在莫斯科贵族面前发表了著名的"自上而下要比自下而上解放农奴好得多"的讲话。改革是从释放"信息公开性"开始的，引用俄国学者 Л. М. 马库申的话："信息公开化"并未体现在书刊审查政策调整框架之内，但却隐藏于地方自治、司法、大学和教会的改革之中①，这是对 19 世纪 60 年代俄国社会现象最好的概括。新沙皇开始允许俄国从国外进口书籍，废除了禁止国内创办期刊的政策，允许报刊公开讨论经济、教育甚至农奴制问题，他希望通过舆论来了解社会，更希望社会通过舆论了解政府，缓和紧张的国内矛盾。从这时起，报刊逐渐取代了文学作品成为俄国社会舆论表达的主要手段。一些自由派思想家和革命民主主义者开始公开倡言改革，开始讨论政府的政策。А. И. 赫尔岑便相继创办了《北极星》《俄国之声》《钟声》等，旨在报效"精神上的祖国"，"唤醒人们沉睡的意识"，认为"言论公开既是郑重的宣言，又是行动的准则"。1856—1858 年，象征"解冻"的刊物如雨后春笋般涌现出来，敦促政府和社会行动起来。社会精神力量的解放走在改革之前，是改革的前提。② 这些书刊审查领域的政策与尼古拉一世时期截然不同，从而推动了改革的进行。

---

① Макушин Л. М. *Литературоведение и журналистика: Гласность в реформах и реформы в гласности (к методологии исследования места отечественной журналистики в преобразованиях 60-х годов)*, Саратов. , СГУ, 2000. С. 235.

② Захарова Л. Г. *Самодержавие, бюрократия и реформы 60-х годов XIX в. в России.//* Вопросы истории. 1989. № 10. С. 5.

改革对农业发展产生巨大影响。1861 年农奴制改革影响最深的就是农业、农村和农民。在农业方面,资本主义迅速发展明显地表现为农民阶级的分化。在农村,农民阶级一方面分化出少数富农,他们拥有优良的牲畜、农具、大量土地和资金,是农村中的资产阶级。他们不仅购买农民所出卖的份地,而且还买进贵族所出售的庄园。另一方面是分化出了一大批破产的农民,他们不仅失去了土地,而且丧失了其他生产资料,沦为农村中的无产阶级。这些农村无产阶级和农奴制改革促使无地农民形成了一支雇佣大军,为资本主义的发展提供了有利条件。到 19 世纪末,根据全俄人口调查材料,俄国雇佣工人大约已有 1000 万。农民的分化促进贵族经济循着资本主义道路演进。农民破产后,由于失去了马匹和农具,不能再为贵族服役了,这就迫使贵族不得不采取资本主义的经营方式。农民的分化进一步破坏了自然经济,农村和市场的联系也日益频繁,这些都为资本主义的发展提供了有利的条件。

改革对工业发展产生极大影响。在工业方面,资本主义也同样得到了迅速发展。1861—1881 年间,布匹的生产量增加了两倍,织布工厂排挤了手工织布作坊。1860—1890 年,生铁的产量由 2050 万普特增至 5660 万普特;钢产量由 1250 万普特增至 52 000 万普特;煤的产量由 1800 万普特增至 36 700 万普特。1866 年俄国的工厂不到 3000 个,1903 年已近 9000 个了。随着资本主义在工农业中的发展、国内市场的扩大,新建铁路长度也迅速增长。1865 年俄国铁路长度已达 3500 俄里,1880 年初铁路长度则达 2.1 万俄里。①

1861 年农奴制度改革加速了俄国资本主义的发展，在一定程度上使生产关系与生产力相适应，使资本主义在国民经济许多部门中得以确立。俄国开始出现了一个新的社会经济状态。

改革有很大的不彻底性。1861 年农奴制改革没有真正改变封建土地所有制，贵族们继续控制着国家大量的土地，剥削性的经济基础依然存在。据统计，在 1877—1878 年间，欧俄地区约 80% 的土地都归贵族所有。改革后农民在土地方面的境况没有得到好转，农民的土地被贵族剥夺了 20% 以上，有些省份甚至达 40% 以上。同时，农民只能分得一些零星土地甚至沙地，而贵族则继续占有良田和整块的土地。

改革后，农民依然要遭受工役制农奴经济的剥削，农民在缺乏土地的情况下，为了使用贵族耕地、牧场和草地，被迫以最苛刻的条件向贵族租佃，承受工役制剥削。工役制剥削与资本主义剥削不同。它的基础不是私有制的资本，而是土地；不是自由雇工，而是带有高利贷性质的盘剥。工役制是徭役制的直接残余，是从徭役制向资本主义的过渡形态。列宁在分析工役制时指出："工役制的实质就是农民用自己的农具和牲口耕种贵族的土地，从而得到一部分货币报酬和一部分实物报酬。"

封建农奴制残余使农民在改革后仍然处于十分悲惨的境地。农民承担着赎金、贷款利息和赎买手续费的盘剥以及土地税、自治税和村社捐税等名目繁多的苛捐杂税的重压，政治上仍然受压迫，

---

① 逯红梅：《1836—1917 年俄国铁路修建及其影响》，吉林大学 2017 年博士学位论文，第 42 页。

经济上依旧依附于贵族。因此,广大农民仍然常年在饥饿线上挣扎。

第三节　俄国工业化进程中农民等级的数量和作用

农民是俄国社会的最底层,他们在社会经济发展过程中的作用不容小觑。1861 年农奴制改革之后俄国工业化开启,农民在该进程中的作用值得深究,农民的赋税、赎金和代役租等虽未直接转化为工业资本,但也成为资本主义工商业原始积累的重要来源之一,解决了部分工业部门的资金问题;大工厂数量增加之后,劳动力问题亟待解决,农奴制改革后农民获得了人身自由,他们进城务工不但解决了工业所需的劳动力问题,而且促进了劳动力市场的形成与完善,推动了无产阶级的最终形成;农村市场潜力巨大,不但为工业品提供了广阔的销售市场,农产品和农民手工业品也运至市场上销售,作为全俄市场的重要组成部分,农村市场扩大和农民消费水平提高直接推动了全俄商品市场的最终形成;俄国农民社会地位低下,反抗意识也最强,成为 20 世纪初俄国革命运动的中坚力量。

19 世纪上半叶,国有农民和贵族农民为农民的主体,一般而言,国有农民的状况明显好于贵族农民,贵族农民深受政府和农奴主的双重压迫,受剥削程度最深,因此下文以贵族农民为对象进行分析,探究他们在工业化进程中的作用。国内诸多学者关注俄国

农民问题①,但国外学者尤其是俄国学者的研究更为详尽②,因篇
幅有限,此处仅做简要分析。

---

① 张广翔:《俄国学者关于俄国农民农奴化史的争论》,《吉林大学社会科学学报》
2014年第6期;唐艳凤:《俄国1861年改革后农民赋役负担探析》,《史学集刊》
2011年第2期;罗爱林:《试论村社制度对俄国社会的影响》,《俄罗斯中亚东欧研
究》2008年第4期;张广翔:《19世纪末20世纪初莫斯科省农民打工的若干问
题》,《史学月刊》2013年第7期;罗爱林:《论俄国农村公社与农民的兵役义务》,
《史学月刊》2007年第11期;张广翔:《俄国农民外出打工与城市化进程》,《吉林
大学社会科学学报》2014年第6期;张广翔:《十九世纪俄国村社制度下的农民生
活世界——兼论近三十年来俄国村社研究的转向》,《历史研究》2004年第2期;
张广翔:《俄国村社制度论述》,《吉林大学社会科学学报》1997年第3期;曹维安:
《俄国1861年农民改革与农村公社》,《陕西师范大学学报(哲学社会科学版)》
1996年第6期;等等。

② Иванова Н. А. , Желтова В. П. *Сословное общество российской империи (XVIII-
начало XX века)*. М. , Новый хронограф, 2010; Дубровский С. М. *Сельское
хозяйство и крестьянство России в период Империализма.* М. , Наука, 1975;
Иванова Н. А. Желтова В. Л. *Сословно-классовая структура России в конце XIX-
начале XXв.* М. , РОССПЭН, 2004; Дружинин Н. М. *Русская деревня на переломе
(1861 - 1800).* М. , Наука, 1978; Ковальченко И. Д. *Русское крепостное
крестьянство в первой половине XIX в.* М. , Изд-во МГУ, 1967; Рындзюнский
П. Г. *Крестьянская промышленность в пореформенной России.* М. , Наука, 1966;
Тюкавкин В. Г. *Великорусское крестьянство и Столыпинская аграрная
реформа.* М. , Памятники исторической мысли, 2001; Анисимов Е. В. *Податная
реформа Петра I. введение подушной подати в России. 1719 - 1728.* Л. , Наука,
1982; Дружинин Н. М. *Русская деревня на переломе (1861 - 1800).* М. , Наука,
1978; Нифонтов А. С. *Зерновое производство России во второй половине 19
века.* М. , Наука, 1974; Китанина Т. М. *Хлебная торговля России в 1875 - 1914 гг
(Очерки правительственной политики).* Л. , Наука, 1978.

一、俄国农民等级数量概述

首先,农民等级是俄国居民的主体。18 世纪至 19 世纪初,贵族农民占俄国人口总量的 37.5%—45%,1859 年占比为34.4%。[①] 1860 年,农村人口占全国人口总量的 80%以上,近九成的农民生活在农村并从事农业生产。19 世纪末,俄国居民之中,农民等级的占比仍最高,据 1897 年人口普查数据显示,其占比达77.1%。[②] 值得一提的是,农民等级地域分布差异较大,1897 年欧俄 50 省全体居民中,农民的占比最高,达 84.2%;其余地区农民的占比低于全俄平均水平,为 71%—75%。中亚地区农民的占比仅为 5%。[③]

1861 年农奴制改革之后,俄国农村人口的数量大幅增加,1863—1897 年,欧俄地区农村人口数量由 5507.1 万人增加至8139.4 万人,年均增长 78.3 万人,远高于同期城市人口年均增长率。[④] 总体而言,俄国农民的占比明显高于同期其他国家,1915年,俄国农村居民的比重为 84.7%,荷兰、丹麦、法国、美国、德国、挪威和英国农民的占比分别为 63.1%、61.8%、58.8%、58.5%、

① Иванова Н. А. , Желтова В. П. *Сословное общество российской империи (XVIII– начало XX века)*. М. , Новый хронограф, 2010. C. 576.
② *Первая всеобщая перепись населения Российской империи 1897 г.* СПб. , Центр. стат. ком. М–ва вн. дел. 1901. Т. 37: Город С.-Петербург. Тетрадь 1. C. 32–33.
③ Иванова Н. А. Желтова В. Л. *Сословно-классовая структура России в конце XIX– начале XXв.* М. , РОССПЭН, 2004. C. 304.
④ Миронов Б. Н. *Русский город в 1740–1860-е годы: демографическое, социальное и экономическое развитие.* Л. , Наука, 1990. C. 83–84, 91.

43.9%、28.0%和22.0%。①

其次,1861年农奴制改革之前,贵族农民和国有农民为农民的主体。

彼得一世时期国有农民正式形成,主要包括:一是乌克兰南部边境小军官及其后代;二是在俄国东南部地区服役的龙骑兵、哥萨克和步兵等;三是黑土区的农民和北方沿海农民;四是西伯利亚地区的庄稼人、塔塔尔人,以及伏尔加河沿岸、乌拉尔周边地区缴纳实物税的农民。此后,修道院的农民,部分地区的哥萨克和军事居住者,波兰、立陶宛、白俄罗斯、乌克兰等地的其他居民,迁徙至高加索地区的伊斯兰教信徒,以及其他外国移民和少数民族居民都被纳入了国有农民行列。②

贵族农民为贵族私人占有的农民,以及1719年人口调查时转变成贵族农民的赫洛普。贵族农民被固定在土地上,终身依附于贵族,不得随意迁徙。俄国法令规定,农奴的法律地位取决于其父亲的身份,即便其母亲是自由民,只要其父亲是农奴,子女仍属于农奴阶层。贵族有权买卖农奴,并要求其迁徙到指定地点。

贵族农民的地位最为低下,即便19世纪初政府禁止在市场上出售无上地的农奴,但买卖农奴仍十分常见。贵族有权惩罚农民,可使用树条和棒子鞭打农民,但不能致残。农民的劳役负担十分沉重。19世纪,农民的状况稍好,如1818年9月30日颁布的法律

① Дубровский С. М. *Сельское хозяйство и крестьянство России в период Империализма*. М. , Наука, 1975. С. 38.
② Иванова Н. А. , Желтова В. П. *Сословное обшество российской империи (XVIII – начало XX века)*. М. , Новый хронограф, 2010. С. 558.

规定贵族不能强迫农民在周日和节日工作,但贵族殴打和买卖农民的状况十分常见。

再次,随着商品经济的发展,农民等级也发生分化。

1861年农奴制改革之后,随着资本主义生产关系在农村中普及,出现富农、中农和贫农等阶层。19世纪八九十年代,欧俄7省23城富农、中农和贫农的占比分别为20%、30%和50%。[1] 富农为农业资产阶级的代表,他们的土地面积最多。据统计,19世纪80年代末至90年代初,各省贵族和富农掌控全俄34%—50%的土地,贫困农民仅拥有18%—32%的土地。[2] 贫农和部分中农只能出卖劳动力去城市中打工。

1861年农奴制改革之前,农民没有人身自由,为贵族的私产,没有权利购买土地,即便被允许购买土地,也要挂在贵族名下。

农奴制改革之后,土地可以自由流转,农民可购买土地。据统计,19世纪60—80年代,欧俄各省农民共购买土地480万俄亩,总计花费9000万卢布。[3] 因贫农和中农的资金有限,富农购买的土地最多,1865年、1885年和1895年出售给农民的土地中,富农购买土地的占比分别为78%、80%和84%,贫农的境况最为窘迫,他们只能依靠份地度日或外出务工。[4]

最后,俄国农民等级的负担十分沉重。

① Федоров В. А. *История России 1861-1917*. М., Высшая школа, 1998. С. 75.
② Чунтулов В. Т., Кривцова Н. С., Тюшев В. А. *Экономическая история СССР*. М., Высшая школа, 1987. С. 96.
③ Дружинин Н. М. *Русская деревня на переломе (1861-1800)*. М., Наука, 1978. С. 43.
④ 付世明:《20世纪初俄国村社》,广西师范大学出版社2005年版,第123—124页。

　　相较于其他国家而言,俄国农民的税赋最为沉重,人头税、服军役、代役租和赎金等致使他们长期为温饱四处奔波。因人头税和赎金在一定程度上可作为资本主义原始积累的方式之一,下文将详细阐述,此处仅以劳役和代役租为例分析俄国农民沉重的负担。

　　代役租是不服劳役的农民向贵族缴纳的实物和货币地租,缴纳代役租的农民不用在农奴主驱使下劳动,可自由支配劳动时间,提高了农业生产的劳动效率,从而有机会从事工商业或外出务工。代役租主要缴纳给贵族,其数额逐年增加,成为农民最为沉重的负担之一。18世纪七八十年代至19世纪50年代末,非黑土区下辖16县农民的人均代役租由3卢布增到10.5卢布,而黑土区下辖17县农民的人均代役租由4.4卢布增到9.5卢布。[①]

　　具体而言,18世纪末,特维尔、莫斯科、梁赞、奥廖尔四省农民年收入分别为25卢布、23卢布、23卢布和21卢布,代役租的金额分别为7.3卢布、4.5卢布、4.4卢布和3.9卢布,分别占农民收入的29.2%、19.6%、19.1%和18.6%;19世纪中叶,上述四省农民的年收入分别为40.5卢布、39卢布、33卢布和32卢布,代役租金额分别为39.8卢布、33.2卢布、26.2卢布和12.8卢布,占农民收入的比重分别为98.3%、85.1%、79.4%和40%。[②] 部分省份农民的收入几乎全部用于缴纳代役租,农民的负担更加沉重。

[①] Ковальченко И. Д. *Русское крепостное крестьянство в первой половине XIX в.* М., Изд-во МГУ, 1967. С. 291.

[②] Ковальченко И. Д. *Русское крепостное крестьянство в первой половине XIX в.* М., Изд-во МГУ, 1967. С. 295.

1861 年农奴制改革之后,俄国法律规定,从贵族手中获得份地的农民也必须为贵族服劳役或缴纳代役租。农民虽然获得了人身自由,但受剥削的社会地位仍然没有改变,除缴纳大量赎金外,还需缴纳人头税和为贵族服劳役,税赋十分沉重。为改善自身生活、缴纳人头税和服各种差役,无土地的农民只能外出务工,客观上解决了工业所需的劳动力问题。

俄国农民等级形成的历史长达数百年,国有农民、贵族农民和宫廷农民是其主体,相较而言,国有农民和宫廷农民的生活状况稍好,贵族农民受国家和贵族的双重剥削,其生活状况最为恶劣,反抗情绪也最高。农民一直是社会各等级的补充力量,不但是市民的重要组成部分,与工人阶级也有千丝万缕的联系。

二、农民进城务工为工业提供了充足的劳动力

1861 年农奴制改革之后,俄国政府解除了农民对贵族的依附关系,农民获得了一部分公民权,虽然其生活仍十分贫困,但他们可随意离开自己的就籍,从事工商业或外出务工。农民外出务工解决了工业所需的劳动力问题,推动了俄国劳动力市场的最终形成。

(一)俄国农民外出务工的原因

土地短期收益低和城市劳动力需求量增加是农民外出务工的前提。1861 年农奴制改革之后,外出务工的主要原因如下:一是农民获得了人身自由,可随意离开居住地,不再受户籍制度和贵族的限制;二是农奴制改革之后,农民无力支付高额的赎金和代役租;

三是很多省份粮食收成较差,如 1909 年,科斯特罗马省 21%的农民的收成仅够 9 个月的口粮,48%农民的粮食仅够食用 9 个月,31%农民的粮食仅够食用 3 个月。① 很多农民食不果腹,只能寻找其他生计。四是农民份地数量大幅减少,以莫斯科为例,1860 年、1880 年和 1900 年莫斯科农村成年男子份地数量分别为 3.1 俄亩、2.9 俄亩和 2.5 俄亩;②五是 19 世纪下半叶,工商业快速发展,劳动力需求量大增,据 1897 年人口普查数据显示,俄国有 8140 万居民,依靠农业为生的居民数量只有 6940 万,其余 1200 万农民从事手工业和商业等其他工作,③而 1905 年,欧俄已有 1700 万农村居民不再将农业当作主要生计来源。④

　　莫斯科农民外出务工的原因最具有代表性,值得深入探究。一是莫斯科气候恶劣,农作物生长周期较短,土壤质量较差,农作物收成较低。1899 年秋,莫斯科农民粮食丰收,只有鲁扎县农民生产的粮食可供应全年,克林、兹韦尼哥罗德和博戈罗茨克县城农民

① Поляская Т. М. *Отхожие промыслы крестьян московской губернии в конце XIX - начале XX вв. Диссертация на соискание ученой степени канд. ист. науки*. М. , 2008. С. 62 - 63; Водарский Я. Е. *Промышленные селения центральной России в период генезиса и развития капитализма*. М. , Наука, 1972. С. 25 - 26; Рындзюнский П. Г. *Крестьянская промышленность в пореформенной России*. М. , Наука, 1966. С. 48.
② Поляская Т. М. *Отхожие промыслы крестьян московской губернии в конце XIX - начале XX вв. Диссертация на соискание ученой степени канд. ист. науки*. М. , 2008. С. 36, 39.
③ Тюкавкин В. Г. *Великорусское крестьянство и Столыпинская аграрная реформа*. М. , Памятники исторической мысли, 2001. С. 33.
④ 张广翔:《18—19 世纪俄国城市化研究》,吉林人民出版社 2006 年版,第 118—119 页。

的粮食只够维持半年,波多利斯克、德米特洛夫斯克、科洛姆纳和莫斯科县农民的粮食还不够 5 个月口粮,最差的戈罗茨克县部分农民的口粮只够维持 40 天。

二是随着居民数量的增加,农民份地数量大幅减少。1861 年农奴制改革之后,莫斯科省各县城中男性农民的份地数量明显下降,与 1858 年相比,农奴制改革后博戈罗茨克和克林县农民份地减少了 1/3,谢尔普霍夫、兹韦尼哥罗德、莫斯科、德米特罗夫斯克县农民份地减少了 1/4,波多利斯克县农民份地数量减少了 1/5。

三是莫斯科省工商业发达,需要大量工人。莫斯科纺织工业发达,17 世纪莫斯科周边农民就已从事织布业;18 世纪下半叶,纺织工业已颇具规模,农民手工作坊也逐渐转换为大型手工工场。以 1781 年为例,莫斯科共有 204 家手工工场,大型纺织手工工场的数量最多。18 世纪下半叶,莫斯科纺织工业快速发展,1799 年,已有 29 家呢绒手工工场、113 家丝织手工工场。此时俄国境内上述手工工场的数量分别为 158 和 367 家,莫斯科纺织工业的规模可见一斑。[1] 19 世纪末,莫斯科棉纺织工业最为发达,大工厂数量明显超过彼得堡和弗拉尔基米尔省,该省大型工厂数量为 21 家,而同期彼得堡和弗拉基米尔省大型纺织工厂数量分别为 16 和 13 家。[2] 1843 年,俄国共有 59 家棉纱厂,1847 年其数量增加到 64

[1] Клокман Ю. Р. *Социально-экономическая история русского города. вторая половина XVIII века.* М. , Наука, 1967. C. 210.

[2] Пажитнов К. А. *Очерк истории текстильной промышленности дореволюционной России.* М. , Изд-во академии наук СССР, 1958. C. 91.

家,纱锭数量已增加至 76.5 万个。[1] 1850—1860 年莫斯科棉纱厂数量减少 30%,产量却提高 30%。[2] 1860 年莫斯科省棉纱工人数量和产品产值分别占全俄的 37%和 24%。[3]

(二) 俄国农民进城从事的职业和与农村的联系

外出打工农民所从事的职业众多。以弗拉基米尔省为例,19世纪末,该省外出农民到工厂内当工人,从事手工业生产,在建筑业、商业、交通、农业和采矿业中务工,以及担任家庭佣人的占比分别为 11.9%、25.5%、45.8%、8%、2.6%和 6.2%。农民外出务工导致城市中农民数量大增。据统计,1858 年和 1897 年农业人口占城市人口比重分别为 20.2%和 43.5%。19 世纪末,按等级属性而言,近 50%的市民来源于农民等级。据统计,俄国两个首都省份(莫斯科省和彼得堡省)、欧俄地区和非农业区城市中,非当地出生农民的占比分别为 82.7%、62.2%和 75.9%。[4]

就打工期限而言,可分如下几种情况:部分农民全年外出打工,不再从事农业活动;部分农民农忙时在家中务农,农闲时外出打工;还有一部分农民外出打零工,一般离家较近。一般而言,全

① 刘祖熙:《改革和革命—俄国现代化研究(1861—1917)》,北京大学出版社 2001 年版,第 94 页。

② Соловьева А. М. *Промышленная революция в России в XIX в.* М. , Наука, 1991. С. 73.

③ *Обзор различных отраслей мануфактурной промышленности России.* Т. 2. СПб. , Тип. Департамента внешней торговли, 1863. С. 460-475.

④ Рындзюнский П. Г. *Крестьяне и город в капиталистической России второй половины XIX века.* М. , Наука, 1966. С. 109, 212-213, 216-217.

年外出打工男子之中以 15—17 岁和 18—45 岁农民数量最多,此类农民劳动能力最强;农闲时节外出打工居民以 46—60 岁为主。虽然俄国大量农民外出务工,但其与农村的联系十分紧密。

俄国农民与土地之间的关系分为四个阶段。第一阶段,工人与土地的联系较为紧密,工厂不设立工人(主要是在农村的小型工厂内务工)宿舍和食堂,工人吃住在家中,此时工人全部是附近村庄中的农民。此时的工人完全是农民,他们拥有土地,还从事农耕,工厂经营不善或不适应工厂生活时他们继续务农。第二阶段,工人与土地的联系逐渐弱化。工人居住在工厂宿舍内,在工厂食堂内就餐,偶尔返乡务农,工人家庭成员仍留在农村,因此工人仍与农村保持联系。第三阶段,工人全家在工厂工作,工厂内成立家庭宿舍,全家人一同就餐。但工人并未终止与农村的联系,仍然向农村寄钱,偶尔也偕同妻小返乡休假。第四阶段,工厂工人成为真正的无产者,工人全家在工厂附近的租赁房屋或工厂提供的住宅居住。

就工人与农村的联系程度,可将工人分五类:一是夏季返乡且亲自从事农业生产的工人;二是夏季不返乡,但其家人从事农业生产的工人;三是不从事农业生产、将份地出租的工人;四是不从事农业生产但在农村具有不动产的工人;五是与农村无任何联系的工人。第一类在某种意义上可称为农民(不完全的农民);第二类工人所占的比例最高,可以称为固定工厂工人,他们已不擅长农业劳作,但其家庭成员仍居住在农村且从事农业生产,农业收入也是其家庭收入的重要组成部分;第三类工人完全与农业脱节,但份地收入也是其收入的组成部分(将份地出租,所收费用用于支付相关差役),仍拥有土地所有权;第四类工人中断与农业和农村的联系,但在农村仍拥有不动产和住所;第五类工人已经成为真正的无产者。斯托雷平农业改革后城市中农业居民与土地的联系开始中断,诸多农民退出村社。据统计,1907—1915 年退出村社的农民约为 247.8 万户,占村社总户数的 22%,其中以农村资产阶级富农和贫农所占比例最高。[1] 这些农民主要在城市内务工或者从事工商业,逐渐失去同农村的联系。

(三)农民外出务工的影响和工人阶级的形成

农民外出务工对生活的影响如下:一是农民收入增加,生活条件有所改善,生活水平日渐提高;二是新型生活方式被引入农村,很多城市流行的服饰和舞蹈纷纷传入农村,农民开始接受新事物;三是农民文化水平有所提高,识字率大幅提升;四是外出务工农民成为工人阶级的重要来源之一。1861 年农奴制改革之后,很多农民失去土地,迫于生计只能到城市中打工,他们是城市工厂工人最重要的组成部分。1905 年,欧俄 50 省共有 9050 万农民,从事农业生产的农民仅有 7350 万人,占比为 81.2%,但仅有 69% 的农民拥有土地,剩下 31% 的农民失去了土地,其中 18.8% 已经不再从事与农业相关的活动,他们成为工人阶级的重要组成部分。[2] 19 世纪末,农民外出打工的人数不断增加,工厂的大多数工人都来自农民等级。

---

[1] 陶惠芬:《俄国近代改革史》,中国社会科学出版社 2007 年版,第 395 页。

[2] *Статистика землевладения 1905 г.: Свод данных по 50-ти губерниям Европейской России.* СПб. , Изд. ЦСК МВД, 1907. С. 182, 197.

1861 年农奴制改革后,很多工人的后代子承父业,逐渐中断与农民的联系,成为产业工人的重要来源。莫斯科和彼得堡大企业中工人世家的比例迅速增加,如普梯洛夫和奥布霍夫工厂熟练工人多是当地工厂和图拉国有工厂的工人后代。随着资本主义经济的发展,在工人阶级的构成中,农民家庭出身的工人占比逐渐下降。大型机器工业塑造了一个新的固定的、由工人的后代构成的、与工厂完全相连的工人阶级队伍。

19 世纪末,俄国无产阶级已经形成,1865—1890 年,俄国产业工人数量已从 70 万人增加至 143 万人,90 年代末俄国工人数量已近 300 万人。[1]

就铁路工人而言,俄国铁路工人形成于彼得堡—莫斯科铁路建设过程中,此时工人分为固定工和日工。据统计,1845 年俄国铁路工人数量为 5.1 万人,1846 年其数量为 6.3 万人。[2]

俄国无产阶级特征如下:一是俄国工人的队伍较为纯洁,大部分工人来自破产农民,因此不容易形成工人贵族阶级,同时其生活水平十分低,反抗意识较强;二是俄国无产阶级生活环境十分恶劣,工时较长,革命性最强;三是俄国工人集中程度高,主要集中于莫斯科、彼得堡、巴库、南俄、中部工业区和波罗的海沿岸等城市。19 世纪 90 年代初期,彼得堡、莫斯科、华沙、弗拉基米尔、哈尔科夫和基辅等省工人数量之和约占工人总数的 71.75%。20 世纪初俄

---

[1] Соловьева А. М. *Промышленная революция в России в XIX в.* М. , Наука, 1991. С. 248.

[2] Уродков С. А. *Петербурго-Московская железная дорога. История строительства (1842–1851 гг.).* Л. , Изд-во Ленинградского университета, 1951. С. 101.

国工人阶级数量已超过 2200 万人,约占全俄人口总比重的 18%。[①]

　　农民是工业最主要的劳动力来源,保障了工业所需的劳动力,也成为城市居民的重要来源,市民与农村之间也有千丝万缕的联系,保留了很多农村的习俗。随着进城务工农民数量的增加,俄国劳动力市场最终形成,无产阶级也最终形成。

三、农民的税赋为俄国工业发展的资金来源之一

　　俄国工业资本主义原始积累过程中农民的作用不容忽视,其主要表现如下,人头税和代役租一则保障了国家税收,二则部分资金也成为国家扶持工业发展的资金保障,间接推动了工业发展。农奴制改革之后,贵族获得了大量的赎金,其中部分赎金直接投资于各工业部门,或用于购买工业企业的股票和债券;富农积累了大量资金后也投资工业。

(一)人头税

　　18 世纪初,彼得一世为筹集军费,出台法律征收人头税,为此专门核查人口以确定税丁人数。法令规定,上至年迈的老人,下至刚出生的婴儿,只要是男性都须登记在花名册上。1722 年初,人口调查工作基本完成,共有男性税丁 490 万。[②] 1724 年,人头税收入

---

① 张建华:《俄国史》,人民出版社 2006 年版,第 126 页。

② Анисимов Е. В. *Податная реформа Петра I. введение подушной подати в России. 1719–1728. Л.*, Наука, 1982. С. 79.

为 460 万卢布,国家税收增长了 40%以上。[①]

　　18 世纪末至 19 世纪,俄国人头税的数额逐年提升。1794 年,人头税增加到 1 卢布 2 戈比,保罗一世时达 1 卢布 26 戈比,1810 年增加到 2 卢布,1812 年卫国战争时增至 3 卢布,1818 年提升至 3 卢布 30 戈比。[②] 亚历山大二世改革后,对农民的人头税征收有所放松,但人头税税额也日渐提高,1862 年和 1863 年俄国政府提高人头税,国家财政收入分别增加 100 万和 600 万卢布。[③] 1864 年,共有 7000 万居民缴纳人头税,农民缴纳赋税和杂税占整个国家收入的 69.6%。[④]

　　19 世纪 80 年代,俄国政府放松了农民的人头税征收,从 1884 年 1 月 1 日起,俄国政府不再对村社中无土地的农民和在工厂中务工的农民征收人头税,所有贵族和国有农民的人头税降低约 10%,部分省份降低 50%。[⑤] 从 1886 年 1 月 1 日起,禁止对小市民、皇室农民和其他农民征收人头税。从 1887 年 1 月 1 日起,俄国政府取消了除西伯利亚地区居民外所有居民的人头税,从 1907 年 1 月 1

[①] Милюков П. Н. *Государственное хозяйство России в первой четверти XVIII столетия и реформа Петра Великого.* СПБ. , Тип. М. М. Стасюлевича1905. С. 489.

[②] Иванова Н. А, Желтова В. П. *Сословное общество российской империи (XVIII - начало XX века).* М. , Новый хронограф, 2010. С. 553.

[③] Ананьич И. И. *К истории отмены подущной подати в России//*Исторические записки. № 94. 1974. С. 185.

[④] Иванова Н. А. , Желтова В. П. *Сословное общество российской империи (XVIII - начало XX века).* М. , Новый хронограф, 2010. С. 586.

[⑤] Иванова Н. А. , Желтова В. П. *Сословное общество российской империи (XVIII - начало XX века).* М. , Новый хронограф, 2010. С. 586.

日起,取消了全部居民的人头税。

(二)赎金

赎金是俄国农民特有的负担,1861 年农奴制改革规定,赎金金额并不按照地价而是按照代役租计算,一般按当地代役租年利率的 6% 计算赎金数额。

一般而言,农民购买土地之后所要缴纳的赎金是土地价值的 2 倍甚至更多。1894 年,农民土地赎金占国家税收的 55.1%,1904 年为 41.2%。1903 年,欧俄 50 省农民应缴纳各种税款总额为 9300 万卢布,其中 8800 万卢布是赎金。[1] 20 世纪初,随着农民运动蓬勃发展,农民赎金负担减轻。1907 年,俄国政府取消了所有农民的赎金。1913 年 2 月 21 日,参政院颁发法令取消收取农民所欠缴的赎金。

取消人头税和赎金之后,俄国农民负担并未减轻,20 世纪初政府对农民征收地方税和世俗赋税。据统计,1910 年农民定额赋税占全部税收的比重为 9.4%,地方赋税为 36.7%,世俗赋税为 35.2%。世俗赋税在村社中分摊,通常按村社内纳税人数量征收。[2] 农民缴纳的各种税收成为俄国政府的主要税收来源,除直接税外,农民还要缴纳许多间接税,如酒、糖、茶、烟和煤炭的消费税。1901 年,欧俄地区农民承担的间接税额占农民全部税额的 51.6%;

---

[1] Иванова Н. А. , Желтова В. П. *Сословное обшество российской империи (XVIII - начало XX века)*. М. , РОССПЭН, 2004. С. 587.

[2] Иванова Н. А. , Желтова В. П. *Сословное обшество российской империи (XVIII - начало XX века)*. М. , РОССПЭН, 2004. С. 590.

1912 年达 69.3%。① 政府除将一部分用于国家行政和军事支出外,也将一部分用于工业领域,客观上推动了俄国工业化进程。

1861 年农奴制改革之后,俄国农民等级的分化愈发明显。20世纪初,俄国政府更是注重富农阶层。贫农退出村社后转变成雇佣劳动力,既保证了工业所需劳动力,也保证了资本主义农业所需的雇佣劳动力,促进了俄国农业的长足发展。因俄国农民数量众多,只有一部分富农生活有所改善,大部分农民被迫破产进而到城市务工。

农奴制改革之后,土地可以自由流转,农民可购买土地。19世纪 60—80 年代,欧俄各省农民购买 480 万俄亩土地,共花费 9000万卢布。② 购买土地最多的农民是富农,1865 年、1885 年和 1895年富农购买土地的占比分别为 78%、80%和 84%,贫农只能依靠份地度日或外出务工。③ 富农通过经营土地获得大量土地之后,积极从事农业生产,在推动资本主义农业快速发展的同时,还有一部分富农投资实业,如从事工商业和农产品加工业,因资料有限,此处不再多说。

此外,部分富农还在农村直接投资实业,以乌克兰地区为例,当地很多富农从事制糖业。从 19 世纪 40 年代开始,俄国甜菜种植面积大增,制糖厂数量也大幅增加,1842 年俄国 45%的制糖厂位于

---

① Анфимов А. М. *Налоги и земельные платежи крестьян Европейской России в начале XX в.* М. , Наука, 1980. С. 502.
② Дружинин Н. М. *Русская деревня на переломе (1861 - 1800).* М. , Наука, 1978. С. 43.
③ 付世明:《20 世纪初俄国村社》,广西师范大学出版社 2005 年版,第 123—124 页。

乌克兰地区,1847年和1860年这一比例分别增至81%和80%。①

农民所缴纳的赋税和赎金成为俄国最主要的税收来源之一,成为政府维系专制统治的主要经费,但也有部分经费用于工业领域,一定程度上推动了俄国工业化进程。富农阶层积攒资金后投资工商业,直接推动了农村工商业发展,成为俄国工业化的有机组成部分。

四、农村市场为全俄市场的有机组成部分

农村市场一直是全俄市场的重要组成部分,其主要表现有三:一是农村市场十分广阔,为工业品的主要销售市场,因资料有限,仅以农村展销会为例进行探究;二是农民在农闲时期从事手工业,很多产品都直接运到市场上销售,扩大了国内市场的规模和容量;三是1861年农奴制改革后,农民土地上的粮食产量大增,开始运至市场上销售,直接促进了粮食贸易的发展。

首先,展销会成为农村贸易的主力。

18世纪下半叶,展销会为俄国最主要的贸易方式,但主要集中于城市之中,农村展销会虽也快速发展,但其规模远逊色于城市展销会。从19世纪初开始,固定贸易快速发展,城市展销会的数量大幅减少,展销会成为农村地区商品交易的主要力量。1817—1820年,彼得堡、莫斯科、特维尔和科斯特罗马等城市都没有展销会,只有雅罗斯拉夫尔有陶瓷和木制容器展销会,其商品交易额很小,不

---

① Сметанин С. И. , Конотопов М. В. *Развитие промышленности в крепостной России.* М. , Издательство Академический Проект, 2000. С. 151.

超过 2.0 万卢布。不但莫斯科和彼得堡等大城市如此,它们辖下的很多县城也不举办展销会。

19 世纪,展销会集中于农村或经济落后地区,主要为农村居民提供所需产品,因农村市场十分广阔,农村展销会直接推动了俄国工业品的市场容量和销售范围的扩大。一般而言,农村展销会并不销售农产品,工业品占主导,如丝织品、棉纺织品、印花布、呢绒和日用百货等。以坦波夫省为例,该省 72 个展销会中只有 10 个展销会销售粮食,大多数展销会主要销售纺织品,并不出售粮食。

19 世纪下半叶,农村展销会的数量已大幅超过城市展销会的数量。1868 年,欧俄地区有 1159 个城市展销会和 5337 个乡村展销会,运进和运出商品的价值分别为 4.6 亿和 3.1 亿卢布。虽然城市展销会销售额高于农村展销会,但大多数工业品仍运至农村销售。1894 年,欧俄地区共有 1.6 万个展销会,农村展销会数量占多数,城市展销会的数量锐减。[①]

19 世纪末,展销会主要集中于落后地区,如西伯利亚地区具有众多展销会,如后贝加尔斯克的上乌金斯克展销会,1893 年,运进该展销会的商品价值为 287 万卢布。[②] 此外,伊尔库茨克省的尼古拉斯克展销会、雅库斯特省的雅库斯特展销会也不容忽视。

乌克兰地区所有展销会中,科列谢尼展销会的商品流转额最高。19 世纪五六十年代,运至该展销会的商品主要通过水路,参加

---

① Хромов П. А. *Экономика России периода промышленного капитализма*. М. , Издательство ВПШ и АОН при ЦК КПСС, 1963. С. 196.
② *Фабрично-заводская промышленность и торговля России*. СПб. , Тип. В. С. Балашева и Ко, 1893. С. 424.

展销会的人数达 10 万人。19 世纪末,科列谢尼展销会的商品销售额达 1400 万卢布,货物大多来自小罗斯各省,以及库尔斯克、沃罗涅日、叶卡捷琳诺斯拉夫、克里米亚地区、高加索、顿河哥萨克军区和哈尔科夫等省份,该展销会商品中工业品占比较高,主要来自莫斯科、伊凡诺沃、波兰地区和彼得堡。从莫斯科、库尔斯克和彼得堡等地运来的商品主要是皮革、鞋子和纺织品;从乌拉尔地区运来的货物主要是铁、铜和金属产品;从附近省份运来的商品大多是毛线、皮革原料、油脂、铜和鬃毛等货物,产品主要销售给当地农民。因此,随着农民收入水平的提高,他们所需的工业品数量大增,展销会作为农村最主要的贸易形式,加强了农村市场与全俄市场的联系,推动了全俄商品市场的进一步深化。

其次,农民手工产品也销售至市场上,农村手工业分布集中的地区一般是经济落后地区。以北部工业为例,因森林资源丰富,当地居民从事的手工业大多与木材相关。1900 年,阿尔汉格尔斯克省从事木材手工业的居民数量为 4300 人,约占该省手工业居民总量的 66%,主要从事木制品加工、焦油和木炭生产等行业;1900—1915 年,沃洛格达省从事木材加工手工业的居民数量达 2 万人,占该省手工业居民总量的 29%;1900—1903 年间奥洛涅茨省从事木材加工业居民的数量为 7500 人,占该省手工业居民总量的 50% 左右。[①]

西北部工业区和中部工业区也有大量农民从事手工业。据统计,19 世纪末,共有 60 余万居民从事手工业活动,占农村居民比重

---

① Сметанин С. И. , Конотопов М. В. *Развитие промышленности в крепостной России.* М. , Издательство Академический Проект, 2000. С. 30, 31, 33.

的 2%,从事木材加工业、纤维加工、皮革制造、骨头加工、金属加工、矿物加工、混合材料加工的居民数量分别为 16.9 万人、24.4 万人、7.2 万人、2000 人、6.4 万人、1.6 万人和 3.7 万人,其占比分别为 28%、41%、12%、0.4%、11%、3%和 6%。[1] 1880—1884 年,坦波夫省共有 4.6 万名农民从事手工业,占全省人口总量的 14.5%;1900 年,库尔斯克、奥廖尔省和坦波夫省分别有 11.1 万、8.9 万和 10.5 万农民从事手工业活动,占比分别为 7.8%、7.8% 和 7.1%。[2] 因数据较为零散,很难核算具体手工业品价值和数量,但这些手工业品数量增加却足以证明全俄市场商品种类不断增加,市场规模和容量也日渐扩大。

最后,农奴制改革之后,农民的农产品产量大增,直接推动了农产品贸易的发展,一则增加了市场上的粮食供应数量,二则推动了粮食市场的进一步繁荣。19 世纪六七十年代,欧俄地区大部分贵族庄园的粮食产量已开始逊色于农民份地的粮食产量,八成以上的粮食都产自农民土地,个别地区甚至超过九成。从 19 世纪 70 年代开始,贵族土地的粮食播种面积持续增加,但农奴制改革后,农民获得人身自由和土地,农民份地粮食产量的增加也十分显著。19 世纪八九十年代,欧俄地区农民份地粮食播种面积变化不大,南部草原各省粮食播种面积增长近四成,东南部地区、北部地区和乌

[1] Водарский Я. Е. Водарский. , Истомина Э. Г. *Сельские кустарные промыслы европейской России на рубеже XIX − XX столетий*. М. , Институт российской истории РАН, 2004. С. 108.

[2] Перепелицын А. В. , Фурсов В. Н. *Крестьянское хозяйство центрально-чернозёмнных губерний России в пореформенный период*. Воронеж. , ВГПУ, 2005. С. 146.

拉尔山前地带的粮食播种面积增幅不大。

19 世纪八九十年代俄国商品粮的数量增加 50%。与之前不同的是,此时俄国粮食的消费特征如下:一是粮食出口占主导,出口量占商品粮供应总量的 40%;二是城市和农村居民的粮食需求量缓慢增加,70 年代、80 年代和 90 年代需求量分别为 4200 万、5200 万和 6200 万俄石[①];三是军队的粮食需求量增加得并不显著,只有 90 年代增加了 60 万俄石;四是酿酒厂的粮食需求量增速也不明显。[②] 虽然农奴制改革之后,贵族的土地面积仍占主导,其粮食产量也超过农民土地,但农民粮食产量增加,尤其是富农土地上粮食产量的大幅增加,致使运至市场上的粮食不断增多,直接推动了俄国粮食贸易的进一步繁荣,为粮食市场增添了新的活力。

农民等级对俄国市场的影响有二:一是作为商品生产者,农民的粮食、农畜产品和手工业品大量运至国内市场,市场上商品种类更加丰富,直接推动了市场规模和容量的扩大;二是作为商品消费者,农民收入增加后,购买水平日渐提高,农村市场的工业品尤其是日常生活用品的需求量大增,直接推动了工商业的发展,为全俄市场增添了新的活力。

1861 年农奴制改革之后,俄国工业化开启,工业革命的成就可谓举世瞩目,相对于外资、政府政策和技术革命等因素,农民等级的作用相对较小,但他们在社会经济发展过程中的作用毋庸置疑。

---

① 俄石为过去俄国容量单位,1 俄石约等于 209.9 千克。

② Нифонтов А. С. *Зерновное производство России во второй половине 19 века.* М.,Наука, 1974. С. 307; Китанина Т. М. Хлебная торговля России в 1875 – 1914 гг(Очерки правительственной политики). Л., Наука, 1978. С. 126.

农民等级为俄国大工业的发展提供了资金、劳动力和市场,推动了资本主义工业的快速发展。农民直接投入大工业的资金不多,除部分富农从事工商业外,大多数农民都因资金有限而以农业为生,但农民所缴纳的税款和赎金为大工业的发展提供了一定的基础。农民是俄国劳动力市场的主要来源,保障了工业所需的劳动力,推动了劳动力市场的最终形成,成为全俄统一市场的有机组成部分,但俄国工人与土地的联系较为密切,乌拉尔地区近50%的工人与土地有联系,中部工业区30%以上的工人与土地有联系,十月革命前约有31.3%的工厂工人拥有土地。[①] 农民既是商品生产者,也是消费者。农村是工业品的广阔消费市场,农产品和农民手工业品也扩大了商品市场的容量和规模。

第四节　农民外出务工与工人阶级形成

1861年农奴制改革之后,很多农民迫于生计纷纷进城务工,成为工人阶级的重要组成部分。马克思主义传入俄国之后,列宁主义诞生,它们成为工人运动的指导思想,俄国工人运动蓬勃发展,工人也成为20世纪初俄国革命的先锋队,领导人民发起了社会主义革命。

---

① Иванова Н. А. *Структура рабочего класса России. 1910－1914.* М. , Наука, 1987. С. 124－126.

一、农民外出务工的原因

从 19 世纪 30 年代起,俄国工商业发展规模不断扩大,城市工商业发展迅速。以 1846 年为例,俄国城市集中了全俄注册工业企业的 36%,而工业品总产量却占 60% 以上。[1] 随着工商业发展,俄国城市人口迅速增加,从 1811 年的 280 万增加到 1856 年的 570 万人[2],城市工业的劳动力主要为外来劳动人口。19 世纪三四十年代,大城市劳动力需求量增加,纷纷成立雇佣劳动力交易所,农民打工者纷纷涌入寻找工作,其原因如下。

首先,农奴制改革为工业提供了劳动力。农奴制对工业的掣肘主要表现如下:一是自由雇佣劳动力难以保障;二是代役租阻碍工人的原始积累和小手工业发展;三是农民生活贫困阻碍资本主义市场的进一步扩大。

总之,农奴制改革之后,农民获得了人身自由,农民等级也发生了分化,一部分农民迫于生计只能外出打工。

其次,大工业快速发展提供了大量就业岗位。大工业快速发展是农民外出打工的重要原因。1861 年农奴制改革之后,俄国工业化开启,各工业部门迅速崛起,提供了众多工业岗位,很多农民离开农村纷纷到城市中务工。

1861 年之后,不仅传统工业部门蓬勃发展,新兴工业部门也快

---

[1] Соловьева А. М. *Промышленная революция в России в XIX в.* М. , Наука, 1991. С. 21.

[2] Рашин А. Г. *Население России за 100 лет. 1811 – 1913.* М. , Государственное статистическое издательство, 1956. С. 86.

速崛起,俄国采矿业发展最为迅速,俄国铸铁产量从 1860 年的
2100 万普特增加至 1895 年的 8900 万普特;煤炭开采量由 1800 万
普特增加至 5.6 亿普特;石油开采量由 50 万普特增加至 3.7 亿普
特。[1] 与 1893 相比,1900 年俄国重工业品的数量增长 1 倍,轻工业
品的数增长 60%。[2] 1869—1913 年,俄国工业品产量增加 7.5 倍,
劳动生产率提高 120%,同期美国的数据分别为 6.5 倍和 80%,俄
国工业化的成就可见一斑。[3] 19 世纪末 20 世纪初,世界工业品总
产量中俄国的比重已由 1881—1885 年的 3.4%增长至 1896—1900
年的 5%和 1913 年的 5.3%,仅次于美国。1883—1913 年,俄国国
内生产总值的年均增长率为 3.4%,与西欧国家 2.7%的年均增长
率相比,差距明显缩小。[4]

因农民外出务工涵盖范围较广,以莫斯科为例进行探究。莫
斯科工商业发达,是俄国重要的经济、金融和文化中心。就人口数
量而言,1811 年莫斯科的居民数量仅为 27 万人,19 世纪中叶和

[1] Федоров В. А. *История России 1861−1917.* М. , Высшая школа, 1998. С. 84.

[2] Федоров В. А. *История России 1861−1917.* М. , Высшая школа, 1998. С. 187.

[3] Лященко П. И. *История народного хозяйства СССР.* Т. I. М. , Государственное издательство политической литературы, 1956. С. 531; Кендрик Д. *Тенденции производительности в США.* М. , Статистика, 1967. С. 278−279.

[4] Петров Ю. А. *Российская экономика в начале XX в.//Россия в начале XXв.* М. , РОССПЭН, 1997. С. 168−223; *Предпринимательство и предприниатели России от истоков до начала XX века.* М. , РОССПЭН, 1997. С. 140, 142.

1917 年人口分别增至 40 万和 240 万人。① 莫斯科的地理位置十分
优越,除是国内重要的经济中心外,还曾是莫斯科公国的政治中
心,因地处水路和陆路交会处,便利的交通为工商业发展奠定了基
础。莫斯科纺织工业发达,17 世纪莫斯科周边农民就已从事织布
业,18 世纪下半叶,这里的纺织手工业已颇具规模,农民手工作坊
也逐渐转换为大型手工工场。

　19 世纪末 20 世纪初,莫斯科大工业发展更为迅速。19 世纪
90 年代,俄国工厂数量增加了 1.5 倍,工人数量增长了 70%,②而莫
斯科的增速远超该数值。据 1890 年统计数据,莫斯科共有大小工
业机构 9819 个,工人数量 12.2 万人,其中大型工业机构数量为
645 个,工人 6.7 万名,占工人总量的 50% 以上。19 世纪末,莫斯科
工厂工人数量增加得更快,1900 年工人数量达 9.9 万名。③

　19 世纪末,莫斯科工人队伍中纺织工人数量最多,其占比高达
80% 以上。如果说 1890 年莫斯科纺织工业中毛纺织工人的数量最
多,那么 20 世纪初棉纺织工人的数量占据第一位,毛纺织工人数
量大幅减少。棉纺织工业的生产集中化程度最高,该行业六成以
上工人都集中于大企业中。20 世纪初,莫斯科纺织业生产集中状

① Водарский Я. Е. *Исследования по истории русского города (факты, обобщение, аспекты)*. М. , Институт российской истории РАН, 2006. С. 232; Веселовский Н. А. *От Волги до Балтики. Исторический очерк о водных путях и судоходстве*. СПб. , С‑Путербургский гос. уиверситет водных коммуникаций, 2009. С. 38; Сахаров А. Н. *История России с начала XVIII до конца XIX века*. М. , АСТ, 2001. С. 302.

② *История москвы. Т. V*. М. , Изд. К. Т. Солдатенкова, 1895. С. 29.

③ Полянская Т. М. *Отхожие промыслы крестьян московской губернии в конце XIX‑ начале XX вв*. Диссертация. М. , 2008. С. 106.

况更加显著,1890—1902 年莫斯科纺织企业数量从 266 家降至 195
家,其中中小企业数量大幅减少,大企业数量减少并不显著,从 78
家降至 72 家,但超大工厂数量却从 12 家增至 19 家;工人数量却从
3.8 万名增加至 4.7 万名。[1] 以 1900 年为例,8 家纺织工厂的工人
数量均超过 1000 人,集中了 40% 的纺织工人,其中 3 家超大型工厂
为丘比涅尔印花布纺织集团、钦杰里纺织集团和波赫洛夫纺织集
团,仅波赫洛夫纺织集团就有工人 5263 名。[2]

就莫斯科食品工业的产值仅次于纺织工业,工人数量位居全省
第三。1890—1900 年,该行业工人数量增长近 1 倍,由 7063 名增
加至 1.3 万名。19 世纪下半叶莫斯科食品工业中大工厂数量已由
14 家增加至 22 家,中小企业数量稍有减少,但大企业工人数量增
速最快。[3] 莫斯科食品工业中糖果工厂的规模最大,其中最为知名
的企业是埃涅姆糖果集团和阿比里卡索夫父子集团。

就产值而言,莫斯科金属加工业处于第三位,但其工人数量却
占据第二位。1890—1902 年,该部门工人数量由 1.2 万名增加到
2.0 万名。莫斯科是俄国机器制造业中心之一,1902 年莫斯科共
有 35 家大型机器制造厂,工人数量为 5336 名,其中彼洛姆列兄弟
机器制造业集团最为闻名,1900 年其工人数量为 1233 名。[4] 库斯

---

① *История москвы. Т. V.* М. , Изд. К. Т. Солдатенкова, 1895. С. 31.

② Полянская Т. М. *Отхожие промыслы крестьян московской губернии в конце XIX-
начале XX вв. Диссертация.* М. , 2008. С. 107.

③ Полянская Т. М. *Отхожие промыслы крестьян московской губернии в конце XIX-
начале XX вв. Диссертация.* М. , 2008. С. 108.

④ Полянская Т. М. *Отхожие промыслы крестьян московской губернии в конце XIX-
начале XX вв. Диссертация.* М. , 2008. С. 109.

塔夫·里斯特机器制造厂为大型股份制公司,专门生产蒸汽机、泵体和秤等仪器,1900 年共有工人 1100 名,生产总额为 160 万卢布。[1] 19 世纪 90 年代莫斯科各类工业企业的规模详见表4-1。

表4-1　19 世纪 90 年代莫斯科各县城工业企业规模

县城	1891 年		1898 年		1900 年	
	工厂数量	工人数量	工厂数量	工人数量	工厂数量	工人数量
莫斯科(不含莫斯科市)	185	24 234	296	42 703	302	44 577
博戈罗茨克	468	29 879	606	44 451	—	46 048
布龙尼齐	57	6396	54	9673	71	99 254
韦雷斯克	66	1374	108	1523	135	1811
沃洛科拉姆斯克	56	2388	41	5583	52	6017
德米特罗夫斯克	102	9718	105	10 326	114	14 707
兹韦尼哥罗德	42	1726	49	4271	≥56	3540
克林	213	6636	120	7975	110	11 377
科洛姆纳	62	12 192	81	20 251	92	21 908
莫扎伊斯克	24	152	6	190	11	328
波多利斯克	18	2164	44	4184	54	≥5305
鲁扎	21	441	15	273	19	486
谢尔普霍夫	51	15 324	63	15 119	62	19 389
总计	1365	112 624	1588	166 522	1078	274 747

---

[1] *История москвы. T. V. M.* , Изд. К. Т. Солдатенкова, 1895. C. 33.

由上表可知,莫斯科各县城可以划分为 3 类。第一类是具有大量工厂和大规模工人数量的工业县城。第二类是工人人数稳定增长的县城。第三类是工业企业和工人数量不多,而且其数量具有下降的趋势的县城。

莫斯科、博戈罗茨克和科洛姆纳属于第一类县城。这些县城的特点是工厂的数量较多,而且其数量还逐步增加。莫斯科和博戈罗茨克县城值得关注,这两个县城是莫斯科工业最发达的区域,博戈罗茨克县城工业企业数量是莫斯科县城的 2 倍,但二者工人数量却相差无几。

沃洛科拉姆斯克、德米特罗夫斯克、波多利斯克、谢尔普霍夫、兹韦尼哥罗德县城属于第二类县城。这些县城的特点是工厂的数量不多,工人的数量增加也不显著。

莫扎伊斯克和鲁扎属于第三类县城。在这些县城中,工业企业和工人数量非常少,10 年内增量均不明显,企业数量甚至呈下降趋势。

莫斯科在国家工业生活中具有主导作用。它以纺织工业闻名,纺织业历史悠久,知名的资本家有莫洛佐夫、里亚布什尼斯基、彼洛赫洛夫、捷尔比涅夫和沃托罗夫等等。

再次,农业危机凸显。20 世纪初,随着居民数量的增加,农业社会固有的矛盾更加尖锐。1858 年,男性农民的平均份地数量为 3.2 俄亩;1877—1881 年,在册男性农民份地数量低于 3 俄亩;1898—1900 年,男性农民的平均份地数量为 2.4 俄亩,与 1858 年相比,减少了 25%。据统计,20 世纪初莫斯科农民的平均份地为 1.6 俄亩,远低于俄国居民的平均份地数量。19 世纪下半叶 20 世纪初,俄国部分省份男性居民份地数量详见表4-2。

表4-2 19世纪下半叶至20世纪初欧俄地区部分省份男性农民
平均份地数量①(单位:俄亩)

省份	男性农民平均份地数量		
	1860 年	1880 年	1900 年
莫斯科	3.1	2.9	2.5
弗拉基米尔	4.0	3.3	2.6
特维尔	4.2	3.4	2.6
卡卢加	3.6	2.7	2.1
斯摩棱斯克	4.6	3.5	2.5
图拉	2.7	2.0	1.6
梁赞	3.1	2.2	1.7
欧俄	5.1	3.8	2.7

由上表可知,该时期莫斯科男性农民的人均份地数量低于大部分其他欧俄地区省份。1861年农奴制改革之后,莫斯科各县城中男性农民的份地数量下降,与1858年相比,博戈罗茨克和克林县城农民份地减少1/3,谢尔普霍夫、兹韦尼哥罗德、莫斯科、德米特罗夫斯克县城农民份地减少1/4,波多利斯克县城农民份地数量减少1/5。与欧俄其他省份一样,1861年农奴制改革之后莫斯科省无份地农民家庭比重日渐提高,这些家庭逐渐放弃农耕,开始从事手工业活动。19世纪末,莫斯科省各县无份地家庭情况详见表4-3。

---

① 邓沛勇:《俄国经济史1700—1917》,社会科学文献出版社2021年版,第62页。

表 4-3　1898—1900 年莫斯科省各县无份地家庭情况①(单位 :%)

县城	人口普查家庭总数（户）	无份地家庭数量（户）	无份地家庭所占比例
博戈罗茨克	31 947	4380	13. 7
布龙尼齐	29 399	4981	16. 9
韦雷斯克	9984	1763	17. 7
沃洛科拉姆斯克	17 474	3967	22. 7
德米特罗夫斯克	20 160	5561	27. 6
兹韦尼哥罗德	15 745	2985	19. 0
克林	21 338	4324	20. 3
科洛姆纳	18 591	2997	16. 1
莫扎伊斯克	11 595	2167	18. 7
莫斯科	23 350	2837	12. 1
波多利斯克	16 629	2583	15. 5
鲁扎	12 753	3008	23. 6
谢尔普霍夫	18 482	3709	20. 1
总计	247 447	45 262	18. 3

　　莫斯科省各县城中无份地家庭平均占比约为 20%,各县城无份地家庭数量不一,占比较高的是德米特罗夫斯克、鲁扎、沃洛科拉姆斯克、克林和谢尔普霍夫县城。无份地家庭比例最低的为莫

---

① 邓沛勇:《俄国经济史 1700—1917》,社会科学文献出版社 2021 年版,第 62—63 页。

斯科、博戈罗茨克和波多利斯克县城。无份地家庭比例较高的县城,农民外出打工,逐渐与农业生产相分离。无份地家庭比例较低的县城手工业相对发达,居民虽仍依附土地,但也从事手工业活动。

最后,恶劣的气候条件也是部分地区农民外出务工的原因。以莫斯科为例,当地气候条件恶劣,农作物生长周期较短,土壤质量较差,农作物收成较低。当时莫斯科省的博戈罗茨克、布龙尼齐、韦雷斯克、沃洛科拉姆斯克和德米特罗夫斯克县的农民,粮食整年不能自给。1899 年是收成最好的年份之一,农民份地的黑麦产量为播种量的 4.5 倍,燕麦产量为播种量的 4.3 倍。鲁扎县农民所产的粮食可供应全年,而即便在 1899 年 10 月至 1900 年 10 月收成较好的时段,克林、兹韦尼哥罗德和博戈罗茨克县农民的粮食也只够维持半年,波多利斯克、德米特洛夫斯克、科洛姆纳和莫斯科县农民的粮食还不足 5 个月口粮,最差的戈罗茨克县部分农民的口粮只够维持 40 天。

二、农民外出务工的规模——以莫斯科农民为例

莫斯科农民外出务工最具代表性,究其原因:一是莫斯科工商业发达,为全俄最大的工业中心之一,对外来人口的吸引力最大;二是莫斯科人口众多,农民份地严重不足,从农民外出务工的方向、规模可窥视全俄农民外出务工的影响。

(一)莫斯科农民外出务工的方向

就务工期限而言,莫斯科农民可分为如下几类:一部分农民全

年外出打工，不再从事农业生产；一部分农民农忙时节在家务农，农闲时节外出打工；还有一部分农民外出打零工，工作地一般离家较近。

　　就经济发展水平而言，莫斯科省各县可划分为三类：第一类农业省份，农业相对发达，当地居民主要从事农业；第二类工业发达，为莫斯科省各县城农民务工的主要选择地；第三类的居民一面从事农业生产，一面从事工商业，此类县城中的部分农民为补贴家用不得已也外出打工。具体而言，莫斯科省博戈罗茨克、克林、德米特罗夫斯克、莫斯科县农民主要在本县城内打工，为第二类，究其原因是此类县城工业发达。第一类为谢尔普霍夫、布龙尼齐和科洛姆纳县，居民除从事工商业外，还从事农业生产，农民一半在本县城内务工，一半到工业发达县城务工或赴省外打工。第三类是韦雷斯克、波多利斯克、沃洛科拉姆斯克、兹韦尼哥罗德、鲁扎、莫扎伊斯克县城，居民主要到县城外务工。

　　莫斯科省博戈罗茨克、克林、德米特罗夫斯克、莫斯科县城农民都在附近工厂内务工，值得一提的是博戈罗茨克农民在本县城内务工的数量较多，但赴外省务工的数量相比其他县城也最多，究其原因为该县工业发达，居民流动性最高。克林县部分居民到彼得堡务工，主要源于彼得堡工人工资较高。谢尔普霍夫、布龙尼齐和科洛姆纳县农民一半在莫斯科市打工，一半到彼得堡、弗拉基米尔等省份务工。韦雷斯克、波多利斯克、沃洛科拉姆斯克、兹韦尼哥罗德、鲁扎、莫扎伊斯克县城男子一般出省务工，女子一般在县内或者省内务工。

　　即便莫斯科省工商业发达，但该省居民还需外出打工维持生计,其他省份状况也如出一辙。值得一提的是,即便有的农民全年在城市里打工,甚至在城市里定居,他们与农村的联系仍十分紧密。

(二)莫斯科农民外出务工的时间

因资料有限,只能以莫斯科省护照颁发的情况来确定 20 世纪初农民外出务工的时长,具体数据详见表 4-4。

表 4-4　1900 年莫斯科省居民护照颁发情况①(单位:份)

县城	获得护照和居住证明的男子					获得护照和居住证明的女子				
	护照证明	1年	6个月	3个月	总计	护照证明	1年	6个月	3个月	总计
博戈罗茨克	87	22 303	868	306	23 564	29	9091	40	35	9195
布龙尼齐	—	—	—	—	—	—	—	—	—	—
韦雷斯克	17	11 758	311	52	12 138	52	4524	32	11	4619
沃洛科拉姆斯克	28	1361	60	15	1464	8	584	16	16	624
德米特罗夫斯克	88	14 687	948	375	16 098	162	8854	244	69	9329
兹韦尼哥罗德	28	12 265	1565	377	14 235	53	5720	63	33	5869

---

① Полянская Т. М. *Отхожие промыслы крестьян московской губернии в конце XIX-начале XX вв.* Диссертация. М. , 2008. С. 179.

续表

县城	获得护照和居住证明的男子					获得护照和居住证明的女子				
	护照证明	1 年	6 个月	3 个月	总计	护照证明	1 年	6 个月	3 个月	总计
克林	53	16 897	376	169	17 495	88	7059	163	123	7433
科洛姆纳	—	—	—	—	—	—	—	—	—	—
莫扎伊斯克	64	13 340	500	229	14 133	47	4449	112	163	4771
莫斯科	—	—	—	—	—	—	—	—	—	—
波多利斯克	—	—	—	—	—	—	—	—	—	—
鲁扎	25	11 830	1946	547	14 348	73	4789	167	76	5105
谢尔普霍夫	25	21 702	—	—	—	—	9361	142	38	—
总计	415	12 643	6574	2070	13 475	512	54 432	974	564	46 945

由上表可知,莫斯科省各县城男性农民外出打工的期限通常为 1 年。离开期限超过一年的农民可以称为长期外出务工的农民。长期外出务工的人数是短期外出务工(6 个和 3 个月)农民数量的 17 倍。博戈罗茨克和谢尔普霍夫县城颁发的 1 年期护照最多,然后是克林、德米特罗夫斯克、莫扎伊斯克、兹韦尼哥罗德、鲁扎和韦雷斯克等县城。鲁扎和兹韦尼哥罗德县城颁发 6 个月期限的护照数量最多,随后是德米特罗夫斯克、博戈罗茨克、莫扎依斯克、克林县城。鲁扎、德米特罗夫斯克、韦雷斯克、兹韦尼哥罗德、博戈罗茨克和莫扎伊斯克县城颁发 3 月期限的护照数量最多。对

于女性外出打工者,和男性一样大多数都颁发一年期的护照。离开期限为3个和6个月的妇女数量不是很多。

农民外出打工的季节性特征十分显著,各县城都是如此,1899年博戈罗茨克县城农民外出打工的时间和颁发护照数量详见表4-5。

表4-5 1899年博戈罗茨克县农民外出打工的时间和颁发护照
和居住证明的数量①(单位:份)

月份	男子		女子		带家人外出打工居民				总计
	护照	不超过1年	护照	不超过1年	男子	女子	男孩	女孩	
1月	4	1540	3	492	189	204	162	172	2766
2月	1	1159	2	443	175	187	128	132	2227
3月	1	1321	1	478	267	306	179	198	2751
4月	2	3811	2	1452	505	508	220	226	6726
5月	3	1891	2	586	169	165	151	159	3126
6月	11	1255	6	546	153	189	130	135	2425
7月	6	1453	3	483	191	211	138	170	2655
8月	4	1957	—	661	255	248	190	204	3519
9月	11	1721	3	740	198	222	171	155	3221
10月	5	2529	—	911	251	272	205	190	4363

---

① Полянская Т. М. *Отхожие промыслы крестьян московской губернии в конце XIX-начале XX вв.* Диссертация. М. , 2008. С. 73-74; *Московская губерния по местному обследованию 1898-1900 гг.* Т. 4. Вып. 2. М. , Т-во "Печатня С. П. Яковлева", 1999. С. 43.

月份	男子		女子		带家人外出打工居民				总计
	护照	不超过1年	护照	不超过1年	男子	女子	男孩	女孩	
11月	7	2163	1	713	204	209	145	139	3581
12月	2	1806	3	603	144	171	119	127	2975
总计	57	22 606	26	8108	2701	2892	1938	2007	40 335

由上表可知,在4月份获得护照并离开的农民数量明显增加。与3月份相比,这个数量增加了近2倍。在农业经营中,春天是农活的开端,这就意味着4月份获得证明的农民不参与农业生产。这些农民在家乡的村庄过完巴思哈节后获得为期一年的护照便外出。10月农活结束,很多农民此时外出打短工,但并没有中断与土地的联系。农民也可获得五年期的护照,但其程序十分复杂,除得到村民大会的许可外,等待的期限也过长,所以农民宁愿每年都去申请护照。

值得一提的是,农民外出打工的期限还取决于其年龄。在全年外出打工男子中,15—17岁和18—45岁群体的占比最大,这两个年龄段农民的工作能力最强。与18—45岁男子相比,15—17岁的青年对一年中部分时间外出打工不是很感兴趣。仅在全年部分时间外出的打工者,他们的主要年龄为46—60岁。

据人口普查数据,莫斯科市居民中成年人的占比为3/4,儿童和老人占比分别为1/5和1/20,足以证明莫斯科居民中成年劳动力的占比最高。基于此,莫斯科市外来居民的占比高达72.4%,同期彼得堡、巴黎和柏林的占比分别为 69%、68.2% 和 59.1%。① 莫斯科老年人占比很低的原因有三：一是居民的死亡率很高；二是很多老年人回村养老；三是老年人对农村的眷恋情结使他们希望死在自己老家的房屋中。19 世纪末 20 世纪初,莫斯科省各县城外出务工者居住在莫斯科市的比例详见表4-6。

表4-6　19 世纪末 20 世纪初莫斯科省各县城外出务工者居住在莫斯科市的比例②

县城	年份	
	1882	1902
波多利斯克、兹韦尼哥罗德、鲁扎、莫扎伊斯克、韦雷斯克	16.9%—23.9%	21.6%—24.7%
莫斯科、科洛姆纳、谢尔普霍夫、德米特罗夫斯克、布龙尼齐	13.3%—16.8%	15.1%—19.3%
沃洛科拉姆斯克、克林、博戈罗茨克	5.27%—12.8%	5.75%—14.7%

由上表可知,由各县城到莫斯科市务工的居民数量变化不大。与 1882 年相比,20 世纪初,第一类县城居住到莫斯科市打工并定居的居民比例开始提高；第二类如德米特罗夫斯克等县城在莫斯科市定居居民数量处于中间水平。

① Полянская Т. М. *Отхожие промыслы крестьян московской губернии в конце XIX—начале XX вв.* Диссертация. М., 2008. С. 83—84.
② Полянская Т. М. *Отхожие промыслы крестьян московской губернии в конце XIX—начале XX вв.* Диссертация. М., 2008. С. 116.

（三）莫斯科农民外出务工从事的职业

19 世纪末赴莫斯科省务工的农民主要从事的职业如下：一是在工厂中打工，二是从事家政行业，三是从事加工工业，四是从事运输行业，等等。莫斯科市从事上述行业的居民数量为 109.2 万人，其中外来打工居民的数量为 21.5 万人，因此，外来打工居民的占比为 19.7%。[1] 俄罗斯学者按照经济地位将外来居民划分为 18 小类，总体可划分为五大类：一是自主经营者，二是职员，三是工人，四是学徒，五是家庭仆人。莫斯科本地和外来居民从事不同工作情况见表 4-7。

表 4-7　莫斯科从事不同种类工作的外来居民情况[2]（单位：人）

莫斯科居民	工作类别						其他职业	总计
	自主经营者	职员	学徒	家庭仆人	工人	总计		
莫斯科和郊区的本地居民	21 281	15 021	5479	3979	25 197	70 957	251 344	322 301

① Перепись населения г. Москвы 1902 г. Ч. 1. Вып. 2. М. , Статистический отдел Московской городской управы, 1904. С. 8-9.

② Полянская Т. М. Отхожие промыслы крестьян московской губернии в конце XIX–начале XX вв. Диссертация. М. , 2008. С. 112.

续表

莫斯科居民	工作类别							总计
	自主经营者	职员	学徒	家庭仆人	工人	总计	其他职业	
莫斯科省内外来居民	26 369	10 066	12 695	17 277	96 085	162 492	73 898	236 390
其他省外来居民	47 036	33 903	17 217	59 587	125 442	283 185	332 807	615 992
所有外来居民总计	73 405	43 969	29 912	76 864	221 527	445 667	406 705	852 373

　　由上表可知,在以上所列群体中,莫斯科和郊区本地居民的占比最低。在所有居民中,本地居民的占比仅为 22%,外来居民的占比为 77.52%,其中莫斯科省内和其他省份的外来居民占比分别为 27.85% 和 49.68%。在所有外来居民中,莫斯科省内来的居民为工人和学徒的数量为 10.9 万人,其占比为 43%,其他省份来的居民中工人和学徒数量为 14.2 万人。莫斯科省各县城外出务工人员中,自主经营者、工人、学徒和家庭仆人的占比详见表 4-8。[①]

---

① Полянская Т. М. *Отхожие промыслы крестьян московской губернии в конце XIX-начале XX вв.* Диссертация. М., 2008. С. 113.

表 4-8　莫斯科省各县城外出务工人员中自主经营者、工人、学徒
和家庭仆人的占比

县城	自主经营者和职员的比例	工人、学徒和家庭仆人的比例
博戈罗茨克、布龙尼齐、莫斯科	17.9%—20.0%	36.3%—50.2%
科洛姆纳、德米特罗夫斯克、谢尔普霍夫	16.0%—16.7%	49.8%—54.0%
克林、兹韦尼哥罗德	15.1%—15.6%	54.2%—55.9%
鲁扎、波多利斯克、韦雷斯克、沃洛科拉姆斯克、莫扎伊斯克	10.8%—13.9%	57.2%—62.7%

　　由上表数据可知,莫斯科市附近县城,如莫斯科县和博戈罗茨克县,外出打工者中自主经营者和职员的占比高,而工人、学徒和家庭仆人占比最低。这足以证明,这些县城地方工业比较发达,农民在自己县内的工厂就可以找到工作。对于一些较远县城的外来居民,如沃洛科拉姆斯克、莫扎伊斯克、鲁扎和韦雷斯克,他们都成为莫斯科定居的居民,主要充当工人、学徒和仆人。

　　据统计,1902 年莫斯科工人种类众多,主要包括工厂工人、家庭手工业者、其他手工业工人、运输工人、房产和旅店工作人员、贸易和信贷机构工作人员等。这些工人的数量为 30.5 万人。[1] 其中外来工人的数量为 28.1 万人,占比高达 92%。[2] 各县城赴莫斯科

① *Перепись москвы 1902 г.* Ч1. Вып. 2. М. , Статистический отдел Московской городской управы, 1904. С. 8-9, 16-17.
② *Перепись москвы 1902 г.* Ч1. Вып. 2М. , Статистический отдел Московской городской управы, 1904. С. 30-35.

打工者从事以上职业数量各异,其占比详见表4-9。

表4-9   1902年莫斯科各县城赴莫斯科打工者从事各类职业人员占比[①]

(单位:%)

县城	工厂工人	家庭手工业者	其他手工业工人	房产和旅店工作人员	运输工人	贸易和信贷机构工作人员
博戈罗茨克	16.3	0.2	6.1	1.06	3.2	1.8
布龙尼齐	11.5	0.2	16.1	1.5	4.8	4.0
韦雷斯克	15.3	0.4	22.5	1.7	2.3	1.8
沃洛科拉姆斯克	18.4	0.25	17.4	3.8	2.4	2.7
德米特罗夫斯克	16.0	0.3	16.8	1.4	3.1	3.2
兹韦尼哥罗德	10.1	0.5	21.5	1.7	6.2	1.3
克林	13.6	0.15	12.7	2.7	4.8	4.4
科洛姆纳	14.5	0.24	14.0	2.0	1.8	4.2
莫扎伊斯克	20.9	0.25	19.2	2.5	3.4	1.6
莫斯科	11.3	0.35	10.0	2.3	6.8	2.3
波多利斯克	16.0	0.36	20.0	1.3	2.9	1.9
鲁扎	15.7	0.38	21.7	2.1	3.8	2.0
谢尔普霍夫	14.2	0.24	16.9	2.4	1.8	2.7
总计	14.6	0.29	16.6	2.0	3.7	2.7

---

① Полянская Т. М. *Отхожие промыслы крестьян московской губернии в конце XIX— начале XX вв.* Диссертация. М. , 2008. С. 114.

　　由上表可知，在莫斯科省外来人中，工厂工人的比例为14.6%，家庭手工业者占比为0.29%，其他手工业工人占比为16.6%，运输工人占比为3.7%，房产和旅店工作人员占比为2.0%，贸易和信贷机构工人的占比为2.7%。俄国学者一般将前三个工人群体统称为工业工人。因此，莫斯科省外来工业工人在所有莫斯科工业工人中的占比为31.5%，或者为欧俄区域所有外来工人总量的45.6%。莫斯科省各县城的居民到莫斯科从事工业活动的工人数量是其他省工人的1.5倍。因此，莫斯科工人阶级主要来源于本省农民。

　　外出务工农民是工人阶级的重要来源之一。1861年农奴制改革之后，很多农民失去土地，迫于生计只能到城市中打工，他们是城市工厂工人最重要的组成部分。

　　农民作为俄国社会的最底层，是长期受压迫和剥削的等级，他们毫无政治和社会地位可言。农奴制改革之前，大部分农民均被桎梏在地主的土地之上，成为制约俄国大工业发展的主要原因之一。农奴制改革之后，大量农民进入城市务工，成为城市居民的主要来源，亦是工人阶级的重要组成部分，更是20世纪初革命的新生力量。

第五章

其他社会等级概述

　　除前述所列社会等级之外,俄国还有一些其他的社会等级,他们在社会经济发展过程中都留下了不可磨灭的身影:一是哥萨克,他们的身份具有二重性,既属于军人,也属于农民,他们一方面是政府侵略扩张的工具,另一方面也是政府剥削和提防的对象;二是僧侣,他们中的上层人士可被纳入特权等级,享有各种福利,但下层人士的生活也颇为艰苦;三是异族人,他们也是俄国社会等级的代表,他们在社会经济发展中的作用也不容忽视。

第一节　哥萨克

　　哥萨克,俄文为"Казак",该词源于东方,最早见于1240年的《蒙古秘史》,1380年俄语中正式出现"Казаки"一词,译为"哥萨克人"。哥萨克在鞑靼语中的意思是"流浪者",兼有流浪者和罪犯双重意思,曾泛指因没有固定居所或职业而四处流浪的人,部分俄罗斯学者认为哥萨克意为"骑兵"或"流浪者"。还有学者认为哥萨克并非源于鞑靼语,因为鞑靼方言中并无"Казак"一词,他们认为"Казак"一词在蒙古统治顿河流域之前就已存在,为当地一个民族的泛称,等等。还有学者认为哥萨克源于土耳其语,译为"强盗"或"骑兵"等。无论如何,哥萨克并不是俄罗斯人,而是由其他民族居民发展而来,不同地区哥萨克的民族属性和构成也不尽相同。

一、哥萨克的起源和分类

在俄国,哥萨克是一个特殊的等级,存在数百年,俄国侵略扩张的历史中均留下了他们的身影。16世纪之前,哥萨克不属于任何国家,为草原上的自由人,可以自由活动。俄国人习惯将哥萨克生活的地区称为"哥萨克草原",该词泛指黑海和亚速海沿岸的草原地带,其西至第聂伯河中下游,东达顿河和北顿涅茨河,北达顿涅茨河的支流萨马拉河左岸,南抵黑海和亚速海地区。9世纪开始,哥萨克草原的居民以游牧民族为主,斯基泰人、萨尔马特人、匈奴、阿瓦尔人、可萨人、佩切涅格人、波罗维茨人和鞑靼人都曾在此居住。

在俄罗斯文学作品中,哥萨克的性格特征是英勇顽强、意志坚强和信守承诺,他们能歌善舞,追求自由,生活乐观向上。16世纪之前,自由的哥萨克生活并不稳定,靠抢劫、打仗和狩猎为生,因顿河地区女子很少,他们经常从其他民族居民那里抢来女子共同生活,所以哥萨克的婚姻关系并未稳定。17世纪,自由的哥萨克开始组建家庭,男子外出打仗时,女子在家从事农业劳动,他们也逐渐开始了定居生活。

哥萨克最基本的行政单位是哥萨克村镇,村镇辖区是小村庄,村镇之上是哥萨克军区,几个村镇合起来被称为军区。不同军区内哥萨克村镇的大小不一。早期哥萨克社会没有等级之分,所有居民一律平等,全部财产归集体所有,不得有私人财产。16世纪末,随着哥萨克内部等级的划分,出现了特权阶层,哥萨克上层与普通哥萨克之间的分化类似于俄国的贵族与农民。

俄国历史上最为出名的是乌克兰哥萨克和顿河哥萨克。乌克兰哥萨克形成于第聂伯河流域,也称为第聂伯河哥萨克。因丰富的水源和肥沃的土壤,诸多民族在第聂伯河沿岸定居。第聂伯河是欧俄地区仅次于伏尔加河的第二大河,为欧洲第三大河流。11世纪,第聂伯河沿岸的居民称自己为哥萨克,乌克兰哥萨克主要由切尔卡斯人组成,随后其他民族居民也陆续到该地区定居,最终形成俄国哥萨克等级。早期这些居民生活在第聂伯河中下游地区,主要分布于基辅、切尔尼戈夫、波尔塔瓦和波多利斯克等地。乌克兰哥萨克居住在第聂伯河沿岸城镇周围,其居住地被称为"塞契","塞契"最高首领是盖特曼。15世纪初,登记造册的乌克兰哥萨克就达数万人。

波兰人占领乌克兰后,很多哥萨克逃亡,最终于扎波罗热形成哥萨克军团,其一直存续至18世纪末。

因波兰人的残暴统治,乌克兰哥萨克一直反对其统治。1648年,哥萨克包格丹·赫麦尔尼茨基领导了反波兰人的起义,起义一直持续至1654年。加上天灾不断,哥萨克向俄国求援,赫麦尔尼茨基多次派遣使臣请求俄国沙皇的保护。俄国政府虽然希望借助哥萨克增强自己的军事实力,但又担心哥萨克生活方式特殊,加入俄国后将很难管理。为此俄国政府专门召开缙绅会议讨论该问题。1653 年,缙绅会议最终同意东乌克兰地区纳入俄国版图。

1654 年 1 月 18 日,乌克兰哥萨克于佩列亚斯拉夫召开哥萨克拉达(群众)大会,赫梅利尼茨基建议加入俄国,得到了与会代表的认同。经哥萨克拉达大会同意后,1654 年哥萨克盖特曼宣布第聂伯河左岸乌克兰地区并入俄国,俄国政府保障乌克兰哥萨克原有的自由和特权,盖特曼的权力不可侵犯,乌克兰哥萨克军队仍由盖特曼指挥。盖特曼拥有处理乌克兰哥萨克一切外交事务的权力,但须将结果告知俄国政府,除保留乌克兰市民和农民选举地方行政机构的权力外,还保留乌克兰哥萨克的财政和税收制度。此时,乌克兰哥萨克向俄国沙皇宣誓,终身忠诚于俄国。但因哥萨克热爱自由,所以双方矛盾不断激化,部分哥萨克首领还曾联合瑞典共同抗击俄国,但被俄国政府镇压。

1667 年 4 月 30 日,俄波两国代表于斯摩棱斯克签订《安德鲁索沃停战协定》,第聂伯河左岸大部分地区连同基辅归俄国所有,右岸及其周边地区归属于波兰。乌克兰左岸地区并入俄国后,俄国政府一直试图取缔乌克兰哥萨克的自治制度,但也激化了双方的矛盾,哥萨克们纷纷起义和联合外国抗击俄国,坚定了俄国政府整顿哥萨克的决心。18 世纪俄国政府对哥萨克进行改革,乌克兰哥萨克被取缔。

顿河哥萨克是哥萨克中最强大的一支,起源于顿河流域。顿河流域自古就生活着很多民族,古代顿河又称为"伊凡湖"。中世纪时期,此处居住着很多民族。顿河哥萨克民族成份复杂,15 世纪末哥萨克已成为顿河地区的常住居民,16 世纪末,顿河沿岸及其支流地区已形成诸多哥萨克村,1570 年,顿河哥萨克军区成立。

顿河哥萨克作为军事组织,实行民主自治,具有严格的内部组织架构和管理方式,辖区内多实施自治管理。顿河哥萨克也采用"十进制"的管理方式,统一的顿河哥萨克被称为"大顿河军",下设百人团、五十人队和十人队,亦可按照年龄分为青年团和老年团,每个团都由盖特曼、文书和大尉管理。百人团由大尉管理,负责领导军队作战,执行盖特曼的命令。顿河哥萨克大会是最高管理机构,一般在军首府召开,大会解决一切与哥萨克相关的事务,如军事、民事和外交事务,具体包括选举盖特曼和其他公职人员、接待俄国沙皇使臣、宣读沙皇诏书、分发战利品、签订和平协定等事宜。17 世纪,顿河哥萨克状况发生变化。哥萨克中形成特殊的阶层,即长老会,长老会逐渐成为哥萨克的特权阶层,亦成为俄国政府控制哥萨克的工具。17 世纪末,哥萨克宣布向沙皇效忠,顿河哥萨克完全臣服于沙皇,但仍保留很大的独立性,此时哥萨克已成为俄国侵略扩张和戍边的主要力量。

俄国政府加强哥萨克管理之后,双方矛盾逐步激化,各地哥萨克纷纷爆发起义,其中规模最大的是 18 世纪末爆发的普加乔夫起义。1773 年 9 月,顿河哥萨克普加乔夫自称俄国沙皇彼得三世,聚集了 80 名亚伊克哥萨克,组成队伍,并发表檄文,宣布将哥萨克拥有的特权赏赐给在亚伊克军中服役的哥萨克、鞑靼人和卡尔梅克人。

1742 年,普加乔夫生于顿河河畔的齐莫维伊斯克镇,自幼丧父，17岁当兵，曾参加过七年战争，后来也参加了俄土战争，其间曾晋升少尉。后因病回国，在顿河和伏尔加河流域流浪三年，与逃亡农民和哥萨克都具有广泛接触，深切了解民间疾苦。普加乔夫领导起义之后，很多哥萨克和农民纷纷响应，起义第二天，队伍就超200人。1774年初，起义军队伍已达3万人，5月份人数达5万人。起义军队伍扩大之后，组织机构也较为严格，最高指挥机构为军事委员会，下设总参谋部和最高法庭等机构，按照起义者的职业和民族属性划分为团、连和班等基层组织。

起义初期，普加乔夫率军围攻奥伦堡，久攻不破，加上政府军的驰援，起义军转至乌拉尔地区，又有农奴工人和国有农民加入，后起义军抵达喀山，并攻陷该城池。后因政府率军援助，起义军放弃喀山，返回顿河流域。普加乔夫再次率军返回喀山之后，各地农民和哥萨克纷纷响应，叶卡特琳娜二世与奥斯曼土耳其帝国签订和约之后将前线军队调至此镇压起义军。因叛徒出卖，普加乔夫被逮捕，在莫斯科被处以极刑。

普加乔夫起义之后，俄国政府对顿河哥萨克进行了诸多改革，具体内容如下。

一是军事改革。彼得一世之前，俄国政府很少干涉哥萨克内部事务，彼得一世执政后，加强对哥萨克的管理，颁布了一系列措施，如禁止哥萨克接受自由民、贵族雇农和莫斯科的政治犯；骑兵营在往返莫斯科和顿河流域途中搭救逃跑农奴为犯罪行为；顿河哥萨克不得到规定范围之外活动；取缔顿河哥萨克的外交权利；取缔顿河军大会选举盖特曼的权利，盖特曼直接由沙皇任命；等等。

叶卡特琳娜二世也加强对顿河哥萨克的管理，逐渐推广俄国的管理模式,承认顿河自治机构顿河军政府的合法性;赐予顿河哥萨克军首领盖特曼与正规军相同的军衔,授予盖特曼上将军衔,长老改称少校,大尉改称骑兵大尉,"百人长"改称中尉,少尉改称骑兵少尉。

二是机构改革。1708 年彼得一世将顿河地区归并于亚速夫省;1716 年,顿河哥萨克事务直接由俄国参政院管理;1721 年,顿河军被编入俄国军队,由俄国陆军委员会管理。此后俄国政府按照军队管理模式管理顿河哥萨克军区。1775 年,顿河地区建立顿河军政府,其成员包括盖特曼、2 名政府常任官员、4 名有名望的长老。1797 年,保罗一世废除了顿河军政府,成立顿河军办公室,其成员由盖特曼和长老组成。1800 年,俄国政府在顿河地区设立检察院,以专门监督当地的各个部门。

俄国政府一方面利用哥萨克大肆扩张,一方面也提防他们,18世纪开始,顿河哥萨克被迁移至其他地区,于是形成了捷列克哥萨克、伏尔加河哥萨克、涅克拉索夫哥萨克、莫兹达克哥萨克等军团。随着俄国不断扩张,更多哥萨克军区逐步建立:19 世纪俄国哥萨克军区已达 12 个,即顿河哥萨克军区、库班哥萨克军区、捷列克哥萨克军区、奥伦堡哥萨克军区、外贝加尔哥萨克军区、西伯利亚哥萨克军区、乌拉尔哥萨克军区、阿斯特拉罕哥萨克军区、谢米列奇耶哥萨克军区、阿穆尔哥萨克军区、乌苏里哥萨克军区和伊尔库茨克—叶尼塞哥萨克军区,其中顿河哥萨克人数最多。顿河哥萨克军区占地面积最大,约 16.5 万平方公里,其次是库班和奥伦堡哥萨克军区,占地面积分别为 9.4 万和 7.6 万平方公里。19 世纪 60 年代俄国哥萨克数量达 160 万,其中顿河哥萨克数量为 61.0 万,库班和奥伦堡哥萨克数量分别为 38.4 万和 21.4 万；1912 年俄国哥萨克数量达 400 多万，1917 年其数量约为 450 万。[1]

从 1723 年开始，哥萨克军队中盖特曼由军事委员会任命。从 1727 年 10 月起，顿河哥萨克军团盖特曼由皇子担任。后来根据法律，组建军事和民事管理委员会，由委派的盖特曼主持工作，全面掌管哥萨克事务。哥萨克基层管理组织为哥萨克村民大会，大会代表由全体男性哥萨克居民组成，后期因参会人数有限，部分会议仅允许部分大会代表——全体哥萨克选举产生的 12—25 名代表参加。哥萨克村镇权力机关是哥萨克管理委员会，成员包括政府委派的盖特曼和两名法官，法官由每个村镇全体代表共同选举的具有一定威望的长者来担任，其职务由盖特曼批准，任期为三年。对于军事和其他事务而言，哥萨克村民大会负责处理相关经济事务，军事哥萨克代表大会负责处理军务。

1835 年，尼古拉一世颁布《顿河哥萨克军区管理条例》，详细规定了顿河哥萨克在军事和民事方面的管理方式和措施，由盖特曼统管相关事务。盖特曼负责传达和实施俄国政府的法律和条文，监督地方官员工作，保护国家、军区和村社财产安全。此后顿河哥萨克军区被划分为 4 个分区，即一、二、三、四军分区，每个分区由区将军领导，军分区将军经盖特曼推荐后由陆军部任命，分区将军主要任务是执行顿河军盖特曼的命令，负责处理哥萨克军队事务。各军分区组建代表大会，解决分区内的军事和民事事务，主席也由盖特曼兼任。

---

[1] 许芳：《俄国的哥萨克》，陕西师范大学 2005 年硕士学位论文，第 8 页。

俄国哥萨克从诞生之初就从事各种经济活动,早期哥萨克主要从事狩猎和捕鱼,部分时期迫于生计,抢劫路过的客商,甚至抢劫城市和村镇。随着社会经济发展,哥萨克们也获得了土地,农业收入也成为哥萨克的收入来源之一。哥萨克除从事农业生产之外,还从事畜牧业和经营副业。因承担军事义务,哥萨克可获得土地,并被免除国家所有税赋,包括土地税和相关差役,但哥萨克在服役时需自带装备和马匹,部分哥萨克还需自带武器。

为保障哥萨克军区内物资的供应,部分哥萨克军区内成立了哥萨克商业组织,除为当地哥萨克提供所需商品之外,还负责销售本地哥萨克手工作坊或手工工场生产的纺织品、武器和马匹等等。从事商业的哥萨克可免除服役,但每年需缴纳税款,随着哥萨克人数不断增加,从事商业的哥萨克数量也日渐增加。19 世纪中叶,顿河哥萨克军区内从事商业的哥萨克数量达 1000 人,19 世纪下半叶其数量更多。

19 世纪下半叶,哥萨克数量大幅增加,即便服役年限也明显降低,部分哥萨克被免除服兵役。免除兵役的哥萨克被称为"军队公民"或"不服役的哥萨克"。他们与普通哥萨克一样拥有份地,拥有公共土地使用权,但要承担哥萨克村镇及其他地方差役。1863 年 9 月 8 日,俄国政府颁布《减轻顿河哥萨克负担和改善哥萨克居民生活的规章》,规定所有哥萨克服役期限缩减至 22 年,即 15 年行军打仗和 7 年内勤服役(不需要打仗)。

哥萨克生活方式也一直在变化。早期哥萨克的主要生活是频繁地参与战争,他们的生活就是作战和不断迁移。哥萨克将战斗视为生命,他们认为生活就是战斗,战斗就是生活的全部。在战争时期全家的男人均上战场,他们为自己的国家、村庄和家庭而战。哥萨克之间十分团结,如果同伴被捕,他们会想尽办法解救同伴。哥萨克们作战时十分英勇,骑兵更是英勇善战,所向披靡。因哥萨克以战争为职业,所以早期他们均不结婚,哥萨克军营中的女子多是他们抢劫而来。虽然哥萨克与这些女子并未结婚,但她们却在其生活中充当女主人的角色,家庭生活也渐趋稳定。18世纪末,哥萨克的生活逐渐稳定,纷纷寻求女子结婚。因哥萨克20岁之前就去服兵役,所以他们在服役之前均举行了婚礼。哥萨克们喜欢男孩,因为男子不但可以继承自己的家业,还能获得土地。

哥萨克常年在外征战,经常去戍边,所以家中所有事务均由妻子承担。她们除承担家务之外,还从事农耕和畜牧业。丈夫回来之后,妻子精心照料丈夫的马匹,如果丈夫在战斗中阵亡,全家都以他为荣。

二、19世纪政府改革哥萨克历程

18世纪俄国政府取缔乌克兰哥萨克后,加强了对顿河哥萨克的管理,1775年普加乔夫起义后政府开始改组顿河哥萨克。1799年,政府取缔哥萨克盖特曼称号,按照官秩表授予军衔。1823年,沙皇颁布命令,规定顿河哥萨克军团各级将领的官阶必须与俄国正规军一致,无军衔的哥萨克仍称为哥萨克。18世纪末,顿河军屯隶属于俄国陆军委员会,19世纪初俄国陆军部和军事部共同管理顿河军团。

19世纪,俄国政府对哥萨克实施了一系列改革,力图建立统一的管理机构。1819年亚历山大一世宣布成立顿河哥萨克委员会,其死后,俄国政府终止哥萨克改革。19 世纪 30 年代之前,虽然俄国政府针对哥萨克等级出台了诸多改革措施,但因哥萨克军区矛盾众多,改革收效甚微。

18 世纪初,哥萨克完全自主管理,隶属于非正规军管理总局,其后期更名为哥萨克士兵管理总局,隶属于俄国国防部。哥萨克内部管理也逐渐变化,哥萨克军队首领和盖特曼先由哥萨克内部选举产生,然后由政府任命。从 1723 年开始,哥萨克军队中盖特曼由军事委员会任命。从 1727 年 10 月起,顿河哥萨克军团盖特曼由皇子担任。1775 年 2 月 14 日、1802 年 11 月 13 日、1835 年 5 月 26 日、1845 年 1 月 6 日及 2 月 14 日出台的法令均规定,组建军事和民事管理委员会,由委派的盖特曼主持工作,全面掌管哥萨克事务。

《顿河哥萨克军区管理条例》共 500 余页,分为总则、军事管理和民事管理三部分,详细规定了顿河哥萨克在军事和民事方面的管理方式和措施。该条例将顿河哥萨克军区管理局划分为军事管理局和民事管理局,盖特曼为最高领导。盖特曼的主要职责是:负责传达和实施俄国政府的法律和条文;保障顿河哥萨克军区享有的优惠条件;监督地方官员工作;保障国家、军区和村社财产安全。盖特曼每年还要巡查整个军区,若一年巡查不完,两年内必须巡查完毕,巡查结束后要提出相关报告。

就军事管理而言,顿河哥萨克军区共划分为 4 个分区,分区将军主要任务是执行顿河军盖特曼的命令,负责处理哥萨克军队事务。《顿河哥萨克军区管理条例》还要求组建顿河哥萨克军区代表大会,一年召开四次会议,成员由各区选举的代表组成,除处理军队内事务外,还可选举民事管理官员,讨论服兵役及相关事务,审查和颁发贵族证明等。军事法庭委员会是顿河哥萨克军区最高的审判机构,主席一般由盖特曼兼任。就服役年限而言,普通哥萨克服役期为30年,25年在战斗部队服役,5年在内勤部队服役——主要作为普通工作人员、通信员、守卫、抄写员和警察。对于出身贵族的哥萨克而言,服役期为25年,普通哥萨克和贵族哥萨克子女不论在服役期限方面还是在任职和晋升制度方面,享有的权利完全不同。就普通哥萨克子女而言,17岁就要开始服役,虽未编入哥萨克军队,但已开始服兵役,服劳役两年后从19岁开始被编入哥萨克军队并宣誓,准备正式服兵役。从20岁开始,少年哥萨克正式开始服兵役三年,然后退伍回乡,时间为两年,其间可结婚和从事相关经济活动,期满后仍然要继续服役,在家期间还要定期接受检查。贵族哥萨克子女15岁即可直接去部队服役或依据自己意愿和能力到国家机关工作,享有编制内职位待遇。服役三个月后贵族哥萨克子女即可晋升为军士,如无过失且部队有空缺,两年后即可晋升少尉。受过教育的非贵族哥萨克子弟晋升也较快,只要他们行为无过失,和平年代服役12年后就可获得少尉军衔,战争年代6年后即可晋升少尉。任何一名将官、校官和尉官服役未满25年都不能申请退伍,在军队中享有与正规军军官同等待遇,军官子女享有后备军士官的权利,其服役期从19岁开始,但必须服役25年。

就民事管理而言,顿河哥萨克军区事务管理局为最高行政机构,下设多个管理部门,如军行政管理处和军法庭,军法庭由民事法庭和军事法庭组成,分别处理民事和军事事务。每个村镇都有管理机构,机构人员由盖特曼、监督员和文书组成,盖特曼是村镇最高领导;监督员又称长老,负责村内重要事务;文书有两名,一名负责军事事务,一名负责民事事务。村内最高机构是村民大会,村民大会有两种形式,即全体大会和例会,全体大会解决村内全体村民事务,例会解决村民权利问题,村民大会一般一年三次,例会每月一次。

哥萨克等级结构十分严格,俄国法律规定,无论是哥萨克士兵还是军官都不能转编到其他部队,不得转为正规军,不得加入其他等级,甚至禁止哥萨克士兵和其他等级居民通婚。为防止哥萨克转变成商人和小市民等级,同时也为扶持哥萨克军区内工商业发展,19世纪40年代首先在顿河哥萨克军队——奥伦堡、黑海、阿斯特拉罕、高加索、托博尔斯克的步兵营和骑兵团中,1854年在西伯利亚戍边部队中,先后效仿顿河哥萨克成立哥萨克"商业组织",为哥萨克居民提供商品,销售自己土地上所产的食品和手工作坊生产的军服、武器和马匹。进入商业组织和手工作坊的哥萨克免除军役,但每年要缴纳200卢布税款充作部队收入。19世纪50年代至60年代初,为补充军队收入,各军区增加从事商业的哥萨克编制,奥伦堡哥萨克军区从事商业的哥萨克人数由500人增加到600人,顿河哥萨克军区从事商业的哥萨克人数由500人增加到1000人,后贝加尔斯克军区从事商业的哥萨克人数由50人增加到150人,等等。不但哥萨克自己被允许加入商业组织,整个家庭也可纳入。家庭中每名成员都要缴纳税款用以补充军队收入,正在服役的非贵族哥萨克军士也可加入哥萨克商业组织,但会失去晋升为军官的权利。

1870年以前哥萨克生活区域被称为哥萨克军屯,1870年改革后改称哥萨克军区。19世纪俄国诸多地区都建立了哥萨克军区,至1914年俄国共有12个哥萨克军区。

顿河哥萨克军区是全国最大的哥萨克军区,许多哥萨克军区都在其基础上建立。

捷列克哥萨克以捷列克河命名,其前身为格列宾哥萨克,于1582年迁移至高加索地区,后来北高加索地区山民不断加入,1577年为抵御克里米亚汗组建捷列克哥萨克,1721年完全臣服于俄国。1722年,彼得一世从顿河哥萨克迁出1500户驻军充实该军区,1920年捷列克哥萨克军区被取消。

伏尔加河哥萨克源于顿河哥萨克,16世纪末一部分哥萨克与俄国军队攻打高加索后定居伏尔加河沿岸,成为早期的伏尔加河哥萨克,1732年俄国政府从顿河军区迁出千余户哥萨克家庭驻守伏尔加河,成立伏尔加河哥萨克,伏尔加河哥萨克军区成立。

库班哥萨克军区是布拉尔起义失败后一部分顿河哥萨克逃到库班地区组成的哥萨克军团,叶卡特琳娜二世时期为戍卫南部边疆,将库班地区大量土地赏赐给哥萨克,库班哥萨克雏形建立,早期称为黑海哥萨克,1860年更名为库班哥萨克。

乌拉尔哥萨克早期称为雅伊克哥萨克,彼得一世时期为控制雅伊克哥萨克,规定其由阿斯特拉罕总督领导,18世纪上半叶他们已在奥伦堡附近组建数个哥萨克村,1868年沙皇颁布命令成立乌拉尔哥萨克军区。

奥伦堡哥萨克军区位于乌拉尔山南麓。18世纪上半叶,俄国政府为巩固边防,将乌法和萨马拉等地的哥萨克迁移至该地区并建立奥伦堡城。18世纪中叶组建奥伦堡哥萨克军区,叶卡特琳娜二世时期该军区哥萨克参与普加乔夫起义,后并入乌拉尔哥萨克军区。19 世纪中叶,该军区又被单独划出成立奥伦堡哥萨克军区。1920 年奥伦堡哥萨克军区取消。

外贝加尔哥萨克由西伯利亚哥萨克和当地土著居民组成,17 世纪上半叶,西伯利亚哥萨克首次迁至此,组建外贝加尔哥萨克,1851 年成立外贝加尔哥萨克军区,1920 年该军区被取消。

阿斯特拉罕军区由伏尔加河哥萨克迁至阿斯特拉罕,后卡尔梅克哥萨克加入其中,成立阿斯特拉罕哥萨克军区。

谢米列奇耶哥萨克军区位于中亚地区。19 世纪中叶,俄国政府为戍边,将 25 个哥萨克家庭迁至于此,建立该军区的雏形。1857 年两个西伯利亚哥萨克军团迁至该地区,建立哥萨克村;1867 年组建谢米列奇耶哥萨克军区,1920 年被取消。

阿穆尔哥萨克军区成立的主要目的是侵略中国和守护占领区域。1858 年中俄《瑷珲条约》签订之后,俄国政府决定为此成立哥萨克军区;1889 年阿穆尔哥萨克军区与乌苏里江沿岸的哥萨克村合并为阿穆尔军区,1920 年该军区被取消。

乌苏里江哥萨克军区成立目的也是保卫侵占领土,乌苏里江哥萨克原属阿穆尔哥萨克军区,1889 年独立后建立乌苏里江哥萨克军区。

伊尔库茨克-叶尼塞哥萨克军区早期从西伯利亚哥萨克中分离出来,在叶尼塞河沿岸建立克拉斯诺亚尔斯克城,为叶尼塞河哥萨克,19 世纪 80 年代成立伊尔库茨克-叶尼塞哥萨克军区,与其他军区不同的是,该军区不隶属于俄国军事部,而由内务部管辖。

1861 年农奴制改革后俄国政府对哥萨克采取二元管理制度,

一方面竭力保持哥萨克的独立性,以便于掌控;另一方面改变哥萨克的服役条件和生活方式,试图打破哥萨克的封闭性。1868 年 7 月 13 日法令规定,在得到盖特曼书面允许后哥萨克军队军官可到其他地方生活,甚至可到军队辖区之外定居。1869 年 4 月 21 日《免除哥萨克军官和家人义务兵役制规章》规定,将官、校官、尉官及其子女不仅可免除相关差役,还可获得留在其所在地继续服役、到正规部队服役、转入其他哥萨克军队以及退出哥萨克等级的权利,这些权利也逐渐扩大至非服役哥萨克贵族、不服兵役的哥萨克和退伍哥萨克。

法令允许外来人编入哥萨克军队,但须有正当理由,有军衔的外来人须经国防部部长允许方可到哥萨克军区任职。哥萨克等级可经营手工作坊、商业组织,但 1863—1865 年规定允许居民自由经商等一系列措施不适用于含哥萨克在内的外来居民。现役哥萨克也有权从事商业和工业,但必须保留哥萨克的称谓。

1874 年 1 月 1 日,正规部队实行普遍义务兵役制。1875 年 4 月 17 日,该制度在顿河哥萨克军区中推行,顿河哥萨克军区所有男性居民应把保卫沙皇和国家作为神圣使命,全体适龄男青年必须服兵役。抽到服兵役签的哥萨克不允许赎买兵役,也不许代人服役。

1876 年 4 月 20 日,国务会议授权军事委员会结合当地特殊状况将顿河哥萨克军区服役规章推广至其他哥萨克军区。1876 年 7 月 10 日,奥伦堡哥萨克军区服役章程获得批准,1878 年 4 月 4 日后贝加尔斯克哥萨克军区、1879 年 6 月 30 日谢米列奇耶哥萨克军区、1879 年 11 月 3 日阿穆尔哥萨克军区、1880 年 7 月 5 日西伯利

亚哥萨克军区、1881 年 3 月 14 日阿斯特拉罕哥萨克军区、1882 年
6 月 3 日库班哥萨克和捷列克哥萨克军区的服役章程相继被批准
实施。

三、哥萨克在俄国历史中的作用

首先,哥萨克的军事作用十分突出。

从 14 世纪开始,哥萨克就是俄国战争中的一支重要力量,早
期以雇佣为主,后期成为俄国的正规军队,参与了诸多战争。伊凡
四世下令招募顿河哥萨克,1552 年顿河哥萨克参加俄国夺取喀山
汗国的战争;1554 年顿河哥萨克帮助俄国镇压伏尔加河地区的农
民暴动;1556 年 500 名哥萨克在盖特曼的率领下夺取阿斯特拉罕
汗国;16 世纪上半叶顿河哥萨克与俄国政府交往十分密切。14 世
纪至 19 世纪末,哥萨克参与的主要战争详见表 5-1。

表 5 1 14—19 世纪末哥萨克参与的主要战争①

年份	战争
1380	库里科沃战役
1444	瓦尔纳战争
1552	喀山战争
1552	阿斯特拉罕战争
1576	夺取亚速夫

① 杨素梅:《俄国哥萨克历史解说》,科学出版社 2016 年版,第 151—152 页。

续表

年份	战争
1579	立沃尼亚战争
1609—1611	援助扎米里亚一世战争
1612—1613	莫斯科保卫战
1632—1634	第一次俄波战争
1637—1643	攻守亚速夫
1646	抗击克里木鞑靼人的战争
1654—1667	第二次俄波战争
1668—1670	斯捷潘·拉辛起义
1671	攻打亚速夫
1677	出征奇吉林
1695—1697	出征亚速夫
1700—1721	北方战争
1722—1731	第三次俄波战争
1733—1735	第四次俄波战争
1736—1739	第一次俄土战争
1741—1743	俄瑞战争
1756—1763	七年战争
1786—1774	俄波和俄土战争
1787—1791	第二次俄土战争
1788—1790	俄瑞战争
1792—1796	俄波战争

续表

年份	战争
1799	俄国出兵意大利和瑞士
1799	英俄联军入侵荷兰
1805	俄—英—法战争
1806—1807	俄普战争
1806—1812	第三次俄土战争
1808—1809	俄瑞战争
1812	卫国战争
1813—1814	援助西欧的战争
1817—1864	高加索战争
1826—1828	俄波(斯)战争
1828—1829	俄土战争
1830—1831	俄波战争
1827—1853	高加索战争
1848	出兵匈牙利和特拉西瓦尼亚
1853—1856	克里米亚战争

因涉及战争众多,笔者仅举数例加以说明。16世纪哥萨克就曾参与征服喀山和阿斯特拉罕汗国之间的战争。

喀山汗国是金帐汗国解体后的汗国之一,位于伏尔加河中游,始建于15世纪,16世纪已是该地重要的经济和贸易中心。喀山汗国与莫斯科公国毗邻,双方矛盾由来已久,喀山汗国强盛时期曾击溃莫斯科公国军队,俘虏大公瓦西里二世。伊凡三世、瓦西里三世和伊凡四世曾频繁对其采取军事行动,1439 年、1445 年、1467 年、1478 年、1487 年、1505 年、1521 年、1523 年、1530 年、1536 年、1545 年、1549 年和 1550—1551 年,双方都发生过不同规模的战争。①

征服喀山汗国后,伊凡雷帝将矛头指向阿斯特拉罕汗国。1554 年,伊凡雷帝派兵进攻阿斯特拉罕汗国,赶走亲克里木派的汗王,立傀儡阿里为汗,阿斯特拉罕汗国遂向俄国称臣。因阿里不甘心做俄国的傀儡,又倒向克里木汗,伊凡雷帝震怒,1556 年再次发兵阿斯特拉罕汗国,直接吞并了阿斯特拉罕汗国,将其土地赏赐给俄罗斯贵族。

伊凡雷帝征服喀山汗国之后就企图染指西伯利亚汗国。1555 年,西伯利亚汗国向俄国称臣,成为莫斯科公国的附属国,居民时常起义,伊凡雷帝无暇东顾,支持大封建主组织哥萨克远征东部地区。斯特罗加诺夫家族是莫斯科公国征服西伯利亚汗国的先驱,雇佣哥萨克开始征服西伯利亚之路。1581 年,斯特罗加诺夫派遣叶尔马克率军进攻西伯利亚汗国;1582 年,征服秋明;同年 9 月,占领汗国都城伊斯凯尔(西伯利亚城)。17 世纪,哥萨克并入俄国后,几乎每一场战役都有其身影,此处就不再多说。

拿破仑战争中哥萨克也奋起反抗,他们一方面利用其机动性打击法国军队,另一方面为正规军队提供信息。博罗季诺战役爆发之时,顿河哥萨克骑兵立刻向右行军,跨越别祖博沃村附近的沃

---

① 陈新明:《十八世纪以来俄罗斯的对外政策(上)》,中共中央党校出版社 2012 年版,第 21 页;Худяков М. Н. ОчеркипоисторииКазанскогоханства. Казань. , Инсан, 1991. С. 122, 151; История внешней политики России. *Конец XV - XVII век (от свержения ордынского ига до Северной войны)*. Редакционаая коллекия. М. , Международные отношения, 1999. С. 135.

伊纳河,整编之后如洪流般地猛扑到敌人后方。战争爆发后,26 个哥萨克骑兵团从顿河到达塔鲁季诺。第聂伯河左岸的乌克兰地区组建了 15 个哥萨克兵团,右岸地区组建了 4 个兵团。1.6 万名波尔塔瓦农民、2.6 万名切尔尼戈夫农民加入了民兵队伍。在乌克兰的其他各省成立了由农民组成的民兵支队。1812 年,乌克兰居民共为俄军支援了 7.4 万名战士。个别县城内,农民们自行决定每 100 户人家出 3 名民兵,且自己出资供养民兵,期限为 9 个月。

在俄国殖民高加索地区时期,哥萨克也具有非常重要的作用。俄国在北高加索地区的殖民可划分三个阶段:一是 1560—1721 年,自由哥萨克村镇出现于捷列克河东岸,在该地区建立了俄国第一批要塞;二是 1722—1775 年,俄国政府开始在高加索地区统治哥萨克和其他征服者;三是 1776—1860 年,俄国在高加索地区的军事防线设置完毕,沿线哥萨克均被安置完毕,至此俄国在整个高加索地区的地位已基本确立,并以哥萨克为基础组建了强大的集团军,还以此为基地向中亚扩张。

因此,在俄国政府领土扩张和抗击对外侵略时,哥萨克发挥了不可忽视的作用。

其次,哥萨克的政治作用不容忽视:一是他们在农民起义中具有领导作用;二是他们充当了军警。

哥萨克在俄国农民起义中具有重要作用,首先他们不仅是俄国多次农民起义的领导,还作为先锋队和核心力量在俄国农民起义中立下了汗马功劳。他们是农民起义的发起者,还成为起义的核心力量,不论是斯捷潘·拉辛起义,还是普加乔夫起义,他们都是农民起义的领导者和灵魂人物。哥萨克的组织方式和思想观念影响着农民起义。如拉辛起义中农民就被分成千人队、百人队和十人队,普加乔夫起义中组织机构也十分严密,军队报备划分为团、连和队等机构。虽然哥萨克思想推动了农民起义的蓬勃发展,但哥萨克的分化是导致农民起义失败的原因之一。此外,哥萨克拥护沙皇的思想也破坏了农民战争,加上哥萨克抢劫的传统,损害了人民的利益,导致很多农民战争纷纷失败。

　　哥萨克的军警作用主要体现为帮助政府镇压革命运动。19世纪70年代亚历山大二世军事改革之后,顿河军团中的5个哥萨克团就被分配至莫斯科军区,4个团被分配至哥萨克军区,其目的是拱卫京畿,镇压革命运动。19世纪末20世纪初哥萨克的军警作用更为突出,1905年革命中就有哥萨克镇压起义运动的身影。

　　哥萨克具有士兵和农民的双重属性,军民合一特征在他们身上体现得较为明显,一方面他们深受政府的压迫,历任沙皇对其满是提防;另一方面他们又是士兵,俄国领土扩张和镇压革命运动中都有他们的身影。所有这一切都源于哥萨克自身的性格特征,崇尚武力、好战和冒险精神使他们将沙皇视为自己地位的保护者,服从沙皇的命令,对政府十分忠诚;哥萨克们也热爱自由,崇尚平等,所以在俄国历任农民起义和部分革命运动中也可看见他们的影子。

第二节　僧侣

　　俄国是一个拥有多种宗教信仰的国家,东正教是其国教,在社会经济发展过程中具有非常重要的作用,除东正教外,基督教分支

中的天主教、新教,以及伊斯兰教、佛教和犹太教在俄国均有传播,
在俄国历史发展进程中都留下了自己的印记。

一、基辅罗斯早期的多神教和基督教地位的确立

东斯拉夫人的祖先是安特人,但关于斯拉夫人的文字记载早
于安特人,最早出现在 1—2 世纪的古罗马文献中,古罗马人普林
尼的《自然史》中提及维涅德人,塔西佗的著作《日耳曼尼亚志》中
也提及维涅德人,维涅德人即古代的斯拉夫人。1—2 世纪,斯拉夫
人分布于西起奥得河、东抵第聂伯河、南至喀尔巴阡山、北濒波罗
的海的广大地区。4—6 世纪,斯拉夫人的居住地出现了早期的部
落联盟,并逐渐分化为三大支系。

拜占庭人将斯拉夫人认定为安特人,但安特人只是斯拉夫人
的一支,可以说是现在的俄罗斯人、乌克兰人、白俄罗斯人和卢森
尼亚人的祖先,而西支维涅德人即西斯拉夫人,为波兰人、捷克人、
斯洛伐克人的祖先,南支斯拉夫人即南斯拉夫人,是如今的塞尔维
亚人、克罗地亚人、斯洛文尼亚人、马其顿人和保加利亚人的祖先。

8 世纪,东斯拉夫人的氏族公社日渐瓦解。9 世纪,东斯拉夫
人主要有三大部落联盟,即北部地区的斯洛文尼亚人和克里维奇
人部落联盟,东部地区的维亚迪奇人、拉基米奇人和谢维梁人部落
联盟,西南部地区的波利安人、德列弗利安人、乌里奇人、德列戈维
奇人、特维尔茨人、杜列伯人和霍尔瓦特人部落联盟。随着封建经
济关系的发展,贫富分化开始出现,土地逐渐集中于富人手中,城
市经济由大贵族和富人掌控。此时,东斯拉夫国家开始形成,以基
辅为中心的库雅巴、诺夫哥罗德地区的斯拉维亚和东部梁赞地区

　　的阿尔塔尼亚部落联盟逐步形成。各部落间冲突不断,征战不息。862 年,应诺夫哥罗德贵族邀请,瓦良格人首领留里克兄弟率军到诺夫哥罗德平息争端,开启了 700 多年的留里克王朝统治。

　　在长期的民族迁徙和合并过程中,东斯拉夫人逐渐形成了具有自身特色的语言和文化,此时的宗教为多神教,俄国多神教信仰一直持续至 988 年弗拉基米尔大公皈依基督教。

　　东斯拉夫多神教源于新石器的狩猎文化,因当时没有文字,多神教只能通过民歌、传说等口头形式传承。早期因部落众多,不同地区的宗教信仰和仪式有所差异。古罗斯多神教发展历程也十分漫长,最终成为基辅罗斯的国教。12 世纪古罗斯历史文献《偶像论》将多神教的发展划分为四个阶段:一是向山河、泉井顶礼膜拜,祭祀吸血鬼和保护神;二是信奉罗德和罗让尼采等生育和丰收之神;三是将伯伦立为多神教的主神;四是罗斯受洗后,边疆地区秘密传播多神教。

　　总之,古罗斯人坚信灵魂可永生不灭,为此他们在死者去世后为他们准备陪葬品,多为死者生前的常用物品和日常用品等。他们还供养死者的灵魂,定期祭拜。古罗斯人认为罗德是创世氏族,为天地之神,是斯拉夫人最高的神明,罗让尼采为丰产女神和生育之神,二者为基辅罗斯早期的主要天神,还有婚姻和爱情的保护神拉达,少女保护神、青春和春天的化身——拉达之女列丽娅。公元 10 世纪之前基辅罗斯已建成万神殿,居民定期祭祀和膜拜,主要神祇为六个,即雷神伯伦,太阳神霍尔斯和达日吉博格,天神和风神司特利博格,天狗西玛尔格和女神莫科什。其中雷神兼战神伯伦为主神。早期多神教时期没有教会、神甫等严密的宗教组织形式,祭祀等宗教仪式通常由酋长、族长主持,后期由大公完成,随着社会经济发展,产生专门负责宗教事务的术士等级。

罗斯受洗之前,基辅罗斯境内存在四股宗教势力:一是罗马教廷的传教士,即天主教信徒;二是希腊教会的信徒,主要是拜占庭传教士;三是穆斯林信徒;四是原始多神教的信徒。罗马天主教会多次派遣教士到基辅传教,奥莉加大公在位期间就曾派遣都主教到基辅罗斯。拜占庭人也到基辅罗斯传教,《往年纪事》中曾提及 882 年希腊都主教福季和伊戈金到基辅罗斯传教。据记载,9 世纪末,基辅的教会神职人员已使用斯拉夫语传教,在弗拉基米尔大公皈依基督教之前保加利亚人所起的作用远大于拜占庭人。《往年纪事》中曾提及保加利亚人将教会书籍翻译成斯拉夫语,并且在基辅罗斯传教。

俄国第一个皈依基督教的大公是奥莉加,国内史学界对奥莉加大公出访拜占庭和受洗的时间仍存在争议:一是认为奥莉加于 954 和 955 年在基辅受洗,957 年拜访拜占庭;二是认为奥莉加曾两次前往君士坦丁堡,第一次为 954 或 955 年,在此期间受洗,957 年组建基辅教会,并又一次拜访拜占庭;三是认为奥莉加第一次出访拜占庭时间为 946 或 957 年,第二次拜访拜占庭的时间为 960 年左右,在拜占庭皈依基督教并受洗。[①] 奥莉加拜访君士坦丁堡不但稳定了国内局势,而且保障了罗斯人的贸易特权,为后期皈依基督教奠定了基础。

---

① Литаврин Г. Г. *Византия, Болгария, Древняя Русь (IX - начало XII в.)*. СПб. , Алетейя, 2000. С. 158; Соловьев С. М. *История России с древнейших времени*. Том 1-2. М. , Социально-экономической литературы, 1959. С. 157.

公元 988 年,基督教成为基辅罗斯国教,但弗拉基米尔大公在引进基督教之前却是虔诚的多神教信徒,他严格遵守多神教传统,实施一夫多妻制度。他深知多神教自身的缺点,即不利于巩固国家统一和强化中央集权,为此他首先对多神教进行改革,其主要措施有二:一是整顿多神教的混乱无序状态,规范和统一国家;二是确立全国统一的崇拜偶像,即弗拉基米尔万神殿;三是在基辅山丘之顶树立一排偶像塑像,建造庙宇,命令基辅民众祭祀和膜拜这些神像。因多神教自身的弱点,如多元性和模糊性等特征导致其不能适应国家发展的需求,弗拉基米大公决定引进基督教。

基辅罗斯皈依基督教的原因如下:一是 10 世纪末,基辅罗斯氏族公社解体,封建生产关系确立,东正教思想适合封建社会生产关系;二是基辅罗斯与拜占庭帝国接壤,早期就与拜占庭具有稳定的经济、文化和政治联系,基辅罗斯居民早就熟悉东正教的礼仪和文化;三是弗拉基米尔大公与拜占庭联姻后号召全国人民信仰东正教,东正教成为基辅罗斯国教;四是基辅罗斯大公认为东正教更符合俄国国家利益,可强化国家政权,促进本国文化教育发展;五是基辅罗斯皈依东正教可与西欧各国建立良好的外交联系,与拜占庭帝国的联系更加紧密;六是较天主教而言,东正教宗教仪式相对简单,可用本国语言传教,更容易被罗斯居民接受;七是弗拉基米尔大公继位之后,意识到宗教可加强中央集权,巩固大公的地位和增强国民凝聚力。

随着基辅罗斯与拜占庭和东欧各国交往不断深入,诸多罗斯商人和贵族皈依基督教。10 世纪末,基辅有数座基督教教堂。997年,基辅设立希腊正教的大主教区,随后弗拉基米尔大公又下令于诺夫哥罗德、切尔尼戈夫和苏兹达尔等地设立主教区,大公拿出自己收入的十分之一建立什一教堂。为扶持基督教的发展,弗拉基米尔大公颁布《弗拉基米尔条令》,主要内容有三:一是什一制度,推行什一税,即王公法庭收入的十分之一、王公的贸易或税收的十分之一,以及王公庄园收入的十分之一,捐献给教会使用,为教会的发展提供了物质保障;二是教会有权处理家庭纠纷和诉讼案件,主要包括家庭不睦、盗窃、离婚、财产继承与子女监护等等;三是教会的机构组成,对神职人员的构成和犯罪处罚方式都作出明确规定。

雅罗斯拉夫统治期间东正教传播更盛,已传播到北方的诺夫哥罗德和弗拉基米尔等公国,东正教最终战胜多神教,基辅罗斯成立全罗斯基督教会,但教会首脑一直由拜占庭君士坦丁堡教区牧首委派。第一任都主教为希腊人菲奥费姆肯特,他在基辅罗斯建立第一批教区,如基辅、诺夫哥罗德、罗斯托夫、弗拉基米尔、切尔尼戈夫和佩列亚斯拉夫教区,教区中心设在基辅。蒙古入侵之前,基辅罗斯已有 16 个主教区,都主教大多都是希腊人。

雅罗斯拉夫大公去世之后,基辅罗斯开始衰落,莫诺马赫在位时期,基辅罗斯已名存实亡,他去世后,基辅罗斯分裂成诸多公国,其中较具影响力的是诺夫哥罗德公国、普斯科夫公国、罗斯托夫—苏兹达尔公国、特维尔公国和梁赞等公国,加里奇-沃伦公国、罗斯托夫-苏兹达尔公国和诺夫哥罗德公国的实力较强。

基辅罗斯分裂之后,教会生活的中心也从基辅转移到各小公国。此时的教会分裂成许多小教会,分别隶属于各小公国。此时这些小教会名义上仍隶属于基辅都主教区,但也受小公国王公的管辖。各地教会以上帝名义帮助王公巩固了政权,王公也对教会十分感激,赐予教会大量土地和财物,并扶持其发展。值得一提的是,各地教会在缓和公国间矛盾、调解纠纷等方面发挥了一定作用。

蒙古西征罗斯过程中,很多城市被夷为平地,东正教教会也曾遭受重创。其表现如下:一是大量宗教人士外逃或死亡,很多教会神职人员被杀死;二是东正教教会损失惨重,因修道院和教会积攒了大量财富,蒙古军队进城之后,大肆洗劫教会,不但教堂被破坏,其财物也被抢劫一空。因蒙古西征,宗教人士的安全得不到保障,都主教约瑟夫逃走,此后数十年没有希腊人愿意到罗斯担任主教。

金帐汗国建立之后,为缓和国内矛盾和加强统治,蒙古汗王调整了对东正教的政策。1239年,切尔尼戈夫主教被俘,蒙古人并未将其杀死,而是拉拢他,该事件也成为蒙古人对东正教教会态度转变的转折点,为后期的宗教宽容政策奠定了基础。13世纪50年代,金帐汗国赋予教会免税特权。1259年,蒙古人在普斯科夫和诺夫哥罗德等地征税时,免除了修道士大祭司、修道院院长和神甫等神职人员的税赋。1267年,蒙古汗王为教会颁布了特许状,教会获得了更多的特权,如僧侣不用缴纳贡赋、教会的一切财产神圣不可侵犯、归还教会之前的相关财产、免除他们的劳役等等。

总之,蒙古统治罗斯前期,金帐汗国汗王加强了对东正教会的管理,采取了安抚政策,给教会诸多优惠,加上罗斯各公国林立,无力与金帐汗国抗衡,教会与蒙古统治者建立了联盟关系,也借助汗王赐予的诸多特权,成为一支独立的政治力量。莫斯科公国崛起之后,其向心力不断增强,开始拉拢东正教主教,东正教开始支持莫斯科公国,甚至都主教的府邸都迁至莫斯科。后来,莫斯科公国与东正教会联合起来共同抗击金帐汗国。

14世纪之前,金帐汗国并未将伊斯兰教定为国教,对东正教实施宗教宽容政策。14世纪初,乌兹别克汗将伊斯兰教定为国教,蒙古汗王十分关注伊斯兰教会在金帐汗国的发展,开始逐步废除东正教会的特权。教会的特权遭到削弱后,很多宗教人士不再与蒙古汗王合作,纷纷反对异教徒。

莫斯科公国地位提升过程中东正教的作用也不容忽视。13世纪,都主教在南巡时就曾在莫斯科停留。因蒙古人入侵,基辅被洗劫一空,教会首脑被迫迁移至弗拉基米尔。伊凡·卡里达与罗斯都主教往来甚密,说服其将教坛迁至莫斯科。彼得都主教时期,常去莫斯科居住,与莫斯科大公伊凡一世关系密切,在莫斯科建立圣母升天大教堂。14世纪,都主教将教坛由弗拉基米尔迁至莫斯科,教会神职人员还曾帮助大公镇压农民起义。值得一提的是,教会虽然支持莫斯科公国,仍拥有独立地位,但莫斯科已成为罗斯的宗教中心,在东正教教徒心中的神圣地位已毋庸置疑。

蒙古汗王的很多政策引起人民的不满,罗斯百姓纷纷奋起反抗。东正教都主教教坛迁至莫斯科后,开始大肆支持罗斯居民反对蒙古人统治,它成为维系俄罗斯民族情感、号召人民反对暴政的纽带。莫斯科大公也善用东正教会安抚民心,鼓舞军队的士气,最终取得了库里科沃和乌格拉河等战役的最终胜利,东正教会成为帮助罗斯居民摆脱奴役的工具。

1380年,库里科沃战争爆发之时,马麦汗组建了一支强大的蒙古军队,大军压境之时,东正教会支持莫斯科大公反对蒙古人的统治,并且提出了"赶走异教徒"的口号。在教会的支持下,莫斯科公国联合普斯科夫、佩列斯拉夫、布良斯克和斯摩棱斯克等公国的联军十余万人,在顿河流域与蒙古军队进行决战。战斗中,圣三一修道院院长谢尔吉·拉多涅日鼓励德米特里大公积极迎战,战役中蒙古军队共有 20 余万,远超罗斯军队,双方军力严重失衡,谢尔吉·拉多涅日派遣两名修道士前去鼓舞士气,安定军心。出发前,都主教也为他们赐福和祈祷战争胜利。所以,库里科沃战争中东正教会的作用不容小觑,他呼吁民众共同抗敌,凝聚了人心,提高了士气。在后期的决战中,东正教一直发挥着重要作用。

莫斯科公国崛起之时,东正教在莫斯科公国统一诸公国以及推翻蒙古人统治中发挥重要作用,其主要表现有三:一是东正教促进了俄罗斯统一民族国家的形成,15 世纪末 16 世纪初,莫斯科先后兼并了罗斯诸公国,宗教问题就成为其借口之一;二是教会的地位逐步提升,莫斯科公国与东正教会的联合,对推翻蒙古统治具有重要作用,教会鼓舞了士兵的士气,凝聚了人心,此外,俄罗斯的东正教会开始摆脱拜占庭教会的束缚,谋求独立;三是教会增强了俄罗斯民族凝聚力,促进了俄罗斯民族的形成,以及文化事业的快速发展。

1453 年,君士坦丁堡陷落,东罗马帝国灭亡。俄国教会力图把莫斯科变成东正教新的世界中心,提出"第三罗马"思想。伊凡三世迎娶拜占庭帝国末代皇帝的侄女索菲娅·巴列奥略为妻,继承拜占庭帝国的徽章、皇室和宫廷礼仪,以拜占庭帝国皇位的合法继承人自居,对外宣称莫斯科大公是基辅罗斯大公的直接继承人,亦是拜占庭帝国的间接继承人,第三罗马帝国思想由此诞生。这一思想主要包含:一是第二罗马帝国(拜占庭帝国)随着君士坦丁的陷落而消亡;二是莫斯科将成为"第三罗马",成为永恒的帝国。16世纪上半叶,第三罗马帝国思想得到俄国教士的拥护,成为莫斯科公国政治理论不可分割的一部分,教士确信莫斯科公国将成为世界上最富有和强大的基督教王国。

16世纪中叶,教会占有大量土地,中部地区各县城中,教会掌握三分之一以上的肥沃土地。很多贵族在去世后还将大量土地捐赠给教会,教会占有的土地面积越来越多,已严重威胁中小贵族的利益。为缓解教会与世俗贵族间的矛盾,1551年,伊凡四世召开宗教百章会议,欲消除各地教会的差异,建立统一的民族教会,消除教士的不法行为,其主要措施如下。一是要求教会教育民众,建议教会开办学校,召集学识丰富的神职人员编撰历史和教会书籍,借此教化百姓。二是在教会土地的处理问题上,伊凡四世主张没收教会土地,分给服役贵族,但遭到大主教为首的教会集团强烈反对。双方互相作出让步后最终达成协议。随后,伊凡四世颁布诏令如下:"没收自瓦西里三世逝世后由波雅尔杜马分给各主教和寺院的所有领地和土地。法令严禁教会不报政府批准而获得新土地,以前贵族子弟或农民因欠债而被教会或修道院夺取的土地,需物归原主,未经特许,王公不得将自己的领地出售或馈赠给教会,凡未经批准而转让给教会的土地,一律没收,充当服役贵族的领地;今后再向教会捐赠,需用货币代替土地;取缔教会领地在租税方面的特权,取消教会在司法和赋税方面所享有的特权;等等。①"

---

① 赵士国:《俄国政体与官制史》,湖南师范大学出版社1998年版,第49页;陈之骅:《俄国沙皇列传》,东方出版社1999年版,第10页。

费多尔执政时期也进行了教会改革,他继续限制教会特权,核查和丈量修道院土地,禁止教会擅自兼并土地,无契约土地划归政府所有,修道院必须承担纳税义务。1589年东正教宗教会议上,选举都主教约伯为俄东正教牧首,并建立公署,表明俄教会完全获得了独立,并开始具有民族教会的性质。与此同时,此过程也孕育了教会衰落的因素,究其原因是随着俄国统一国家的形成及专制制度的加强,世俗政权与教权之间的分歧与矛盾暴露出来。当牧首维护教权时,便侵犯了沙皇的权力,冲突不可避免。

16世纪末至17世纪初,东正教教会号召国民以统一的宗教信仰抵抗外敌。圣三一修道院修道士阿福拉米发布全国倡议书,呼吁人民同侵略者斗争到底,第三任牧首格尔莫根因拒绝效忠波兰人而绝食自尽。东正教在居民中的感染力进一步增强,很多修道院在战时还转变为抗击敌人的堡垒。

罗曼诺夫王朝第一代沙皇米哈伊尔执政时期,东正教因消除战乱有功,加上其父亲菲拉列特为全罗斯东正教牧首,东正教牧首拥有国父的待遇,东正教会的地位迅速提升。阿列克谢继位后为加强皇权,欲将乌克兰和巴尔干各国的教会并于俄罗斯教会,决定起用尼康进行宗教改革。尼康,俗名尼基塔·米诺夫,因其非凡的才干和勇气得到沙皇的器重。1648年,尼康被任命为诺夫哥罗德大主教,1652年,全罗斯东正教牧首约瑟夫去世,尼康开始担任牧首。1653年,尼康在阿列克谢的授意下,邀请一批希腊和基辅的神职人员到莫斯科商讨东正教礼仪改革。尼康的宗教改革遭到诸多神职人员的不满,下层神职人员和教徒都习惯旧礼仪,他们联合起来反对宗教改革,形成旧礼仪派。后来,尼康的野心不断膨胀,他想借机巩固自己的地位,甚至意图将教权凌驾于世俗权力之上,引起了沙皇的强烈不满。1658 年 7 月,尼康在莫斯科圣母升天大教堂召开宗教会议时公开宣布辞去牧首,他认为教会群龙无首后,沙皇会挽留他,借机逼沙皇就范。1664 年,尼康不请自回,希望重新担任东正教牧首,但因沙皇并未同意,最终被流放至北方修道院。

彼得一世继位之时俄国共有 27 个东正教主教区,全国人口高达 2100 万,其中东正教信徒 1500 万。[1] 因尼康事件的前车之鉴犹在,彼得一世对东正教教会进行了改革。1700 年,俄国第 11 任牧首阿德里安去世,为防止牧首伺机夺权,彼得一世决定暂缓选举牧首。1701 年,沙皇颁布诏令,规定教会土地和财产的管理权应归属于修道院衙门,宗教事务的最高庇护人为沙皇,命令白神品自食其力,减轻国家负担,同时整顿黑神品作风。同年,彼得一世下令恢复修道院衙门,其负责人为穆辛·普希金。1718 年,彼得一世起用费奥凡·普罗科波维奇主持教会改革,制定《宗教事务管理条例》。1720 年,彼得一世宣布沙皇为"最高牧首",还建立隶属于参政院、与其他各委员会平行的宗教事务委员会,后更名为宗教院。宗教院由 11 名成员组成,设院长 1 名,院长由东正教会的临时代理兼任,副院长 2 名,高级文官 4 名,八等文官 4 名。1721 年,彼得一世颁布《宗教事务管理条例》,正式废除牧首。此外,该条例还规定教会仅限于在精神领域内开展活动,绝不允许干预政治事务。

1721 年,宗教院被更名为圣主教公会,主教公会开始主持日常的宗教会议。从 1722 年起,费奥凡·普罗科波维奇编写的《宗教

---

[1] 戴桂菊:《俄国东正教会改革(1861—1917)》,社会科学文献出版社 2002 年版,第 70 页。

事务管理章程补充规定》(简称"宗教规章")正式生效。主教公会有权决定教会重大事项,任免各教区大主教和主教,负责领导各教区宗教事务。主教公会由 9 名委员组成,原牧首为主席,5 人为常务委员,3 人为临时委员。常务委员包括基辅主教、彼得堡主教、克鲁季茨克都主教、莫斯科牧首教区管理委员会主席、教会对外联络部主任,临时委员由各地高级神职人员轮流担任。彼得一世的宗教改革使俄国官方教会由以教权为基础的自治管理体制转变为受世俗官僚机构掌控的政府机构,教会自主管理权被剥夺,教会成为宣传国家意识形态的工具。

1725 年,彼得一世病逝,叶卡特琳娜一世(1725—1727)、彼得二世(1727—1730)、安娜·伊凡诺夫娜女皇(1730—1740)、伊丽萨维塔女皇(1741—1761)相继即位。在此期间,宫廷政变迭起,部分主教乘机试图恢复牧首制,以达到掌握国家大权的目的,但是遭到沙皇的严厉处罚。

叶卡特琳娜二世继位之后,为获得教会的支持,宣称自己是东正教信仰的捍卫者、教会的拥护者,不会将教会财富据为己有。1767 年 6 月 7 日,主教公会颁布了一项法令,禁止教会使用宗教命令对任何神甫实施体罚,只有因刑事案件被起诉至世俗法庭时,高级教士才有可能受到体罚。[1] 从 1771 年 5 月 20 日开始,助祭也被免除体罚。[2] 皇位稳固后,叶卡特琳娜二世为赢得贵族的支持,将

---

[1] Иванова Н. А, Желтова В. П. *Сословное общество российской империи (XVIII-начало XX века)*. М., Новый хронограф, 2010. С. 251.

[2] Иванова Н. А, Желтова В. П. *Сословное общество российской империи (XVIII-начало XX века)*. М., Новый хронограф, 2010. С. 251.

教会大批土地赏赐给贵族。她在主教公会上发表演说,要求各位主教放弃管权的妄想,决定剥夺教会的土地和农奴,分给皇室和贵族,反对者将被处以极刑或者流放。

虽然叶卡特琳娜二世统治期间,大力推广世俗教育,但神学教育作用仍不容小觑,乌克兰地区最具代表性。值得一提的是,在普加乔夫起义过程中,东正教会具有帮凶的作用。1774 年 4 月,主教公会就宣布,普加乔夫起义是"恶魔对基督羊群的攻击,普加乔夫起义是践踏信仰和法律的敌人,是祖国和教会的公敌"。教会诸多领导人对起义者十分憎恨,全力阻止农民参加起义军,时常有神甫和教士向政府报告起义军动向和活动。但多数底层教士都同情起义军,只有高层教士对起义军十分仇视。

19 世纪初,俄国法律对僧侣担任国家公职给出了明确的规定,1801 年 5 月 30 日的法令规定,哲学系和神学系毕业生放弃神职、获得世俗职位的问题由主教公会负责,其他系学生的问题则由主教区领导解决,所有离职者的名单每年都要提交至主教公会。1804 年 5 月 31 日和 9 月 30 出台的法令又规定,宗教学校的毕业生能否放弃神职、获得世俗职位,取决于主教公会:未经主教公会的允许,这些毕业生既不能担任文职,也不能担任武职,更不能进入国民教育部。根据 1813 年 11 月 23 日出台的法令,只有宗教学校的毕业生可被录用为"小公务员"。

尼古拉一世统治时期为管理宗教事务,提倡信仰、沙皇和国家一体,提出东正教、国民性和专制制度三位一体理论。1832 年,《俄罗斯帝国法律全书》确定了东正教地位,肯定了沙皇对教会的领导权,对僧侣的权利和义务也进行了规定,1842 年法律规定一级教会

学校毕业生可担任 14 品文官,二级和三级教会学校毕业生可担任
小公务员。尼古拉一世还对教会学校进行改革,增设相关课程,设
立教区中学,培育农民。

1861 年农奴制改革后,僧侣与其他等级的联系才逐渐加强。
虽然教会逐渐依附于国家,但僧侣等级仍有一定独立性,而且国家
全力保持僧侣等级的稳定。19 世纪六七十年代,教会允许僧侣等
级担任世袭职务,僧侣之子可成为世袭和终身荣誉市民,亦可接受
世俗教育,可担任文职,神父等神职人员的权力有所扩大。

1862 年 7 月,俄国政府成立东正教僧侣事务特别委员会。委
员会由宗教人士和世俗人士组成,成员包括主教公会理事、内务大
臣、主教公会总检察长、宗教教学管理局局长等。为更好地处理东
正教事务,亚历山大二世在各省成立宗教事务委员会,其成员包括
主教区高级僧侣、省长、省首席贵族和城市代表等相关人士。亚历
山大二世为提高神职人员的物质生活水平,大规模缩减教区,19 世
纪六七十年代,撤销近 2000 个教区,辞退神父 3.9 万人、辅祭 1.4
万人、教堂小教士 6.2 万人,无神职的教会人员一律被除名[1],但成
效不大。

亚历山大二世宗教改革后,僧侣由半特权等级变成特权等级,
以前只有高级教士才享有的权利,如免交人头税、免于体罚和免服
兵役等,现在低级教士也能享有;僧侣子女获得成为世袭和非世袭
荣誉市民的资格,还可接受世俗教育、担任国家公职、从事工商业
活动。19 世纪末 20 世纪初,俄国僧侣由等级转化为特殊的职业群

---

[1] Иванова Н. А. , Желтова В. П. *Сословное общество российской империи（XVIII-
начало XX века）*. М. , Новый хронограф, 2010. C. 268-269.

体,其中一部分开始在国家机构中任职,另一部分在大学、科研机构和初高中任教。尼古拉二世时期实行"宗教宽容"政策,但东正教主教公会管理体制仍走向衰落。

1859年东正教信徒共有5072.5万人,教堂数量为3.7万座,小拜堂和祈祷室共1.2万座;高级僧侣558人、主教3.7万人、辅祭1.2万人、教堂小教士6.4万人;修道院603座。1894—1895年,俄国共有东正教教徒8000万人,65个主教区内共有小教区3.7万个、教堂4.8万座、礼拜堂和祈祷室1.9万座、大寺院4座,男子修道院440座、女子修道院250座,至1910年修道院数量已经超过1000座。1914年俄国共有东正教信徒1.2亿人、主教区增加到67个、教区增至4.8万个。[1]

二、东正教僧侣

俄国东正教"神品"一词来源于拜占庭,基督教分裂后,东正教实行牧首制度,教会人员分为黑神品和白神品。黑神品最低品级为修士,往上依次为修士辅祭、修士大辅祭、修士司祭、修士大司祭、主教、大主教、督主教、都主教和牧首,黑神品是教会的特权等级;白神品为教会神职服务人员,最低品级为诵经士,往上依次为副辅祭、辅祭、大辅祭、司祭、大司祭和司祭长。牧首原是东正教对宗主教的译称,也用作对年长主教的尊称,后成为最高级主教的称谓。在东正教中,牧首享有特殊权利,是最高级的主教,一般管辖

① Иванова Н. А. , Желтова В. П. *Сословное общество российской империи (XVIII-начало XX века)*. М. , Новый хронограф, 2010. С. 320—321.

一个或几个大教区,负责召开主教会议,制定宗教法规,任免各教区的主教。16 世纪俄国东正教独立后,其首脑就称为牧首。

16—17 世纪,教堂僧侣由教士(司祭和辅祭)和教堂服务人员组成。教士和教堂服务人员由教民推选产生。17 世纪中期,在尼康改革以后,政府担心分裂派教徒进入僧侣之列,便提高了对候选人的要求。17 世纪末,俄国的教堂僧侣已经具备等级特征,其社会地位和职业可以继承,但 18 世纪该特权才得到法律的承认。[1]

都主教原是城市及所属地区教会领导者,是俄国东正教会的高级神职人员,其地位仅次于牧首。大主教原意为监督者,其地位略低于都主教,一般主管一个大主教区。督主教原意是古希腊神庙中的祭祀长,后泛指拜占庭地方行政机构的执政者,现为东正教主教管辖区的首脑,多为牧首派驻外教区代表。主教原意为监督者,通常为一个教区的主要负责人,负责教区教会的日常事务。副主教一般没有管辖的教区,主要是协助主教处理日常教务。大司祭是首席神父,是高级神职人员,一般为大教堂的主持。修士大司祭多为修道院院长,地位仅次于主教,一般是东正教男修道院负责人。主持司祭是东正教修道院院长,其地位在修士司祭之上、主教之下,一般在修道院院士中选举产生,但需要得到牧首、都主教、大主教或主教的认可。司祭是东正教会的普通神职人员,协助主教管理教务,通常为教堂的负责人,可组织单独的宗教活动。修士大辅祭是主教的助手,为主教在宗教仪式和礼拜时的第一助手。辅祭也称助祭,协助主教,负责教会的日常事务。诵经士是俄国东正

① [俄]米罗诺夫:《俄国社会史:个性、民主家庭、公民社会及法制国家的形成(上)》,张广翔等译,山东大学出版社 2006 年版,第 88 页。

教会的低级服务人员,除负责日常事务外,还参加唱诗班等组织。俄国基层教区人员由三部分组成,即神父、辅祭和诵经士。神父不但是传教士及宗教的宣传者,而且为国家公职人员,在日常生活中其宗教行为受其所处地位的制约。

18世纪至19世纪初,教堂僧侣拥有法定的特权。如1719年俄国政府免除了教堂僧侣的纳税义务;1725年,他们可以免除兵役;1801年教士可以免于体罚。与此同时,教士还可以获得受教育的权利。僧侣的社会地位明显提高,逐渐成为俄国特定的社会等级。

教会僧侣的主要收入如下:一是教会拥有的土地收入,二是国家发放的津贴,如金钱和粮食;三是政府发放的工资。政府一直关注僧侣等级,1791年,叶卡特琳娜二世就曾为僧侣建立退休金制度,保障退休后教堂僧侣的生活。从1801年开始,国家从国库中专门拨款为全体僧侣发放退休金,1823年,教会成立慈善救济机构,专门帮助贫困的僧侣。19世纪下半叶,俄国政府一方面改革了僧侣的退休金制度,另一方面又竭力保障僧侣们的正常生活。

修道士是俄国一个特殊的社会团体,他们将自己的一切都奉献给上帝,俄国修道院产生于基辅罗斯时期,12世纪末,修道院开始在罗斯北部地区普及。13世纪,罗斯各公国共有修道院100所,其中90所位于城市和近郊。① 此后,俄国荒野修道院数量大幅增加。

修道院可划分为各种类型,按性别而言,修道院分为男修道院

---

① 戴桂菊:《俄国东正教教会改革(1861—1917)》,社会科学出版社2002年版,第35、92页。

和女修道院;就资金来源而言,修道院可分为编内修道院和编外修道院;就内部财产和生活制度而言,分为共同生活修道院和独居修道院;就是否拥有农民而言,分为领地修道院和无领地修道院;就地理位置而言,分为城市修道院和荒野修道院。

修道院生活分为三种,分别是隐修生活、单独生活和共同生活。共同生活的修道院中修道士没有个人财产,但可从修道院获得必要的生活用品,修道士劳动所得归修道院所有。单独生活的修道院中修道士除在集体食堂就餐外,其他用品都需通过自己劳动获得。隐修生活的修道院一般位于气候严寒地区,修道士生活十分艰苦。修道士生活的核心是禁欲主义。他们放弃个人财产和家庭,将为自己和他人祈祷视为基本工作,过着隐居生活。

1861 年农奴制改革前,修道院僧侣的数量仅为俄国僧侣总数的 1/10 左右,但在东正教中他们却居于领导地位。具体而言,1808 年,俄国共有 443 座东正教修道院,其中男子修道院 349 座,女子修道院 94 座;修道士 3118 名,见习修道士 1148 名。[①] 亚历山大二世宗教改革后,修道院和僧侣的数量迅速增加。1860 年、1900 年和 1914 年,俄国东正教修道院数量分别为 613 座、828 座和 1025 座,修道士分别为 2.2 万人、5.8 万人和 9.5 万人。[②]

修道士来自俄国各个等级。19 世纪以前,从贵族到农民、从军官到自由农民等,都可能成为修道士,但来自僧侣等级的数量最

---

① Зырянов П. Н. *Русские монастыри и монашество в XIX и начале XX века*. М. , Русское слово, 1999. С. 19.

② Зырянов П. Н. *Русские монастыри и монашество в XIX и начале XX века*. М. , Русское слово, 1999. С. 165.

多。20 世纪初,来自农民和小市民等级的修道士数量大增,贵族等级数量减少。成为修道士之前先要成为见习修道士,剃度之后,见习修道士可在特定场合内履行修道院的使命。修道院中见习修道士的地位最低,见习期一般不少于三年。一般而言,男子和女子剃度的年龄分别不得高于 30 岁和 40 岁。已婚者剃度需要得到配偶的同意,有子女者需将子女过继他人后方可剃度,有债务者需处理好纠纷后方可剃度。

修道院僧侣不需缴纳人头税,且可以免除体罚。修道院可以拥有地产,也可处理自己的相关财产。修道院的土地和矿场不可出租,如果获得政府许可,还可通过赎买、赠予和其他方式获得财产。修道院还可从政府获得木材修缮房屋。修道院也可将所属房屋进行出租,获得相关收入。

俄国有很多历史悠久且影响较大的修道院,它们独立于地方教会,直接从属于东正教最高会议。19 世纪初,上述修道院共有 8 座,均为男子修道院,即莫斯科的新斯巴斯科修道院、西蒙诺夫修道院,顿斯科伊修道院和扎伊科诺斯巴斯修道院,莫斯科郊区的复活新耶路撒冷修道院、白海沿岸的索洛别斯-普列阿布拉热斯克修道院,雅罗斯拉夫尔的拉斯托夫斯-斯巴斯-雅科夫列夫斯修道院和斯摩棱斯克的彼秋科夫修道院。

修道院僧侣由都主教、大主教、主教、修道士大司祭、男子修道院院长、女子修道院院长、莫斯科东正教最高会议的法衣圣器室执事、神学院和教会学校的院长和校长、僧侣等级高级权力的代表以及出家僧侣等组成。修道院热衷于慈善事业,最初主要资助朝圣途中的生病者,后来很多修道院专门组建避难所和收容所。

　　1861 半年农奴制改革之后,修道院的慈善活动进一步发展,如卡斯特洛姆斯克、声雅夫林斯科女子修道院,建立了俄国红十字会,设立了病房、门诊部和药房。在贵族女子修道院院长玛丽娅的主持下,修道院内的一些修女和见习修女专门学习护理知识。[①] 1898 年,三位一体维尼茨·波拉伊洛夫斯克女子修道院为女见习修道士开设了免费护理课程,吸引了很多修道院的见习修女前来学习。[②]

　　基辅的巴克罗夫斯克修道院由公爵夫人亚历山大·彼得罗夫娜主持建造,在她的资助下,该修道院建立了拥有 125 个床位的医院。20 世纪初,修道院慈善事业继续发展。1900 年,有 17 个教区的修道院设有医院和养老院,1914 年,修道院附属医院共有 234 所、床位 2698 个,以及养老院 169 所、床位 2252 个。[③] 除上述功能外,修道院还具有政治、经济、文化和教育功能。因笔者此前的其他书籍曾有专门论及,此处不再赘述。[④]

三、非东正教僧侣

　　俄国基督教僧侣包括东正教僧侣和非东正教僧侣,东正教僧侣则包括教堂僧侣和修道院僧侣。俄国的非东正教的基督教教派

① Зырянов П. Н. *Русские монастыри и монашество в XIX и начале XX века.* М. , Русское слово, 1999. С. 138—139.

② Зырянов П. Н. *Русские монастыри и монашество в XIX и начале XX века.* М. , Русское слово, 1999. С. 139.

③ Зырянов П. Н. *Русские монастыри и монашество в XIX и начале XX века.* М. , Русское слово, 1999. С. 214.

④ 邓沛勇:《俄国政治史(1700—1917)》,社会科学出版社 2020 年版,第 215—216 页。

主要包括罗马天主教、新教、亚美尼亚格里高利教派和亚美尼亚天主教教派，非东正教僧侣享有的人身权利和义务与东正教僧侣基本相同。俄国天主教信徒主要集中于西部地区，叶卡特琳娜二世三次瓜分波兰之后，波兰人主要信仰天主教，俄国天主教信徒大增。1914年，俄国共有天主教信徒500万人，共有教堂1491座、神职人员2194名。①

新教主要教派之一路德教很早就传入俄国，16世纪末就建立了第一座新教教堂。18世纪初，俄国境内路德派信徒达数万人，大多数集中于莫斯科。叶卡特琳娜二世时期，大部分从德国来的路德派信徒被迁移至内陆省份，主要迁至伏尔加河沿岸地区、黑海和北高加索等地。

犹太教在俄国很早就有所传播。7—8世纪，哈扎尔汗国居民就信仰犹太教，11世纪即出现犹太人聚集区，18世纪末19世纪初立陶宛、白俄罗斯和乌克兰西部地区划归俄国后，大批犹太人迁移至俄国。犹太教的高级僧侣称拉比，是犹太教规的维护者和解释者。犹太教教堂和祈祷学校教会公署人员由一名讲经师，若干名领班、司财务的修道士组成。拉比及其家庭可免受体罚，享有一等商人的权利。

伊斯兰教传入基辅罗斯的时间早于东正教。10世纪，该教派在伏尔加河流域有诸多信徒。目前对伊斯兰教传入俄罗斯的时间存在争论，但有一点毋庸置疑，俄罗斯最早开始传播伊斯兰教的地区是伏尔加河流域和乌拉尔地区。俄罗斯很多史学家认为伊斯兰

① 乐峰：《俄国宗教史》，社会科学文献出版社2008年版，第697—698页。

教传入上述地区的时间是 9—10 世纪,具体标志是 922 年钦察汗国将伊斯兰教定为国教。但也有学者认为这是官方皈依伊斯兰教的时间,在此之前伊斯兰教就已传入该地区。不管如何,8—10 世纪伏尔加河流域和乌拉尔地区的很多居民就已皈依伊斯兰教。

金帐汗国建立初期,少数蒙古上层人士就皈依了伊斯兰教,别尔哥汗就是最早伊斯兰化的汗王之一。蒙哥继位后,别尔哥汗从蒙古草原返回金帐汗国,途经中亚时,苏菲长老赛甫丁与别尔哥汗见面,在其影响下,别尔哥汗皈依了伊斯兰教。乌兹别克汗时期伊斯兰化程度更高,他不但自己皈依了伊斯兰教,而且利用自己的权力在国内强行推广伊斯兰教。

乌兹别克汗时期金帐汗国的伊斯兰化又前进了一大步,此时伊斯兰教的传播范围更广,影响程度更深,信仰伊斯兰教的信徒不再集中于社会上层,一部分下层民众也皈依了伊斯兰教。金帐汗国解体后,伊斯兰教仍在俄国境内传播。据统计,1914 年俄国境内共有清真寺 2.6 万座,伊斯兰教是俄国第二大宗教。

藏传佛教信徒主要分布于阿斯特拉罕省、斯塔夫罗波尔省和顿河哥萨克地区,主要信徒是卡尔梅克人和布里亚特人。藏传佛教于 17 世纪传入蒙古,18 世纪布里亚特人中已出现藏传佛教组织,建立了第一批寺院。1917 年,布里亚特境内共有寺庙 47 座,喇嘛为 1 万—1.3 万人。[1]

僧侣上层均居住于城市之中,所以将其纳入城市等级,但神父为僧侣等级的最底层,他们很多人生活在农村之中,乡村神父的地

① 乐峰:《俄国宗教史》,社会科学文献出版社 2008 年版,第 924 页。

位具有双重性,表面上他们处于金字塔上层,但其社会地位与农民类似,在世俗世界中神父除为大多数社会群体传授福音及宗教—民族标准外,还是各种服务标准与日常禁忌的传授者。改革后教区内部分化明显:一方面信徒对神父仍保持依赖性,认为神父的作用无可替代;另一方面对神父行为十分不满,因为教士举办各种宗教仪式时较为贪婪,而且与政府沆瀣一气。俄国普通神父受多重因素的制约,他们与人民、政府之间有着千丝万缕的联系,通过自我修行可以确认捍卫或推翻信仰上帝及沙皇的重要性。神父的工作内容为组织大家祈祷、唱赞美诗,所有人都比较恭敬、虔诚。神父生活较为清贫,饭菜以素食为主,很难吃到肉类食品。他们的收入划分为两部分,一部分归自己留用,另一部分给教区内其他成员。实物报酬也是较为普遍的核算方式,农民在货币不足时把鸡蛋、酸奶油、亚麻及面包等物品带到教堂充当仪式费用。

19世纪中叶,前底层神职人员未受过专业教育,神父与农民关系较为友善,很多农村普通青年也在教会中任职。此时神父对农民状况十分了解,并不采用侮辱性手段,也不存在勒索与行贿。农奴制改革后神父的无理行为不只引起富农不满,一些贵族也认为他们应注意自身言行,提醒他们应遵守教会信条。革命前教区农村神父的日常生活十分窘迫及惨淡,大多数人对教会领导机构不满。经济困难与政治风潮时期神父形成特有生活方式,他们的性格发生变化,其服务已转化为工作,生活已转化为生存方式,对信仰逐渐丧失信心。在此种情况下其职业与社会地位无法有效结合,教会代表职业化,教会瓦解、衰落促使东正教乡村神父的边缘化。

第三节　异族人

俄国是以东斯拉夫人为主体,由多个民族共同组成的多民族国家,东斯拉夫人中又以俄罗斯人数量最多。俄罗斯人分为大小俄罗斯人,大俄罗斯人即莫斯科公国境内的俄罗斯人,其他东斯拉夫人被称为小俄罗斯人,如乌克兰人和白俄罗斯人称为小俄罗斯人。因篇幅有限,不能对所有的异族居民进行详细分析,仅举例简单说明。

一、俄国边疆地区居民数量变动

俄国政府将东斯拉夫人以外的居民称为异族人。俄国法律中的异族人包括犹太人、西伯利亚地区的诸多少数民族、阿尔汉格尔斯克萨莫耶德人、斯塔夫罗波尔省的游牧民族、卡尔梅克人、阿斯特拉罕游牧民族、伏尔加河流域和东部地区的各游牧民族,以及俄国征服中亚地区后原希瓦汗国、布哈拉汗国和哈萨克汗国的居民。

18世纪末至19世纪30年代,俄国3/4的居民分布于俄国中部和西北部地区,即欧俄地区,南部和东部地区包括乌克兰草原地带、伏尔加河下游、乌拉尔、西伯利亚和北部地区的居民数量占比仅为1/5。19世纪下半叶,虽然大量移民迁入边疆区,但大部分居民仍集中于欧俄地区,1863—1913年俄国居民数量的变动状况详见表5-2。

表 5-2　1863—1913 年俄国居民数量变动一览表①

区域	居民数量(千人)			
	1863 年	1885 年	1897 年	1913 年
欧俄地区 50 省	61175.9	81725.2	93442.9	121780.0
高加索地区	4157.9	7284.5	9289.4	12717.2
其中包括库班、捷列克省和斯塔夫罗波尔省	1262.5	2591.5	3726.1	5522.2
西伯利亚	3141.2	4313.7	5758.8	9894.5
草原地带	1484.5	1588.5	2465.7	3929.5
中亚	—	3738.6	5281.0	7106.0
俄国总计(不含波兰和芬兰地区)	71222	101242	119963.9	160949.4

　　由上表可知,1863—1913 年,俄国(不含波兰和芬兰)人口增长了 122.6%,1897—1913 年的增长率达 34.2%。高加索、西伯利亚和草原地带区的人口增长率最高,这些地区人口增加主要源于内地居民大幅涌入。西伯利亚和中亚等地一直是异族人居住的主要地区,以西伯利亚地区为例,1811—1913 年西伯利亚地区人口数量变动详见表 5-3。

① Рашин А. Г. Население Россииза 100 лет (1813-1913гг). Статистическиеочерки. М. , Государственное статистическое издательство, 1956. С. 26.

表 5-3　1811—1913 年西伯利亚地区的人口变动情况①

年份	居民数量（千人）	与上一时期居民增长状况		与 1811 年相比居民增长率(%)
		（千人）	增长率(%)	
1811	1485.7	—	—	—
1863	3141.2	1655.5	111	111
1885	4313.7	1172.5	37	190
1897	5758.4	1444.7	33	288
1913	9894.5	4136.1	72	566

　　由上表数据可知,1811—1913 年,西伯利亚地区人口数量由148.57 万人增长到 989.45 万人,抑或增长 5.66 倍。这一时期西伯利亚的人口增长速度超过欧俄 50 省平均增长速度的 2 倍多。由于大规模的移民运动,最后 16 年间西伯利亚人口增长量特别高,增长了 413.61 万人,抑或 72%;前 86 年(从 1811 年至 1897 年)西伯利亚人口仅增加了 427.27 万人。

　　1863 年至 1913 年高加索地区居民数量也大幅增加,主要原因有二:一是居民的自然增长;二是内地移民大量迁移至该地区,具体数据详见表 5-4。

① Рашин А. Г. *Население России за 100 лет（1813 - 1913 гг）*. Статистические очерки. М., Государственное статистическое издательство, 1956. С. 68.

表 5-4　1863 年至 1913 年高加索地区居民变动①

日期	居民数量（千人）	与前一期相比居民增长率		与 1863 年相比居民增长率(%)
		（千人）	（%）	
1863	4157.9	—	—	—
1885	7284.5	3126.6	75.2	75.2
1897.1.28	9289.4	2004.9	27.5	123.4
1913	12712.2	3427.8	36.9	205.7

　　因数据有限,此处仅以高加索和西伯利亚地区的人口变动来进行阐释,但这些地区人口增长主要源于欧俄地区的移民,但当地居民(异族人)的作用也不容忽视。

二、东方异族人

　　19 世纪俄国领土扩张给俄国带来了丰富的自然资源,也为其经济发展提供了更广阔市场。俄国的边疆地区可分为三种类型。一是波罗的海诸国、乌克兰、白俄罗斯、立陶宛和波兰等边疆地区,它们的经济成就丝毫不逊色于俄国中部省份。里加、罗兹、纳尔瓦成为俄国重要的工业中心;爱尔兰和利夫兰的亚麻、乌克兰的甜菜和大麻开始在当地进行深加工,纺织工业和制糖工业纷纷发展。二是乌克兰南部,包括北高加索草原、外伏尔加河和西伯利亚的部分地区,1861 年农奴制改革之前这些地区仍然有大量未开垦和未被占有的土地,人口密度非常低,交通不便,工业基础薄弱,畜牧业

---

① Рашин А. Г. *Население России за 100 лет（1813 - 1913гг）*. Статистические очерки. М., Государственное статистическое издательство, 1956. С. 74.

仍是主要的经济支柱。三是高加索、哈萨克斯坦、伏尔加河流域、乌拉尔和西伯利亚等内陆城市，这些地区居住着大量原居民。俄国将其变成了工业商品倾销市场和原料基地，与俄国其他边疆地区相比，这些地方的社会经济发展最低。

异族人主要分为两个群体，一是以犹太人为主的西方异族人，二是东方异族人。东方异族人是指从 16 世纪开始被逐渐纳入俄国版图的非俄罗斯居民，俄国政府对于东方异族人的政策是不干预本地居民的宗教信仰和日常生活，保障税收即可。

俄国政府试图将边疆地区变成俄国工业发展的原料产地，以此扩大国内中心城市的工业化规模。以西伯利亚地区为例，19 世纪初，西伯利亚地区被划分为两个总督辖区，中心分别位于托博尔斯克和伊尔库茨克。亚历山大一世在 1822 年 7 月 22 日确定《异族人管理规章》，规章对异族人的法律地位进行确定。除楚科奇人和科曼多尔半岛异族人外，西伯利亚居民分为三类，即定居异族人、游牧异族人和流浪异族人。定居异族人（鞑靼人和部分阿尔泰人）等同于俄国的国有农民，游牧异族人（布里亚特人、雅库特人、哈卡斯人、鄂温克人、汉特人、曼西人）要接受氏族或更高一级政府的管理。而像布里亚特人、哈卡斯人，以及后来的雅库特人，在其领地，还建立了特殊的"草原杜马"机构。至于"流浪外族人"（涅涅茨人、拉穆特人、尤卡吉尔人等），他们只接受氏族管理。西伯利亚地区新管理体制是建立在沙皇与地方宗法封建贵族合作基础之上的。这个制度是建立在沙皇官僚与地方宗法封建分子合作的思想之上的。参与管理机构的布里亚特人族长、雅库特人酋长以及当地其他部落的代表应该帮助沙皇向当地原住民征收税收，进行财政剥削。

　　总体而言,定居异族人是指居住在城市或者农村的异族人。游牧异族人在规定地区内放牧,放牧时不在农村居住。流浪异族人不定居,沿着河流和山脉迁移,主要从事打猎或者其他副业。从事贸易或者进行农耕、定居的异族人,其权利和义务与俄罗斯商人、市民和农民等级一致。定居异族人承担赋税和相关差役,但不服军役。在城市从事贸易的异族人,如果人口所占比重较高,就有权建立自己的等级组织法庭,不具有本民族等级组织的异族商人,其事务由城市杜马管理。如果在一个城市内从事贸易的异族人超过 20 人,他们可选择代表参与市政机构和行会。

　　游牧异族人和农民等级一样要支付赋税,但拥有某些私人权利,如不服军役;可按照自己的意愿定居;可进入其他等级,如商人、市民或者等级,进入新等级后仍不需服军役。定居的异族人氏族内部采用抓阄方式或习惯法划分土地,不允许俄罗斯族居民擅自到定居的异族人土地居住。定居的异族人可从事农耕、畜牧业和手工业,可将自己的农副产品带到城市、村庄和集市上交易。国家为定居的异族人提供面包、盐、火药和铅等生活必需品。游牧的异族人具有宗教信仰自由,其子女可在本地或者国内其他地区的学校学习。定居的异族人的主要义务是支付法律规定的国家赋税和差役,多以毛皮或现金缴纳,国家差役多为帐篷税和国防差役,省内差役主要为养护草原,但可免除印花税和印章税。流浪的异族人与定居的异族人一样享有相应的权利和承担相应的差役,但不需承担土地差役和养护草原。流浪的异族人可自由迁移,自由从事副业。

异族人保留原有的等级称谓,如公爵、公、台吉、札萨克、苏丹等,以游牧的异族人为例,当地管理机构分为三个等级,即氏族管理机构、异族人管理局和草原会议。制定管理异族人规章和制度,一是使异族人服从当地政府的统治,限制封建贵族权利,整顿赋税,保持习惯法和遵循俄罗斯帝国法律;二是使异族人服从全俄罗斯的法律,使他们逐渐俄罗斯化。

每个游牧营地和兀鲁思都拥有氏族管理机构,其由15个家庭组成。管理机构内设一名负责人和两名助手。几个游牧营地或兀鲁思组成一个异族人管理局,由两名主要负责人和文书负责管理。氏族管理机构的负责人和异族人管理局的负责人或由选举产生,或按照习惯法产生,亦可世袭;管理机构负责人的助手和文书的选举可定期或不定期举行。管理游牧异族人的最高机构是草原会议,由氏族长和几名主要代表组成。

游牧异族人和西伯利亚异族人大多遵循本民族风俗和习惯法管理属地内事务。如在解决相应问题时本地的规章不适用,可遵循俄国法律。对于刑事犯罪(骚动、故意谋杀、抢劫、强奸、伪造货币、抢劫国家公共财物)和在俄国其他城市、村庄的犯罪行为,必须遵循俄国法律进行审判。一般按照草原法律和习惯法对诉讼事件进行口头审判。氏族管理机构、异族人管理局和地方警察局都具有司法职能。

游牧人使用的土地一般划分为三种:冬季牧场、夏季牧场和耕种土地。耕种土地和冬季牧场提供给每个乡和阿乌尔村社牧民无限期使用,但是使用时要遵循当地风俗,如产生分歧,则按照牲口的数量和耕种面积进行处理。每个牧民都有权使用冬季牧场、耕种土地、培育花园、屯建菜园、种植树木和建造房屋,耕地、房屋和宅旁地可继承。游牧村社的过冬土地可租赁给俄罗斯居民进行农业生产和从事工商业,如建立工厂、磨坊和其他工商业机构,租期最长为30年。国家差役主要指游牧区的帐篷税和国防差役,各省草原地区都为异族人建立了民族法庭。

三、犹太人

西部地区异族人的数量众多,因材料有限,仅以犹太人为例简要分析。基辅罗斯时期俄国就出现了犹太人,犹太人从巴比伦、波斯和亚美尼亚迁入俄国,最终在基辅罗斯定居,成为哈扎尔汗国的臣民,该汗国还把犹太教定为国教。哈扎尔汗国灭亡后定居于此的犹太人分散到各地,主要去往克里米亚、高加索和花剌子模等地。基辅罗斯时期犹太人大多是战俘,也有一部分犹太人通过商队来俄国定居。蒙古入侵后,犹太人被迫迁入波兰等地。从16世纪起,波兰和捷克等国的犹太人大批迁移至乌克兰、白俄罗斯和立陶宛等地,部分犹太人还迁入莫斯科。伊凡四世时期对犹太人的管理非常严格,严密监视他们的行踪。伊凡四世去世后对犹太人的管理明显放松。罗曼诺夫王朝建立后犹太人的地位明显提高。因犹太人在商业领域地位逐步提高,彼得一世并未出台法令限制犹太人活动。叶卡特琳娜二世为开拓新占土地,决定吸引犹太人到新俄罗斯定居。18世纪下半叶,俄、普、奥三国三次瓜分波兰后大批犹太人前往俄国,俄国成为犹太人主要聚集地之一。俄国的犹太人主要分布于克里米亚、高加索、中亚和西伯利亚等地。

1786年5月7日,俄国颁布法律,确定俄国犹太居民和所有其他居民有平等的权利。犹太人获得选举权和被选举权,可在市政府、市政自治机关、城市和等级自治机构和城市会议中任职,在法院和其他商人与市民组织中担任职务。所有的犹太人,不论是商人还是市民均免除新兵差役,但和俄罗斯商人一样,需要支付 500卢布赎买兵役。犹太人和俄罗斯人的平等地位只出现于叶卡特琳娜二世统治时期,持续时间不长。

亚历山大一世时期,犹太人和其他居民也具有同等地位,但需生活在犹太人聚居区内。1802 年 1 月 9 日,俄国成立犹太人特殊委员会,俄国法律将犹太居民划分为从事农耕的人、工场主、工匠、商人和市民等。犹太人中从事农耕的人是自由人,在定居点可成为工场主、工匠、商人和市民,可以购买非居民用地,不动产可出售、抵押、赠送和继承,也可雇佣工人进行生产。在犹太人定居的省份犹太人可购买工厂,如果犹太人企业关系国计民生则可获得国家贷款,呢绒、亚麻、皮革等工业部门最具代表性。犹太人工匠可从事任何副业,但要在行会内进行登记。从事商业的犹太人工场主、工匠和商人,为引进新技术可临时离开聚集区,也可去首都临时经商,但要出具省长颁发的护照。

1804 年颁布的《犹太人条例》使以拉比为首的犹太人长老会议合法化。该条例以宗教的名义将犹太人团结在一起,以承担共同责任的名义向所有成员征税。在犹太人长老会议上,富有的犹太人试图将全部税收负担转嫁到社区的贫困成员身上。而俄国政府对到农村定居的犹太人设置了各种障碍,只有征得贵族同意,他们才能住在村子里。根据 1827 年的法律,年满 12 岁的犹太男孩被从父母身边带走,送到军事学校,强制接受 20 年的兵役训练。

1835 年 4 月 13 日,颁布犹太人新规章,规定所有俄国籍犹太人应该遵循俄国的法律。该规章最终确定了犹太人的定居范围。犹太人主要定居点为西部地区的 15 省,即塔夫里省、维列伊卡省、维捷布斯克省、沃伦省、格罗德诺省、叶卡捷琳诺斯拉夫省、科夫诺省、明斯克省、莫吉廖夫省、比萨拉比亚省、波多利斯克省、切尔尼戈夫省、波尔塔瓦省、赫尔松省和基辅省。除固定居住地点外,只允许犹太人为继承遗产、从事工商业和贸易暂时离开定居点,但只是临时离开,最多 6—8 周。

1835 年出版的新版《犹太人条例》继续限制犹太人流动,巩固了长老会议制度。此外,此条例还涉及犹太人教育问题,规定犹太人子弟和其他居民一样到县和教区学校、私人学校和寄宿学校学习。1844 年,为了加强对犹太人口的控制,政府将城市犹太人划归到普通民政部门下管理,保留了针对犹太人的特殊税收。

1857 年 10 月 27 日,国务会议颁布规章,规定村社内登记的犹太人可以到距边境 50 俄里的范围内居住,并可保留其不动产。1869 年 2 月 17 日,沙皇规定登记的犹太人商人具有和俄罗斯商人一样的权利,如从事工商业、贸易,建立工厂、银行和办事处,购买其他等级的不动产,但需承担同级别基尔德商人的所有差役。

据统计,1897 年俄国境内犹太人为 518.9 万人,占俄国居民总数的 4%,亦占世界犹太人总数的 49%,俄国成为当时世界上犹太人最多的国家。[1] 19 世纪末,俄国颁布法律,将犹太手工业者和商人迁出莫斯科省,禁止犹太人在高加索部分地区生活,同时对犹太

---

[1] Долбилов М. , Миллер А. *Западные окраины Российской империи*. М. , Новое литературное обозрение, 2006. C. 304.

人在入学、就业和诸多方面实行限制。1881年,俄国南部发生屠杀犹太人事件,主要目的是防止犹太人垄断俄国工商业,此后一系列限制犹太人的法律出台。1905年革命之后,俄国政府继续推行反犹政策,1907年内务部要求外出犹太人必须返回定居点,严格限制犹太人子女入学,而且大肆排挤和压制犹太商人,导致俄国人与犹太人的矛盾日趋激化,犹太人的教育和商业活动也受到制约,大量犹太人移居国外。据统计,1881—1914年近200万犹太人离开俄国。①

　　俄国民族众多,在俄国历史发展进程中各民族均发挥了重要作用。东斯拉夫人是俄国居民主体,部分等级拥有诸多政治和经济特权,但大多数居民仍和异族人一样,处于社会的最底层,长期受剥削和压迫。囿于篇幅有限和研究方向,对于贵族、农民和工人之外的其他俄国社会等级本书仅作简要分析,将在以后进一步完善和补充。

---

① 邓沛勇:《俄国政治史(1700—1917)》,社会科学文献出版社2020年版,第227页。

参考文献

一、中文文献：

(一)专著

1. 白建才:《俄罗斯帝国》,三秦出版社 2000 年版。

2. 曹维安:《俄国史新论:影响俄国历史发展的基本问题》,中国社会科学出版社 2002 年版。

3. 曹维安、郭响宏:《俄国史新论:从基辅罗斯、莫斯科罗斯到彼得堡罗斯》,科学出版社 2016 年版。

4. 陈之骅:《俄国沙皇列传》,东方出版社 1999 年版。

5. 陈志强:《独特的拜占庭文明》,中国青年出版社 1999 年版。

6. 陈志强:《拜占庭学研究》,人民出版社 2001 年版。

7. 陈志强:《拜占庭帝国史》,商务印书馆 2017 年版。

8. 褚德新、梁德:《中外约章汇要(1689—1949)》,黑龙江人民出版社 1991 年版。

9. 陈新明:《十八世纪以来俄罗斯对外政策》,中共中央党校出版社2012年版。

10. 戴桂菊:《俄国东正教会改革(1861—1917)》,社会科学文献出版社2002年版。

11. 邓沛勇:《俄国能源工业研究(1861—1917)》,科学出版社2019年版。

12. 杜正艾:《俄罗斯外交传统研究》,上海人民出版社2007年版。

13. 郭蕴深:《中俄茶叶贸易史》,黑龙江教育出版社1995年版。

14. 郭蕴静:《清代经济史简编(1644—1840)》,河南人民出版社1984年版。

15. 贺允宜:《俄国史》,三民书局2004年版。

16. 何汉文:《俄国史》,东方出版社2013年版。

17. 黄定天:《中俄关系通史》,黑龙江人民出版社2007年版。

18. 黄定天:《东北亚国际关系史》,黑龙江教育出版社1999年版。

19. 黄心川:《沙俄利用宗教侵华简史》,辽宁人民出版社1980年版。

20. 蓝琪:《中亚史(第五卷)》,商务印书馆2018年版。

21. 李迈先:《俄国史》,正中书局1969年版。

22. 林军:《俄国外交史稿》,世界知识出版社2002年版。

23. 刘民声、孟宪章、步平:《十七世纪沙俄侵略黑龙江流域史资料》,黑龙江教育出版社1998年版。

24. 刘民声、孟宪章:《十七世纪沙俄侵略黑龙江流域编年史》,中华书局1989年版。

25. 刘祖熙:《改革和革命:俄国现代化研究(1861—1917)》,北京大学出版社2001年版。

26. 刘祖熙:《波兰通史简编》,人民出版社1988年版。

27. 孟宪章:《中苏经济贸易史》,黑龙江人民出版社 1992 年版。

28. 孟宪章:《中苏贸易史资料》,中国对外经济贸易出版社 1991 年版。

29. 米镇波:《清代中俄恰克图边境贸易》,南开大学出版社 2003 年版。

30. 齐嘉:《古罗斯国家起源》,陕西人民出版社 2018 年版。

31. 孙成木、刘祖熙、李建:《俄国通史简编》,人民出版社 1986 年版。

32. 孙成木:《俄罗斯文化 1000 年》,东方出版社 1995 年版。

33. 陶惠芬:《俄国近代改革史》,中国社会科学出版社 2007 年版。

34. 王海军:《近代俄国司法改革史》,法律出版社 2016 年版。

35. 王铁崖:《中外旧约章汇编》,生活·读书·新知三联书店 1957 年版。

36. 王治来:《中亚通史(近代卷)》,新疆人民出版社 2004 年版。

37. 王绳祖主编:《国际关系史(10 卷本)》,世界知识出版社 1996 年版。

38. 王松亭:《基辅罗斯》,商务印书馆 1986 年版。

39. 王远大:《近代俄国与中国西藏》,生活·读书·新知三联书店 1993 年版。

40. 王钺:《往年纪事译注》,甘肃民族出版社 1994 年版。

41. 王钺:《罗斯法典译注》,兰州大学出版社 1987 年版。

42. 王晓菊:《俄国东部移民开发问题研究》,中国社会科学出版社 2003 年版。

43. 吴春秋:《俄国军事史略(1547—1917)》,知识出版社 1983 年版。

44. 吴贺:《彼得一世改革》,北京师范大学出版社 2018 年版。

45. 徐景学:《俄国征服西伯利亚纪略》,黑龙江人民出版社 1984

年版。

46. 杨素梅:《俄国哥萨克历史解说》,科学出版社 2016 年版。

47. 杨闯、高飞、冯玉军:《百年中俄关系》,世界知识出版社 2006 年版。

48. 姚海、刘长江:《当代俄国——强者的自我否定与超越》,贵州人民出版社 2001 年版。

49. 姚海:《俄罗斯文化之路》,浙江人民出版社 1996 年版。

50. 于沛、戴桂菊、李锐:《斯拉夫文明》,中国社会科学出版社 2001 年版。

51. 乐峰:《东正教史》,中国社会科学出版社 1999 年版。

52. 乐峰:《俄国宗教史》,社会科学文献出版社 2008 年版。

53. 赵士国:《俄国政体与官制史》,湖南师范大学出版社 1998 年版。

54. 赵士国、杨可:《俄国沙皇传略》,湖南师范大学出版社 2001 年版。

55. 赵振英:《俄国政治制度史》,辽宁师范大学出版社 2000 年版。

56. 赵军秀:《英国对土耳其海峡政策的演变(18 世纪末到 20 世纪初)》,中国社会科学出版社 2007 年版。

57. 张百春:《当代东正教神学思想》,上海三联书店 2000 年版。

58. 张达明:《俄罗斯东正教与文化》,中央民族大学出版社 1999 年版。

59. 张广翔:《18—19 世纪俄国城市化研究》,吉林人民出版社 2006 年版。

60. 张桂枢:《克里木战争》,商务印书馆 1986 年版。

61 张凤鸣:《中国东北与俄(苏联)经济关系史》,中国社会科学出版社 2003 年版。

62. 张建华:《俄国史》,人民出版社 2004 年版。

63. 张建华:《激荡百年的俄罗斯——20 世纪俄国史读本》,人民出版社 2010 年版。

64. 张寿民:《俄罗斯法律发达史》,法律出版社 2000 年版。

65. 张绥:《东正教和东正教在中国》,学林出版社 1986 年版。

66. 张维华、孙西:《清前期中俄关系》,山东教育出版社 1999 年版。

67. 张晓华、徐家玲:《世界三大宗教史纲》,东北师范大学出版社 1994 年版。

68. 张宗华:《18 世纪俄国的改革与贵族》,人民出版社 2005 年版。

(二)译著

1. [苏]B. T. 琼图洛夫:《苏联经济史》,郑彪等译,吉林大学出版社 1988 年版。

2. [苏]苏联科学院经济研究所编:《苏联社会主义经济史:1917—1920 年苏维埃经济(第一卷)》,复旦大学经济系和外交系俄语教研组译,生活·读书·新知三联书店 1979 年版。

3.[苏]波克罗夫斯基:《俄国历史概要》,贝璋衡、叶林、葆煦译,生活·读书·新知三联书店 1978 年版。

4.[苏]潘克拉托娃:《苏联通史》,山东大学翻译组译,生活·读书·新知三联书店 1980 年版。

5.[苏]诺索夫:《苏联简史(第一卷)》,武汉大学外文系译,生活·读书·新知三联书店 1977 年版。

6.[苏]B. B. 马夫罗金:《俄罗斯统一国家的形成》,余大钧译,商务印书馆 1991 年版。

7.[苏]M. B. 涅奇金娜:《十二月党人》,黄其才、贺安保译,商务印书馆 1989 年版。

8.[苏]И. И. 斯米尔诺夫:《十七至十八世纪俄国农民战争》,张书生等译,人民出版社 1983 年版。

9.[苏]波克罗夫斯基:《俄国历史概要》,贝璋衡等译,生活·读书·新知三联出版社 1978 年版。

10.[苏]斯拉德科夫斯基:《俄国各民族与中国贸易经济关系史:1917 年以前》,宿丰林译,社会科学文献出版社 2008 年版。

11.[苏]Б. Б. 卡芬加乌兹、Н. И. 巴甫连科:《彼得一世的改革》,郭奇格等译,商务印书馆 1997 年版。

12.[苏]П. И. 梁士琴科:《苏联国民经济史》,中国人民大学编译室译,人民出版社 1959 年版。

13.[苏]П. А. 札依翁契可夫斯基:《俄国农奴制度的废除》,叔明译,生活·读书·新知三联书店 1957 年版。

15.[苏]奥扎:《俄美公司》,俞启骧译,商务印书馆 1982 年版。

16.[苏]雅科夫列娃:《1689 年的第一个俄中条约》,贝璋衡译,商务印书馆 1973 年版。

17.[苏]尼科利斯基:《俄国教会史》,丁士超等译,商务印书馆 2000 年版。

18.[苏]鲍·亚·罗曼诺夫:《日俄战争外交史纲:1895—1907》,上海人民出版社 1976 年版。

19.[俄]鲍里斯·尼古拉耶维奇·米罗诺夫:《俄国社会史:个性、民主家庭、公民社会及法制国家的形成》,张广翔等译,山东大学出版社 2006 年版。

20.[俄]米格拉尼扬:《俄罗斯现代化与公民社会》,徐葵等译,新华出版社 2003 年版。

21.[俄]巴甫洛夫-西利万斯基:《俄国封建主义》,吕和声等译,商务印书馆1998年版。

22.[俄]普列汉诺夫译:《俄国社会思想史》,孙静工译,商务印书馆1990年版。

23.[俄]瓦·奥·克柳切夫斯基:《俄国史教程(第一卷)》,张草纫等译,商务印书馆2013年版。

24.[俄]瓦·奥·克柳切夫斯基:《俄国史教程(第二卷)》,贾宗谊等译,商务印书馆2013年版。

25.[俄]瓦·奥·克柳切夫斯基:《俄国史教程(第三卷)》,左少兴等译,商务印书馆2013年版。

26.[俄]瓦·奥·克柳切夫斯基:《俄国史教程(第四卷)》,张咏白等译,商务印书馆2013年版。

27.[俄]瓦·奥·克柳切夫斯基:《俄国史教程(第五卷)》,刘祖熙等译,商务印书馆2015年版。

28.[俄]Б. Н. 米罗诺夫:《帝俄时代生活史:历史人类学研究(1700—1917)》,张广翔等译,商务印书馆2013年版。

29.[俄]A. 恰亚诺夫:《农民经济组织》,萧正洪译,中央编译出版社1996年版。

30.[俄]谢·尤·维特,《俄国末代沙皇尼古拉二世:维特伯爵的回忆》,张开译,新华出版社1985年版。

31.[俄]瓦西里·帕尔申:《外贝加尔边区纪行》,北京第二外国语学院俄语编译组译,商务印书馆1976年版。

32.[俄]П. И. 卡巴诺夫:《黑龙江问题》,姜延祚译,黑龙江人民出版社1983年版。

33.[俄]瓦西里耶夫:《外贝加尔的哥萨克》,徐滨等译,商务印书馆

1979 年版。

34.[俄]苏联科学院远东研究所:《十七世纪的俄中关系》,黑龙江大学俄语系翻译组等译,商务印书馆 1978 年版。

35.[俄]尼古拉·班特什-卡缅斯基:《俄中两国外交文献汇编(1619—1792)》,中国人民大学俄语教研室译,商务印书馆 1982 年版。

36.[俄]维特:《维特伯爵回忆录》,傅正译,商务印书馆 1976 年版。

37.[俄]尼·别尔嘉耶夫:《俄罗斯思想的宗教阐释》,邱运华、吴学金译,东方出版社 1998 年版。

38.[俄]索洛维约夫:《俄罗斯思想》,贾泽林、李树柏译,浙江人民出版社 2000 年版。

39.[美]乔治·亚历山大·伦森:《俄中战争——义和团运动时期沙俄侵占中国东北战争》,陈芳芝译,商务印书馆 1982 年版。

40.[美]威利斯顿·沃尔克:《基督教会史》,孙善玲等译,中国社会科学出版社 1991 年版。

41.[美]尼古拉·梁赞诺夫斯基、马克·斯坦伯格:《俄罗斯史》,杨烨、卿文辉等译,上海人民出版社 2007 年版。

42.[美]沃尔特·G.莫斯:《俄国史(1855—1996)》,张冰译,海南出版社 2008 年版。

43.[英]杰弗里·霍斯金:《俄罗斯史》,李国庆等译,南方日报出版社 2013 年版。

44.[英]拉文斯坦:《俄国人在黑龙江》,陈霞飞译,商务印书馆 1974 年版。

45.[法]亨利·特罗亚:《彼得大帝》,郑其行译,世界知识出版社 2001 年版。

46.[法]亨利·特罗亚:《风流女皇:叶卡特琳娜二世》,冯志军译,世界知识出版社 1983 年版。

47.[法]加恩:《彼得大帝时期的俄中关系史(1689—1730)》,江载华、郑永泰译,商务印书馆 1980 年版。

48.[荷]伊台斯、[德]勃兰德:《俄国使团使华笔记》,北京师范学院俄语翻译组译,商务印书馆 1980 年版。

(三)中文论文

1. 张建华:《俄罗斯国家的形成与民族主义》,《北京师范大学学报》2001 年第 2 期。

2. 赵士国、刘自强:《俄罗斯帝国盛极而衰的理性追溯》,《湖南师范大学社会科学学报》2005 年第 2 期。

3. 王云龙:《泛民族主义的悖论——以 19 世纪泛斯拉夫主义与俄土战争为例》,《北方论丛》2006 年第 5 期。

4. 刘祖熙:《试论波兰被俄国灭亡的原因》,《世界历史》1982 年第 5 期。

5. 郭宇春:《犹太人与俄国革命运动》,《黑龙江社会科学》,2007 年第 5 期。

6. 王起亮:《东斯拉夫人的起源初探》,《兰州大学学报(社会科学版)》1996 年第 1 期。

7. 齐嘉、周厚琴:《基辅罗斯维彻探析》,《江苏师范大学学报(哲学社会科学版)》2016 年第 6 期。

8. 王松亭:《基辅罗斯政治制度考略》,《社会科学战线》1994 年第 3 期。

9. 孙秉莹:《关于"诺曼起源论"的管见》,《湖南师范学院学报(哲学社会科学版)》,1982 年第 1 期。

10. 朱寰:《论古罗斯国家的起源——马克思〈十八世纪外交史内幕〉第五章读后》,《社会科学战线》1979 年第 1 期。

11. 张爱平:《从<往年纪事>看古罗斯国家的起源》,《烟台师范学院学报(哲学社会科学版)》1991 年第 2 期。

12. 李铁匠:《从拉夫连季<当代记事>看罗斯的起源》,《青海师范学院学报》1980 年第 4 期。

13. 张椿年、陈启能:《关于古代俄罗斯国家起源的"诺尔曼理论"批判》,《历史教学》1962 年第 6 期。

14. 曹维安:《诺曼说新探与诺曼学派》,《世界历史》1998 年第 1 期。

15. 曹维安:《基辅罗斯的兴衰》,《中学历史教学参考》1997 年第 11 期。

16. 付世明:《论俄罗斯民族的起源及其形成》,《北方论丛》2008 年第 1 期。

17. 王丹:《对斯拉夫人发源地推论的分析》,《世界民族》2001 年第 5 期。

18. 王松亭:《古斯拉夫人源流考》,《史学集刊》1991 年第 3 期。

19. 王晓菊:《俄罗斯远东的"犹太民族家园"》,《世界历史》2007 年第 2 期。

20. 齐嘉、曹维安:《"罗斯"名称的起源与古罗斯国家的形成》,《历史研究》2012 年第 3 期。

21. 赵士国、谭建华:《彼得一世改革和反腐败的斗争》,《湖南师范大学社会科学学报》1996 年第 6 期。

22. 杜立克:《论俄皇彼得一世改革的"欧化"与"专制化"》,《内蒙古大学学报(哲学社会科学版)》2009 年第 4 期。

23. 贾文华:《彼得一世改革与俄国近代化》,《商丘师专学报(社会科学版)》1988 年第 4 期。

24. 李俊英:《试析彼得一世改革成功的原因》,《河北师范大学学报(社会科学版)》1989 年第 4 期。

25. 陶惠芬:《彼得一世改革及其实质》,《历史教学》1982 年第 7 期。

26. 李朋、谢景芳:《彼得一世改革特质与俄国现代化方向》,《求是学刊》1996 年第 6 期。

27. 齐哲:《伊凡雷帝与彼得一世改革比较》,《西伯利亚研究》2012 年第 5 期。

28. 张宗华:《传统与现代的较量——彼得大帝改革的双重效应》,《湖北大学学报(哲学社会科学版)》,2004 年第 2 期。

29. 赵虹:《俄国近代社会转型的先行者——彼得一世》,《云南师范大学学报(哲学社会科学版)》2000 年第 4 期。

30. 徐云霞:《彼得一世的改革思想》,《辽宁大学学报(哲学社会科学版)》1991 年第 1 期。

31. 于春苓:《俄国彼得一世改革与北方战争关系新探》,《北方论丛》2000 年第 5 期。

32. 李俊英:《试析彼得一世改革成功的原因》,《河北师范大学学报(社会科学版)》1989 年第 4 期。

33. 谭建华:《叶卡特琳娜二世的"开明专制"新论》,《浙江师大学报》2000 年第 4 期。

34. 肖步升:《关于叶卡特琳娜二世"开明专制"的几个问题》,《兰州大学学报(社会科学版)》1993 年第 1 期。

35. 徐云霞:《叶卡特琳娜二世的政治思想》,《河南大学学报(哲学社会科学版)》1990 年第 1 期。

36. 刘祖熙:《叶卡特林娜二世和沙皇俄国》,《北京大学学报(哲学社会科学版)》1980 年第 1 期。

37. 陈东:《试析塑造俄国女皇叶卡特琳娜二世的历史因素》,《四川教育学院学报》2007 年第 3 期。

38. 计秋枫:《"开明专制"辨析》,《世界历史》1999 年第 3 期。

39. 万安中:《评俄国女皇叶卡特琳娜二世》,《史学月刊》1995 年第 3 期。

40. 白晓红:《俄国斯拉夫派的政治思想》,《世界历史》2001 年第 5 期。

41. 曹维安:《俄国的农奴制度与农村公社》,《兰州大学学报(社会科学版)》1997 年第 1 期。

42. 曹维安:《简论俄国的自由民粹派》,《陕西师范大学学报(哲学社会科学版)》2001 年第 3 期。

43. 曹维安:《俄国的农奴制度与农村公社》,《西安外国语学院学报》1996 年第 1 期。

44. 曹维安:《关于俄国农村公社的几个问题》,《陕西师范大学学报(哲学社会科学版)》1998 年第 3 期。

45. 曹维安:《俄国的斯拉夫派与西方派》,《陕西师范大学学报(哲学社会科学版)》1996 年第 2 期。

46. 曹维安:《俄国的农奴制度与农村公社》,《兰州大学学报(社会科学版)》1997 年第 1 期。

47. 曹维安:《俄国 1861 年农民改革与农村公社》,《陕西师范大学学报》1996 年第 4 期。

48. 曹维安:《评亚历山大二世的俄国大改革》,《兰州大学学报(社科版)》2000 年第 5 期。

49. 曹维安:《俄国农村公社的土地重分问题》,《陕西师范大学学报

（哲学社会科学版）》1987 年第 3 期。

　　50. 吴清修、王玲：《俄国废除农奴制原因的再思考》，《历史教学》2000 年第 7 期。

　　51. 徐景学：《俄罗斯吸收外来资本的历史与现状》，《学习与探索》1995 年第 5 期。

　　52. 张广翔、丁卫平：《俄罗斯史学界关于从封建社会向资本主义社会过渡问题述评》，《东北亚论坛》2000 年第 4 期。

　　53. 张广翔：《1861 年改革后俄国国家资本主义的几个问题》，《东北亚论坛》1995 年第 2 期。

　　54. 张广翔：《德国学者关于 1861 年改革研究述评》，《世界历史》2000 年第 4 期。

　　55. 张广翔：《亚历山大二世改革与俄国现代化》，《吉林大学社会科学学报》2000 年第 1 期。

　　56. 张广翔：《俄国 1861 年改革新论》，《社会科学战线》1996 年第 4 期。

　　57. 赵士国：《近代晚期俄国改革述论》，《湖南师范大学社会科学学报》2004 年第 2 期。

　　58. 张广翔：《俄国村社制度述论》，《吉林大学社会科学学报》1997 年第 4 期。

　　59. 张广翔、周嘉滢：《百年以来的中国俄国史研究》，《史学月刊》2015 年第 11 期。

　　60. 许金秋：《俄国政党体制的特点（19 世纪末—20 世纪初）》，《东北亚论坛》2001 年第 2 期。

　　61. 杜立克：《对俄国自由主义的理论探讨》，《史学月刊》2004 年第 8 期。

62. 张广翔:《19世纪下半期—20世纪初俄国的立宪主义》,《吉林大学社会科学学报》2003年第6期。

63. 姚海:《19世纪俄国革命激进主义及其根源》,《俄罗斯中亚东欧研究》2003年第3期。

64. 张广翔、刘文山:《19世纪俄国官吏研究》,《史学集刊》2001年第1期。

65. 罗爱林:《俄国自由派与地方自治机关》,《史学集刊》1998年第4期。

66. 张广翔:《俄国历史上的改革与反改革》,《史学集刊》1991年第4期。

67. 张广翔:《十九世纪下半期俄国贵族的资产阶级化》,《史学月刊》1987年第5期。

68. 赵克毅:《俄国封建君主制的演变》,《史学月刊》1986年第6期。

69. 张广翔:《1861年改革后俄国贵族企业活动初探》,《求是学刊》1989年第1期。

70. 张广翔:《十九世纪俄国村社制度下的农民生活世界——兼论近三十年来俄国村社研究的转向》,《历史研究》2004年第2期。

71. 张广翔:《十九世纪下半期俄国贵族资产阶级化历史条件初论》,《黑龙江社会科学》1994年第4期。

72. 张建华:《俄国贵族阶层的起源、形成及觉醒》,《理论学刊》2008年第6期。

73. 张宗华:《18世纪俄国政府改革与贵族退役》,《西伯利亚研究》2013年第1期。

74. 张广翔:《十九世纪下半期俄国贵族经济地位的变化》,《史学月刊》1990年第3期。

75. 张广翔:《1861 年改革后俄国贵族企业活动初探》,《求是学刊》1989 年第 1 期。

76. 唐艳凤:《1861 年改革后俄国农民土地使用状况探析》,《北方论丛》2011 年第 1 期。

77. 张广翔、王学礼:《19 世纪末—20 世纪初俄国农业发展道路之争》,《吉林大学社会科学学报》2010 年第 6 期。

78. 部彦秀:《俄国资本主义发展缓慢的原因》,《世界历史》1993 年第 1 期。

79. 曹维安:《俄国 1861 年农民改革与农村公社》,《陕西师范大学学报(哲学社会科学版)》1996 年第 3 期。

80. 楚汉:《近代德、俄农业发展之比较》,《郑州大学学报(哲学社会科学版)》1996 年第 6 期。

81. 付世明:《论帝俄时期村社的发展变化》,《广西师范大学学报(哲学社会科学版)》2006 年第 4 期。

82. 解国良:《从土地关系的演变重新解读俄国农民问题》,《俄罗斯研究》2005 年第 2 期。

83. 金雁:《俄国农民研究史概述及前景展望》,《俄罗斯研究》2002 年第 2 期。

84. 刘爽:《西伯利亚移民运动与俄国的资本主义化进程》,《学习与探索》1995 年第 2 期。

85. 唐艳凤:《俄国 1861 年改革后俄国农民赋役负担探析》,《史学集刊》2011 年第 3 期。

86. 张爱东:《俄国农业资本主义的发展和村社的历史命运》,《北京大学学报(哲社版)》2001 年第 A1 期。

87. 张福顺:《维特与俄国土地改革政策的确立》,《史学月刊》2008

年第 10 期。

88. 张福顺:《资本主义时期俄国农民土地问题症结何在》,《黑龙江社会科学》2008 年第 1 期。

89. 张广翔、齐山德:《18 世纪末—20 世纪初俄国农业现代化的阶段及其特征》,《吉林大学社会科学学报》2009 年第 6 期。

90. 张广翔:《十月革命前的俄国地主经济》,《史学集刊》1990 年第 4 期。

91. 张敬德:《论农奴制改革后俄国经济政策的性质》,《江西社会科学》2002 年第 12 期。

92. 王方宪:《哥萨克与俄国农民战争》,《历史教学问题》1987 年第 2 期。

93. 王少平:《俄国的"争取哥萨克身分"运动》,《史学集刊》1985 年第 2 期。

94. 杨素梅、高寒:《俄政府对顿河哥萨克政策的历史演变》,《俄罗斯研究》2015 年第 4 期。

95. 杨素梅:《哥萨克的起源与社会属性分析——一种哥萨克学的研究视角》,《俄罗斯研究》2012 年第 3 期。

96. 杨素梅:《论俄罗斯学者关于哥萨克起源之说》,《世界历史》2012 年第 2 期。

97. 张晓玲、梁英超:《试论俄罗斯东正教哥萨克节的产生》,《俄罗斯研究》2014 年第 5 期。

98. 戴桂菊:《俄罗斯东正教会的外交职能》,《世界宗教文化》2014 年第 2 期。

99. 桑叶:《论俄罗斯东正教的起源、发展及目前现状》,《俄语学习》2015 年第 3 期。

100. 陈树林:《东正教信仰与俄罗斯命运》,《世界哲学》2007 年第 4 期。

101. 张梅:《浅析俄罗斯民族精神特质中的东正教因素》,《西伯利亚研究》2007 年第 3 期。

102. 徐佳妮:《论东正教对俄罗斯精神的影响》,《西伯利亚研究》2006 年第 4 期。

103. 戴桂菊:《俄罗斯东正教探源——罗斯接受基督教的原因与后果》,《世界宗教研究》1998 年第 4 期。

104. 孙广杰:《拜占庭帝国在罗斯基督教化过程中的作用》,《外国问题研究》,2015 年第 1 期。

105. 国春雷:《近年来俄罗斯的拜占廷与古罗斯关系研究综述》,《内蒙古大学学报(人文社会科学版)》2007 年第 1 期。

106. 戴桂菊:《东正教与俄罗斯改革》,《东欧中亚研究》2001 年第 4 期。

107. 蒋莉:《东正教在俄罗斯政治生活中的作用及影响》,《现代国际关系》2002 年第 9 期。

108. 乐峰:《简论东正教的基本特点》,《世界宗教研究》1997 年第 9 期。

109. 乐峰:《谈谈基督教三大派系的区别》,《世界宗教文化》2004 年第 1 期。

110. 乐峰:《东正教形成初探》,《世界宗教研究》1983 年第 4 期。

111. 乐峰:《俄罗斯东正教与现代化》,《世界宗教研究》1996 年第 3 期。

112. 乐峰:《俄罗斯东正教的特点》,《世界宗教研究》2004 年第 3 期。

113. 乐峰:《东正教道德的变迁》,《世界宗教文化》1999 年第 4 期。

114. 戴桂菊:《俄罗斯东正教探源:罗斯接受基督教的原因与后果》,《世界宗教研究》1998 年第 4 期。

115. 戴桂菊:《东正教与俄罗斯改革》,《东欧中亚研究》2001 年第 2 期。

116. 苑一博:《俄国教会改革的特点》,《史学月刊》1990 年第 4 期。

117. 苑一博:《彼得一世的教会改革》,《内蒙古大学学报(人文社会科学版)》1992 年第 4 期。

118. 蔡鸿生:《沙俄国家教会形成的历史过程》,《中山大学学报(社会科学版)》1978 年第 6 期。

119. 王春永:《浅析东正教对俄罗斯社会的作用和影响》,《现代国际关系》1999 年第 7 期。

120. 蒋莉:《东正教在俄罗斯政治生活中的作用及影响》,《现代国际关系》2002 年第 9 期。

121. 冯绍雷:《论俄国东正教的文明特征》,《探索与争鸣》1990 年第 4 期。

122. 杨翠红:《基辅罗斯的基督教化问题初探》,《东疆学刊》2001 年第 2 期。

123. 杨翠红:《俄罗斯东正教会与对外贸易(11—14 世纪)》,《东北亚论坛》2003 年第 6 期。

124. 杨翠红:《试论东正教的罗斯化》,《史学集刊》2004 年第 1 期。

125. 张广翔:《斯托雷平农业改革的几个问题》,《史学集刊》1992 年第 4 期。

126. 张广翔:《俄国农业改革的艰难推进与斯托雷平的农业现代化尝试》,《吉林大学社会科学学报》2005 年第 5 期。

127. 部彦秀:《斯托雷平与斯托雷平之死》,《世界历史》1996 年第
4 期。

128. 张广翔、安岩:《试论 П. A. 斯托雷平和俄国大臣会议改革
(1906—1911)》,《史学月刊》2017 年第 8 期。

129. 解国良:《斯托雷平改革与俄国西部地方自治》,《历史教学问
题》2018 年第 4 期。

130. 解国良:《斯托雷平与俄国犹太问题》,《历史教学问题》2016 年
第 5 期。

131. 解国良:《俄国斯托雷平改革思想评析》,《俄罗斯东欧中亚研
究》2017 年第 2 期。

132. 孟君:《斯托雷平土地改革思想的演进》,《西伯利亚研究》2008
年第 5 期。

133. 孟君:《斯托雷平农业改革中的村社政策》,《西伯利亚研究》
2007 年第 4 期。

134. 王晓菊:《斯托雷平改革时期俄国东部移民运动》,《西伯利亚
研究》1999 年第 3 期。

135. 杨翠红:《俄罗斯东正教会与国家政权关系研究》,东北师范大
学 2004 年博士学位论文。

136. 许金秋:《俄国国家机构和官员制度(19 世纪—20 世纪初)》,
吉林大学 2008 年博士学位论文。

137. 郭宇春:《俄国犹太人研究(18 世纪末—1917 年)》,吉林大学
2007 年博士学位论文。

138. 孙连庆:《古罗斯民族形成问题研究》,东北师范大学 2011 年博
士学位论文。

139. 齐嘉:《"罗斯"名称的起源与古罗斯国家的形成》,陕西师范大

学 2012 年博士学位论文。

140. 李振文:《俄国 1861 年农民改革时期的贵族保守主义研究》,吉林大学 2017 年博士学位论文。

141. 郭响宏:《俄国 1864 年司法改革研究》,陕西师范大学 2011 年博士学位论文。

142. 李桂英:《亚历山大二世 1861 年农民改革研究》,吉林大学 2008 年博士学位论文。

143. 唐艳凤:《俄国 1861 年改革后农民经济研究》,东北师范大学 2011 年博士学位论文。

144. 孟君:《19 世纪至 20 世纪初俄罗斯帝国的民族政策》,吉林大学 2009 年博士学位论文。

145. 周嘉滢:《冷战以来西方学者有关俄国"大改革"的研究》,吉林大学 2018 年博士学位论文。

146. 王颖:《早期斯拉夫人的形成与演变(5—9 世纪)》,华中师范大学 2015 年博士学位论文。

147. 许芳:《俄国的哥萨克》,陕西师范大学 2005 年硕士学位论文。

148. 马锋:《乌克兰哥萨克研究(1591—1775 年)》,广西师范大学 2008 年硕士学位论文。

149. 王露露:《俄国斯托雷平改革中的尼古拉二世与斯托雷平关系问题研究》,苏州科技大学 2017 年硕士学位论文。

150. 饶小琴:《斯托雷平的政策与俄国发展道路选择》,苏州科技学院 2012 年硕士学位论文。

二、俄文文献

(一)俄文书籍

1. Аверх А. Я.*Царизм накануне свержения*. М., Наука, 1989.

2. Агафонов О. В.*Казачьи войска России во втором тысячелении*. М., Издательство《Кировская областная типография》, 2002.

3. Алексеев В. В.*Опыт российских модернизации XVIII−XIX века*. М., Наука, 2000.

4. Альников В. П. *Министерство внитренних дел России: Страницы истории 1802−2002*. СПб., 《Фонд Университет》, 2001.

5. Ананьич Б. В.*Власть и реформа: От самодержавной к советской России*. СПб., Изд-во. Дмитрий Буланин, 1996.

6. Андреас Каппелер. *Россия − многонациональная империя*. М., Прогресс-Традиция, 1997.

7. Анисимов Е. В. *Податная реформа Петра I*. М., Наука, 1982.

8. Анисимов Е. В.*Россия в середине XVIII века. Борьба за наследие петра*. М., Мысль, 1986.

9. Анфимов А. М. *Крестьянское хозяйство Европейской России (1881−1904)*. М., Наука, 1980.

10. Анфимов А. М.*Земельная ареда в России в начале XX в.* М., АН СССР, 1961.

11. Архипова Т. Г., Румянцева М. Ф., Сенин А. С. *История государственной службы в России. XVIII−XX века: Учебное пособие*. М., РГГУ, 1999.

12. Баринова Е. П.*Власть и поместное дворянство России в начале

XX. Самара., Самар. ун-т., 2003.

13. Бахтурина А. Ю. *Окраины российской империи. государственное управление и национальная политика в годы первой мировой войны (1914-1917 гг.)*. М., РОССПЭН, 2004.

14. Беккер С. *Миф о русском дворянстве. Дворянство и привилегии последнего периода имперской России.* М., *Новое литературное обозрение*, 2004.

15. Белявский М. Т. *Дворянская империя XVIII века, основые законодательные акты.* М., Издательство московского университета, 1960.

16. Богословский М. М. *Областная реформа Петра Великого.* М., Университетская типография, 1902.

17. Большакова О. В. *Власть и политика в России XIX - начала XX века: американская историография.* М., Наука, 2008.

18. Борисов А. В. *Министры внетренних дел России 1802- октябрь 1917.* СПб., 《Фонд Университет》, 2002.

19. *Великий князь Николай Михойлович. Император Александр I.* М., Богородский Печатник, 1999.

20. Виленский Б. В. *Судебная реформа и контрреформа в России.* Саратов., Приволжское книжное издательство, 1969.

21. Викторов А. Ш. *История русской культуры.* М., Издательство Гном-Пресс , 1997.

22. Водарский Я. Е. *Дворянское землевладение в России в XVII - первой половине XIX в.* М., Наука, 1988.

23. Гаман О. В. *Политические элиты России: вехи исторической эволюции.* М., РОССПЭН, 2006.

24. Гаман О. В. *Бюрократия Российской империи: вехи эволюции:*

Учебно-методическое пособие. М., РАГС, 1997.

25. Ганелин Р. Ш. *Российское самодержавие в 1905 г. Реформы и революция.* СПб., Наука, 1991.

26. Гирько С. И. *Органы внутренних дел России.* М., ВНИИ МВД Росии, 2002.

27. Глущенко В. Б. *Казачество евразии: зарождение, развитие, интеграция в структуру российской государственности.* М., Вузовская книга, 2006.

28. Глущенко В. В. *Казак, что в имени твоём: философия развития казачества.* Ростов-на-Дону., Издательство Молот, 1999.

29. Грекулов Е. Ф. *Религия и церковь в истории России.* М., Мысль, 1975.

30. Демидова Н. Ф. *Служилая бюрократия в России в 17 веке и ее роль в формировании абсолютизма.* М., Мысль, 1987.

31. Демин В. А. *Государственная дума России (1906 – 1917):механизм функционирования.* М., РОССПЭН, 1996.

32. Десятерик В. И. *Кавказ в сердце России: на вопросы современности ответы ищем в истории.* М., Пашков дом : Фонд им. И. Д. Сытина, 2000.

33. Дружинин Н. М. *Русская деревня на переломе. 1861 – 1880 гг.* М., Наука, 1978.

34. Дякин В. С. *Самодержавие, буржуазия и дворянство в 1907 – 1911 гг.* Л., Наука, 1978.

35. Дякин В. С. *Национальный вопрос во внутренней политике царизма (XIX–начало XX вв).* СПб., ЛИСС, 1998.

36. *Евреи в России: Историграфические очерки: 2-я половина XIX*

века—XX век. М., Gesharim, 1994.

37. Ерошкин Н. П. *История государственных учреждений дореволюционной России.* М., Высшая школа, 1983.

38. Ерошкин Н. П. *Крепостническое самодержавие и его политические институты.* М., Мысль, 1981.

39. Ерошкин Н. П. *Высшие и центральные государственные учреждения России 1801—1917 г. Т. 1.* СПб., Наука, 2000.

40. Ерошкин Н. П. *Высшие и центральные государственные учреждения России 1801—1917 г. Т. 2.* СПб., Наука, 2001.

41. Ерошкин Н. П. *Высшие и центральные государственные учреждения России 1801—1917 г. Т. 3.* СПб., Наука, 2002.

42. Ерошкин Н. П. *Высшие и центральные государственные учреждения России 1801—1917 г. Т. 4.* СПб., Наука, 2004.

43. Ерошкин Н. П. *Министерства России первой половины XIX в.: фондообразователи центральных государственных архивов СССР. Учеб. Пособие.* М., МГИАИ, 1980.

44. Еферина Т. В. *Социальные проблемы крестьянства и модели социальной поддержки населения (вторая половина XIX – конец XX в.).* Саранск., Изд-во Мордовского университета, 2003.

45. Зайончковский П. А. *Российское самодержавие в конце столетия (политическая реакция 80-х-начало 90-х годов).* М., Мысль, 1970.

46. Зайончковский П. А. *Самодержавие и русская армия на рубеже XIX—XX столетий. 1881—1903.* М., Мысль, 1973.

47. Зайончковский П. А. *Правительственный аппарат самодержавной России в XIX в.* М., Мысль, 1978.

48. Захарова Л. Г., Эклоф Б., Бушнелл Д. *Великие реформы в*

России. 1856-1874. М., Изд-во МГУ Год, 1992.

49. Захарова Л. Г. *Россия на переломе （самодержавие и реформы 1861-1874 гг.）// История отечества: люди, идеи, решения. Очерки истории России XIX-начала XX вв.* М., Изд-во МГУ, 1984.

50. Захарова Л. Г.*Великие Реформы в России 1856-1874.* М., Изд-во МГУ, 1992.

51. Звягинцев А. Г., Орлов Ю. Г. *Тайные советники империи: Росси́йские прокуроры XIX век.* М., РОССПЭН, 1994.

52. Знаменский П. В. *История русской церкви.* М., Крутиц. патриаршее подворье, 1996.

53. Ибрагимова З. Х.*Северный Кавказ: Время перемен （1860-1880 гг.）.* М., Эслан, 2001.

54. Иванова Н. А., Желтова В. Л. *Сословно-классовая структура России в конце XIX-начале XX в.* М., РОССПЭН, 2004.

55. *История крестьянства России с древнейших времен до 1917 г.* М., Наука, 1993.

56. *История донского казачества. учебник для студентов высших учебных заведений.* Ростов - на - Дону., Изд. Южного федерального университета, 2008.

57.Кальщиков Е. Н., Коренева С. Б. *Россия и Финляндия в XVIII-XX вв.: Специфка границы.* СПБ., Европейский дом, 1999.

58. Казимир Валишевский. *Петр Великий.* М., АСТ, 2002.

59.Каменский А. Б. *Российская империя в XVIII веке: традиции и модернизация.* М., Новое литературное обозрение, 1999.

60. Каменский А.Б.*От Петра I до Павла I.Реформы в России XVIII века.Опыт целостного анализа.*М., Наука,2001.

61.Кафенгауз. Б. Б. *Абсолютизм в России（XVII－XVIII вв）*. М.,
Наука, 1964.

62. Кириченко О. В., Поплавская Х. В. *Православная вера и
традиция благочестия в XVIII－XX веках*: *Этнографические исследования
и материалы*. М., Наука, 2002.

63. Кляшторный С. Г., СултановТ. И. *Государства и народы
Евразийских степей. Древность и средневековье*. СПБ., Петербургское
Востоковедение, 2000.

64. Ковальченко И. Д. *Русское крепостное крестьянство в первой
половине XIX в.* М., Изд-во МГУ, 1967.

65. Коновалов В. С. *Реформа 1861 г. в истории России*: *к 150－
летию отмены крепостного права*. М., РАН ИНИОН, 2011.

66. Коротких М. Г. *Самодержавие и судебная реформа 1864 г. в
России*. Воронеж., Изд-во Воронежского ун-та, 1989.

67. Кочерин Е. А. *Основы государственного и управленческого
контроля*. М., Информационно-издательский дом *Филинъ*, 2000.

68. Козловский П. Г. *Основные этапы развития аграрного
производства Белоруссии.* // *Проблемы аграрной истории*. Минск.,
Наукое и техническое изд-во, 1978.

69. Корелин А. П. *Российские самодержцы（1801 - 1917）*. М.,
Междунар. отношения, 1993.

70. Корелин А. П. *Сельскохозяйственный кредит в России в конце
XIX－начале XX в.* М., Наука, 1988.

71. Корелин А. П. *Дворянство в пореформенной России. 1861－1904
гг.*: *состав, численность, корпоративная организация*. М., Наука, 1979.

72. Корф С. А. *Дворянство и его сословное управление за столетие*

1762-1855 годов. СПб., Тип. Тренке и Фюсно, 1906.

73. Краснов П. Н. *История донского казачества. очерки истории войска Донского.* М., ЯУЗА-ЭКСМО, 2007.

74. Лотман Ю. М. *Беседы о русской культуре. Быт и традиции русского дворянства (XVIII-начало XX века).* СПб., Искусство, 2002.

75. Лишин А. А. *Акты, относящиеся к истории Войска Донского.* Новочеркасск., Типография А. А. Карасева, 1894.

76. Литвак Б. Г.*Русская деревня в реформе 1861 года. Черноземный Центр. 1861-1895 гг.* М., Наука, 1972.

77. Манько А. Г.*Дворянство и крепостной строй России XVII-XVIII вв.* М., Наука, 1975.

78. Масалов А. Г. *Возрождение казачества на Северном Кавказ в конце XX-XXI века.* Ставрополь., Изд-во СГУ, 2002.

79. Марасинова Е. Н. *Психология элиты российского дворянства последней трети XVIII века.* М., РОСПЭН, 1999.

80. Мельников В. П, Нечипоренко В. С. *Государственная служба в России: исторический опыт и современность.* М., РАГС, 2003.

81. Мельниковой Е. А. *Древняя Русь в свете зарубежных источников.* М., Логос, 2003.

82. Мелушевский А. Н.*Крепостная интеллигенция России. Вторая половина XVIII-XI X века.* М., Наука, 1983.

83. Милюков П. Н. *Национальный вопрос: Происхождение национальности и национальные вопросы в России.* М., Государственная публичная историческая библиотека России, 2005.

84. Миронов Б. Н.*История в цифрах.* Л., Наука, 1991.

85. Миронов Б. Н.*Хлебные цены в России за два столетия, XVIII-*

XIX в. Л., Наука, 1985.

86. Мироненко С. В. *Самодержавие и реформы, политическая борьба в России в начале 19 в.* М., Наука, 1989.

87. Молчанов Н. Н. *Дипломатия Петра Первого.* М., Международные отношения, 1984.

88. Нефедов С. А.*Демографически–структурный анализ социально – экономической истории России. Конец XV – начало XX века.* Екатеринбург., Издательство УГГУ, 2005.

89. Омельченко О. А. *Законная монархия Екатерины II. Просвещенный абсолютизм в России.* М., Юрист, 1993.

90. Оржеховский И. В. *Самодержавие против революционной России (1826–1880 гг.).* М., Мысль, 1982.

91. Павленко Н. И.*Екатерина Великая.* М., Мол. гвардия, 1999.

92. Павленко Н. И. *Петр Первый, Жизнь замечательных людей.* М., Молодая гвардия, 1976.

93. Пайпс Р. *Россия при старом режиме.* М., Независимая газета, 1993.

94.*Письма и бумаги Императора Петра Великого.* М., Из – во академии наук СССР, 1950.

95. Пирумова Н. М.*Земское либеральное движение.* М ., Наука, 1977.

96. Плеханова Л. А. *Реформы Александр II .* М., Юридическая литература, 1998.

97.*Повесть временных лет по лаврентьевской летописи 1377 г.* СПб., Наука, 1996.

98. Порайкошиц И. *История русского дворянства.* СПб., Крафт, 1874.

99. *Положение об управлении Донского Войска.* СПб., Военная типография, 1835.

100. Пушкарев С. Г. *Обзор русской истории.* М., Наука, 1987.

101. Равлев В. Ж. *Политическая история России.* М., Юристъ, 1998.

102. Раскин Д. И. *Министераская система в российской империи.* М., РОССПЭН, 2007.

103. *Романович-словатинский. А. Дворянство в России от XVIII в до отмены крепостного права.* СПб., Крафат, 1876.

104. Рыбаков Б. А. *Рождение Руси.* М., Аиф Принт, 2003.

105. Рыблова М. А. *Донское братство казачьи сообщества на дону в XVI-первой трети XIX века.* Волгоград., Издательство Волгоградского государства университета, 2002.

106. Рындзюнский П. Г. *Утверждение капитализма в России в 1830 -1880 годах XIX в.* М., Наука, 1978.

107. Савельев А. *Трехсотлетие Войска Донского. 1570 - 1870 гг.: Очерки по истории донских казаков.* СПб., Типография М. О. Вольфа, 1870.

108. Самбук С. М. *Политика царизма в Белоруссии во второй половине XIX века.* Минск., Наука и техника, 1980.

109. Семанов. С. Н. *Русско - еврейские разборки: вчера и сегодня.* М., Альтернатива, 2004.

110. Соловьев Ю. Б. *Самодержавие и дворянство в конце XIX века.* Л., Наука, 1973.

111. Соловьев Ю. Б. *Самодержавие и дворянство в 1902 - 1907 гг.* Л., Наука, 1981.

112. Соловьев Ю. Б. *Самодержавие и дворянство в 1907 - 1914*

гг. Л., Наука, 1990.

113. Старк В. П.*Дворяская семья. Из истории дворянских фамилий России.* СПб., Искусство–СПБ, 2000.

114. Степанский А. Д.*Самодержавие и общественные организации России на рубеже XIX–XX веков.* М., МГИАИ,1990.

115. Сухоруков В. Д. *Общежитие донсих казаков в 17 – 18 столетиях.* Исторический очерк. Новочеркасск., Областная В. Д. типография, 1892.

116. Тарасов Ю. М. *Русская крестьянская колонизация южного Урала. Вторая половина XVIII–первая половина XIX в.* М., Наука, 1984.

117. Тарасюк Д. А.*Земельная собственность и демографическая статистика Европейской России как источники.* М., Наука, 1973.

118. Тишков В. А.*Национальная политика России: история и современность.* М., Русский мир, 1997.

119. Топчий А. Т.*Крестьянские реформы в Сибири (1861 – 1899 гг.).Томск., Изд-во.* Томского университета, 1979.

120. Троицкий С. М.*Русский абсолютизм и дворянство в XVIII в.: формирование бюрократии.* М., Наука, 1974.

121. Троицкий С. М.*Россия в XVIII веке.* М., Наука, 1982.

122. Тройкий С. М. *Русский абсолютизм и дворянство в XVIII в.* М., Наука, 1974.

123. Тюкавкин В. Г.*Великорусское крестьянство и столыпинская аграрная реформа.* М., Памятники исторической мысли, 2001.

124. Фаизова И. В.*Манифест о вольности и служба дворянства в XVIII столетии.* М., Наука, 1999.

125. Федоров В. А.*Крестьянин – отходник в Москве конец XVIII –*

первая половина XIX в. // *Русский город.* Вып. 1. М., МГУ, 1976.

126. Федосова Э. П. *Россия и Прибалтика: культурный диалог. Вторая половина XIX - начало XX в.* М., Ин - т рос истории РАН, 1999.

127. Фомин В. В.*Варяги и варяжский русь: К итогам дискуссии по варяжскому вопросу.* М., Русская панорама, 2005.

128. Ханс Баггкр.*Реформы Петра Великого.* М., Прогресс, 1985.

129. Харузин М. Н. *Сведения о казацких общинах на Дону. Материалы для обычного права.* М., Типография М. П. Щепкина, 1885.

130. Хоруженко О. И. *Дворянские роды, прославившие отечество: энциклопедия дворянских родов.* М., Олма- Пресс, 2003.

131. Чернопицкий П. Г. *О судьбах казачества в советское время. Кубанское казачество: проблемы истории и возрождения.* Краснодар., Издательство Кубанского университета, 1992.

132. Чернуха В. Г.*Внутренняя политика царизма с середицы 50-х до начала 80-х гг. XIX в.* Л., Наука, 1978.

133. Шацилло К. Ф.*Русский либерализм накануне революции 1905- 1907 гг.* М., Наука, 1985.

134. Эйхельман О. *Обзор центральных и местных учреждений управления в России и устава о службе по определению от правительства.* Киев., Отд-ние т-ва печ. дела и торг. И. Н. Кушнерев и К°,1890.

135. Юлий Гессен. *История еврейского народа в России.* М., Иерусалим, 1993.

136. Юрьевич З. В.*Национальная политика в России: История, проблемы, перспективы.* М., ИСПИ РАН, 2003.

137. Юхта А. И.*Екатерина и её окружение.* М., Пресса, 1996.

(二) 俄文论文

1. Аврех А. Я. *Русский абсолютизм и его роль в утверждении капитализма в России // История СССР*, 1968. № 2.

2. Алпатов М. А. *Варяжский вопрос в руской дореволюционной историографии // Вопроссы истории*, 1982. № 5.

3. Бирюков А. В.*Российско-чеченские отношения в XVIII-середине XIX века // Вопросы истории*, 1998. № 2.

4. Гетманский А. Э.*Политика России в польском вопросе (60-е годы XIX века) // Вопросы истории*, 2004. № 5.

5. Горский А. А. *К спорам по варяжкому вопросу // Российская история*, 2009. № 4.

6. Горский А. А.*Проблема происхождения названия Русь в советский современной историография // История СССР*, 1989. № 3.

7. Дружинин Н. М. *Ликвидация феодальной системы в русской помещичьей деревне (1862-1882 гг.) // Вопросы истории*, 1968. № 12.

8. Дружинин Н. М. *Влияние аграрных реформ 1860-х годов на экономику русской деревни // История СССР*, 1975. № 5.

9. Дружинин Н. М. *Влияние аграрных реформ 1860-х годов на экономику русской деревни // История СССР*, 1975. № 6.

10. Дубовиков А. М.*Уральское казачество в системе казачьих войск дореволюционной России // Отечественная история*, 2005. № 1.

11. Литвак Б. Г. *Советская историография реформы 19 февраля 1861 г.// История СССР*, 1960. № 6.

12. Литвак Б. Г.*Реформы и революции в России // История СССР*,

1991. № 2.

13. Захарова Л. Г. *Отечественная историография о подготовке крестьянской реформы 1861 года* // История СССР, 1976. № 4.

14. Захарова Л. Г. *Редакционные комиссии 1859 – 1860 годов: учреждение, деятельность* // История СССР, 1983. № 3.

15. Захарова Л. Г. *Крестьянская община в реформе 1861 г.* // Вестн. Моск. ун-та, сер. 8, История. 1986. № 5.

16. Захарова Л. Г. *Самодержавие, бюрократия и реформы 60 - х годов XIX в. в России* // Вопросы истории, 1989. № 10.

17. Захарова Л. Г. *Великие реформы 1860 – 1870 – х годов: поворотный пункт российской истории* // Отечественная история, 2005. № 4.

18. Милоголова И. Н. *О праве собственности в пореформенной крестьянской семье. 1861 – 1900 гг.* // Вест. Моск. ут - та. Сер. 8, История, 1995. № 1.

19. Милоголова И. Н. *Семейные разделы в русской пореформенной деревне* // Вестн. Моск. Ун-та. Сер. 8, История, 1987. № 6.

20. Рындзюнский П. Г. *О мелкотоварном укладе в России XIX в.* // История СССР, 1961. № 2.

21. Фомин В. В. *Южнобалтийское происхождение варяжской руси* // Вопроссы истории, 2008. № 8.

后记

　　本书是国家社会科学基金后期资助项目"俄国现代化研究（1861—1917）"和教育部哲学社会研究后期资助项目"俄国农业史研究（1700—1917）"的阶段性成果。由于俄国社会等级众多，笔者仅能选取与上述两个课题密切相关的内容进行分析，着重探究了贵族、工人和农民的状况，对市民、僧侣、哥萨克和其他等级的分析不多，将在以后的研究中继续完善和补充，在此深表遗憾。

　　国内英美历史研究成果较为丰富，俄国史研究略显欠缺，笔者撰写本书也是一次尝试，试图填补国内俄国史研究的一些不足。本书力求梳理十月革命前俄国社会各等级，着重从贵族、工人、市民、农民、僧侣、哥萨克和异族人等方面进行阐释。在撰写本书的过程中，受客观因素的制约，仍有诸多档案文献和著作未被挖掘，因此对某些问题的研究还有待深入。此外，受语种限制，无法大量利用其他国家的外文文献，更是一大憾事。

　　本书出版得到贵州师范大学历史与政治学院各位领导和同仁

的大力支持,在此一一谢忱。

本书的主要分工如下:绪论,第三章第二节,第四章第一、二节、第四节由王目坤负责;第一章,第二章第一节,第四章第三节和第五章内容由邓沛勇负责;第二章第二节、第三节,第三章第一、三节、参考文献由孙慧颖负责。

最后对本书编辑黎永娥老师的辛勤工作和认真负责的态度表示衷心感谢。